Globalization and Social Movements:
Antisystemic Movements in Semiperipheral Malaysia

グローバル化と社会運動
半周辺マレーシアにおける反システム運動

山田信行

東信堂

目次／グローバル化と社会運動

序章　グローバル化と社会運動………………………………………… 3
 1．グローバル化とその効果………………………………………… 3
 2．反グローバリズムと反システム運動…………………………… 10
 3．半周辺マレーシア………………………………………………… 16
 4．本書の構成………………………………………………………… 20
  注　24

Ⅰ．半周辺マレーシア …………………………………………………… 27
 ──その道程と現在
 1．はじめに…………………………………………………………… 27
 2．工業化という課題………………………………………………… 27
 3．エスニックな契約関係と国家…………………………………… 41
 4．伝統主義、ナショナリズム、イスラム──イデオロギーの諸相… 44
 5．まとめ……………………………………………………………… 47
  注　48

第1部　民族解放運動　53

Ⅱ．ポストコロニアルを生きるものたち……………………………… 54
 ──民族解放運動としての HINDRAF
 1．はじめに…………………………………………………………… 54
 2．植民地支配とエスニシティ形成………………………………… 55
 3．独立運動と植民地主義の功罪…………………………………… 58
 4．ポスト植民地社会マレーシアにおけるエスニシティ………… 62
 5．民族解放運動としての HINDRAF ……………………………… 67
 6．まとめ……………………………………………………………… 73
  注　74

Ⅲ．インド人による民族解放運動の社会的背景……………………80
 1．はじめに………………………………………………………80
 2．民族解放運動の種差性………………………………………81
 3．マレーシアにおける半周辺化とインド人…………………83
 4．都市への移住と社会運動の発生……………………………88
 5．運動フレームの拮抗…………………………………………94
 6．まとめ…………………………………………………………97
  注　98

Ⅳ．半周辺と社会主義………………………………………………102
 ――マレーシア社会党のジレンマ
 1．はじめに………………………………………………………102
 2．周辺における社会主義――その背景と意味………………103
 3．マレーシアにおける社会主義の展開………………………106
 4．マレーシア社会党の結成とその活動………………………107
 5．半周辺マレーシアにおける社会主義――2つのジレンマ…113
 6．まとめ…………………………………………………………117
  注　118

第2部　労働運動　123

Ⅴ．なぜそんなに弱いのか…………………………………………124
 ――労働運動を規定するもの
 1．はじめに………………………………………………………124
 2．マレーシアにおける工業化と労使関係システム…………125
 3．最低賃金制定にみる労使関係………………………………130
 4．依然として専制的なのか――電子産業における労働争議の事例…134
 5．なぜそんなに強いのか――銀行セクターにおける労使関係とその背景…142
 6．制度改革と活性化に向けて――機会構造の改変と運動連携………148
 7．まとめ…………………………………………………………150
  注　150

VI．「周辺性」を担う移民労働者 ……………………………… 156
──その組織化と援助活動
1．はじめに ……………………………………………………156
2．移民労働者の両義性 ………………………………………157
3．マレーシアにおける移民労働者 …………………………158
4．移民労働者が直面する困難 ………………………………160
5．組織化と援助活動 …………………………………………166
6．移民労働者をめぐる運動の課題 …………………………173
7．まとめ ………………………………………………………175
注　175

Ⅶ．市民運動における労働運動の位置 ……………………… 181
──連携は可能か
1．はじめに ……………………………………………………181
2．市民社会の形成とNGOs …………………………………183
3．改革（REFORMASI）から浄化（BERSIH）へ …………188
4．BERSIH運動の「階級性」 …………………………………194
5．市民運動における労働の位置 ……………………………197
6．まとめ ………………………………………………………198
注　199

第3部　新しい社会運動　203

Ⅷ．半周辺における環境保護運動 …………………………… 204
──反ライナス運動をめぐる問題の布置
1．はじめに ……………………………………………………204
2．半周辺マレーシアにおける環境保護運動 ………………205
3．反ライナス運動の展開 ……………………………………207
4．まとめ ………………………………………………………218
注　221

IX．環境保護運動における主体特性 ……………………… 225
──なぜ華人は主体化するのか
1．はじめに …………………………………………………………225
2．調査概要とデータの制約 …………………………………………227
3．主体の特性──調査から示唆されるもの ………………………230
4．主体像の探求──華人はなぜ環境保護運動に参加するのか …………237
5．政治参加と社会運動──望ましいレパートリーはどちらか …………243
6．まとめ ……………………………………………………………244
　注　245
　付　録　248

X．環境保護運動と「周辺性」 ………………………………… 251
──多国籍企業とレア・アース産業
1．はじめに …………………………………………………………251
2．多国籍企業の社会的費用 …………………………………………253
3．レア・アース産業の現状 …………………………………………255
4．マレーシアにおけるレア・アース産業 …………………………259
5．まとめ ……………………………………………………………261
　注　262

結びにかえて ………………………………………………………… 265
1．半周辺マレーシア …………………………………………………265
2．半周辺と反システム運動 …………………………………………267
3．「変動の苗床」としての半周辺 …………………………………272

参考文献 ………………………………………………………………… 275
あとがき ………………………………………………………………… 291
索　引 …………………………………………………………………… 295

マレーシア全土とその周辺

グローバル化と社会運動
―― 半周辺マレーシアにおける反システム運動 ――

序章　グローバル化と社会運動

1．グローバル化とその効果

　グローバル化(globalization)というタームがすっかり流行語(buzz word)となり、研究者の主要な関心対象となってから久しい。グローバル化という趨勢的な社会変動の起源や開始時期については、それ自体が論争となってきたものの、このタームが流行し始めた時期はやはり1990年代の半ば以降に求められるのではなかろうか。グローバル化という現象は極めて包括的な内容をもつために、この現象に関心をもつ研究者も社会学という分野にとどまっていたわけではない。もちろん、社会学を主要なディシプリンとする研究者も精力的にこの現象について考察を続けてきた。

　しかし、グローバル化をめぐる論点も、すでに10年以上における研究の蓄積をふまえて、一定の変容が求められているかもしれない。すなわち、グローバル化をめぐる研究者の関心についても、研究が開始された当初においては、グローバル化の概念、現象、起源、および原因といった基本的な項目に向けられていたものの、研究の一定の進展は、さらに個別的な論点にとり組むことを求めているかもしれない。

　言及したように、グローバル化の起源をめぐっては、それ自体が論争となってきた。未だに、その決着はついていないものの、グローバル化というタームが使われるようになった、遅くとも1990年代にはこの現象が確認されるようになっていたと考えることが妥当であろう。つまり、1990年代あるいはそれ以前から趨勢的に持続する現象としてのグローバル化は、すでに様々

な影響を社会に与えている。こうしたグローバル化の効果については、国境を超えてとり結ばれる社会関係に基づくコミュニケーションの深化や情報交換の簡易化など、当然のことながらポジティブなものも想定されよう。どちらかといえば、初期の研究においては、グローバル化をめぐるこうした側面が強く意識されていたのかもしれない。

　しかし、21世紀初頭の今日、グローバル化に関連づけられる問題は、こうしたポジティブなものだけではない。むしろ、社会的・経済的な格差の拡大、「セーフティー・ネット」といわれる不安がない生活を保証する社会制度の衰退、あるいは一部の人々が様々な社会的便益やそれを育む社会関係から排除されていることが、グローバル化に関連づけられる効果として把握されるようになってきている。本書においてとりあげる課題も、こうしたグローバル化の"負の効果"とそれへの対抗をめぐる問題にほかならない。それでは、グローバル化に起因する負の効果は、どのようなメカニズムで発生し、どのようなかたちで把握されるのであろうか。まずは、この点を明示する必要があろう。

(1) 資本によるグローバル化

　グローバル化という現象は、様々な領域において確認されるものの、経済的な領域において最も顕著に進展し、それがグローバルに活動する資本、そのような意味でのグローバル資本 (global capital) によって担われていることは言を俟たない。多国籍企業や金融資本によって、国境という仕切りが払拭されつつあり、経済活動のグローバルな同期化が進んでいるというわけだ。

　しかし、こうした資本によるグローバル化が資本間競争をその一因とし、グローバル化という過程それ自体が、いっそう競争を激しくしていることも確かであろう。多国籍企業が全世界に拠点を効率的に配置しようと試みる背景には、生産する財の特性に見合った厳格なコスト計算がある。つまり、グローバル資本は厳しいコスト競争に直面しているわけだ。厳しい競争に直面し、コスト計算における形式合理性を徹底して追求しているグローバル資本によってグローバル化が担われていることが、グローバル化の効果の1つを

規定することになろう。それというのも、資本主義においては、資本によって社会関係が優越的に編成される傾向があるからである。以下では、関係、領域、および空間において、想定されるグローバル化の負の効果を一般的に例示するかたちで特定してみよう。もちろん、こうしたカテゴリーは截然と区分されるわけではなく、内容は重複することになる。

(2) 関　係

　グローバル資本が直接的に関係をとり結ぶ対象は、労働者にほかならない。したがって、グローバル化によって、まずは資本と労働によってとり結ばれる階級関係が影響を受けよう。指摘されてきたように、例えば先進社会、あるいは世界システムという考え方に依拠すれば (e.g., Wallerstein, 1974; 1980; 1989; 2011)[1]、中核ゾーンにおける多国籍企業が生産拠点を発展途上社会に配置転換 (relocation) することは、中核ゾーンにおいて労働者の雇用が減少するだけでなく、発展途上の社会、すなわち世界システムの周辺ゾーンにおける労働者支配も強化される傾向をもっていた。

　それというのも、こうした生産の配置転換は、そもそも中核ゾーンにおける労働者が享受していた高い賃金やそれを可能にしていた労働組合活動を回避することを目的の1つとしていたからである。突然の工場閉鎖と移転は、中核ゾーンにおける労働者を守勢に立たせてきたし、従順で低廉な賃金を甘受する労働者を安定的に確保することが、周辺ゾーンに進出する多国籍企業の重要な目的であったからである (e.g., 山田, 1996)。

　こうした多国籍企業の戦略が始まったのは、早くも1960年代後半にさかのぼる。1990年代以降に議論されるようになったグローバル化のもとでは、厳しい競争に直面するグローバル資本は労働者に対してさらなる攻勢をかけているようにみえる。すなわち、中核ゾーンにおいても、あるいは周辺ゾーンにおいても、一定の便益を享受できる労働者はいっそう少なくなっているように思われる。換言すれば、労働者階級を内的に差異化する機制が明示的に導入されているというわけだ。

　例えば、学歴およびその結果としての修得された技能・資格、あるいは職

種に応じて、労働者は差異化され、一部の労働者は社会的便益から排除され、不安定な (precarious) 位置に置かれる傾向が強まっているように思われる。この点に関しては、日本における若年労働者の現状を顧みれば、容易に想起されよう。先進社会を念頭に置きながら、ベック (Beck, 1986=1998) が主張してきた、いわゆる「個人化 (individualization)」という現象は、安定的な雇用を維持する制度を変容させるグローバル化の効果と通底しているのである。

こうした労働者における差異化は、その他の社会関係に媒介されることによって生起することも指摘できよう。いうまでもなく、ジェンダーとエスニシティという関係がそれである。グローバル資本は、世界的なレベルで労働者ととり結ぶ関係から効率的に収益を上げることを追求している。そのため、階級関係をその他の社会関係によって媒介することを通じて、一部の労働者に低賃金やその他の不利益を受け入れさせる傾向がある。セクシズム (sexism) やレイシズム (racism) という、ジェンダーやエスニシティにおける差異を正当化するイデオロギーとそれに基づく行動は、女性や特定のエスニシティを差別し、彼(彼女)らへの不利益を正当化してきたのだった (e.g., Wallerstein, 1988)。

もちろん、こうした関係における差異化の機制はさらに重層的に作動している。すなわち、いうまでもなく女性や特定のエスニック・グループが一様に不利益を被っているわけではない。女性や特定のエスニック・グループにおいても、差異が生み出され、グローバル化のもとで一定の利益を享受する人々と不利益を被る人々とが生まれている。グローバル化における資本間競争は、それを正当化するネオリベラリズム (neoliberalism) というイデオロギーを普遍的に強化してきた。ネオリベラリズムは、女性や特定のエスニック・グループにおける競争とその「敗者」に対する排除をも正当化しえよう。

(3) 領 域

視点を換えていえば、言及したような差異化の機制に基づく階級、ジェンダー、およびエスニシティという社会関係におけるグローバル資本の優位は、こうした関係がとり結ばれる個々の社会的な領域においても確認することが

できよう。まず、グローバル化が最も進展していると考えられる経済的領域については、どうであろうか。あらためて指摘すれば、グローバル資本は収益拡大を効率的に追求しているのであった。したがって、それを可能にするように経済も編成される可能性が大きい。例えば、実質賃金の低下や停滞、資本活動への様々な規制緩和（deregulation）、あるいはその一環としての社会保障の縮減と格差の拡大を負の効果として把握できよう。

　こうした経済的領域の編成は、当然政治的な領域の編成とリンクしている。それというのも、経済的な制度の改変にあたっては、例えば国家による政策の変更が必要になるからである。いうまでもなく、国家の政策は資本の利害関心だけによって形成されているわけではない。資本主義の国家は、多様な社会勢力からインプットされた利害関心を政策に変換することを求められる。したがって、グローバル化が進展していても、グローバル資本の利害関心だけが国家の政策に反映されるわけではない。もっとも、グローバル化の負の効果は、まさにグローバル資本の利害関心が反映された政策によって制度化されてきている。グローバル化の時代でありながら、グローバルに移動してきた移民たちが社会的に排除される傾向は、国家による差異を普遍化する移民政策を一因としている。

　さらに、指摘されてきたように、グローバル化は国家それ自体の政治的ガバナンスを低下させる。それというのも、グローバル資本は国民国家のコントロールを超えて活動しているからである。加えて、グローバルに活動するグローバル資本に即した、新たな世界的なガバナンスの形成が、近年では顕著になっている。例えば、世界貿易機関（World Trade Organization, WTO）の設立や北米自由貿易協定（North American Free Trade Agreement, NAFTA）の締結は、少なくとも経済に関わる、国民国家を超える世界的なガバナンスを志向する制度形成の試みといえよう。そのような意味で、グローバル資本による世界的なガバナンスは強化されているのである。

　それでは、文化・社会的な領域についてはどうであろうか。この領域についても、すでに関係をめぐる効果について指摘されたことが妥当しよう。例えば、ネオリベラリズムのイデオロギーが社会的に遍在するようになること

は、「優勝劣敗」という競争原理を正当化する価値が普遍化し、可能な限り多くの人々が社会的便益を享受できる「包摂型社会 (inclusive society)」ではなく、「敗者」が社会的に排除される「排除型社会 (exclusive society)」を正当化する思想が優越することになろう。例えば、日本においても、そうした「敗者」の存在理由を「自己責任」に求める考え方が台頭してきたことは記憶に新しい。

　以上のような社会の各領域にとどまらず、社会と自然あるいは生態系との関連においても、グローバル化は負の効果をもたらしている。厳しい競争に直面するグローバル資本は、資源獲得と廃棄物処理においても効率性を追求している。もとより、こうした自然に対する搾取としての資源獲得と廃棄物処理においては、必ずしも環境への負荷が小さい方法が実行されるわけではない。いわゆるエコ・ビジネスに代表される環境負荷を縮減する企業活動は、企業イメージを高め、そのことを通じて収益を高めるかもしれない。

　しかし、新たな設備投資を必要としない簡便なかたちで、資源獲得と廃棄物処理が許されるならば、グローバル資本はそれを選択するであろう。例えば、放射性物質を伴うレア・アースの精錬や、有害な化学物質を含む、廃棄されたコンピューターの処理が、一部の発展途上国に転嫁されていることは、このことを裏書きしよう。こうして、森林伐採、鉱山開発、あるいは産業廃棄物の処理などは、環境負荷を高めるのである。

　さらに、環境負荷を高める活動は、資源獲得と廃棄物処理だけではなく、資源の消費過程にも由来しよう。例えば、グローバル化を通じて、一定の発展を遂げた、中国に代表される新興諸国[2]は、巨大な人口規模を背景として夥しい資源を消費している。こうした資源消費が大気汚染や地球温暖化の一因になっていることも、容易に推察される。このような新興国の台頭と環境問題との関連は、空間におけるグローバル化の効果とも関連している。

(4) 空　間

　グローバル化によって引き起こされた厳しい競争によって、グローバル資本は、例えば活動拠点をより効率的に再編しようとするであろう。このことは、世界システムにおいて対照的な位置を占める、中核ゾーンに対しても周

辺ゾーンに対しても、共通して該当しよう。しかし、もともと大きな格差によって特徴づけられる中核ゾーンと周辺ゾーンとでは、グローバル化の効果は異なることになろう。中間的なゾーンである半周辺においては、2つのゾーンの効果がともに確認されよう。そもそも、生産の配置転換と軌を一にした1960年代の後半から新国際分業 (new international division of labor, NIDL) が進展することによって、先進社会における産業は製造業からサービス産業にシフトしたし、サービス産業における、とりわけローエンドなセクターについては、移民労働者が雇用されるようになった。

　こうした移民労働者の雇用は、すでに言及したように、ジェンダーおよびエスニシティ関係に媒介された階級関係あるいは労働者階級それ自体における差異化をもたらすだけではなく、主として都市における空間の編成にも影響を与えよう。すなわち、サッセン (Sassen, 1988) が指摘したように、金融・証券セクターの集積に特徴づけられるジェントリフィケーション (gentrification) が進展した都市の中心部と移民のコミュニティとは、極めて大きな差異をもってたち現れよう。社会的にみても、こうした移民たちは社会的排除の対象となる可能性が大きい。このように、移民に代表される排除される対象を内包するかたちで、グローバル資本は中核ゾーンを編成するのである。

　それでは、周辺ゾーンについてはどうであろうか。すでに言及したように、グローバル資本の効率的な拠点の配置を通じて、周辺ゾーンはその内部にいっそう差異を抱え込むことになろう。すなわち、NIDLのもとで工業を進展させることができた地域においては、グローバル化のもとでも継続して産業の高度化と物質的な「ゆたかさ」が進展するであろう。この過程は、周辺ゾーンの一部が半周辺ゾーンへと上昇するもの（そのような意味での「半周辺化 (semiperipherization)」）として把握されよう。その限りで、先進社会にみられる物質的「ゆたかさ」を享受することが可能になるものの、その結果中核ゾーンに共通した社会問題も体験するようになろう。例えば、ネオリベラリズムの影響は、周辺ゾーンにおいても派遣労働などの不安定雇用を拡大する可能性がある。

他方では、グローバル資本によって、効率的な投資先として選択されなかった地域においては、工業化が進展することもなく、雇用も生み出されず、人々の生活も向上しない。それというのも、周辺ゾーンは、そもそも外国資本によってその発展を規定される傾向が大きいからである。こうした状況に対して、人々の不満は国家とそれが組み込まれているグローバルなレジームへの異議申し立てに向かう可能性がある。例えば、イスラム圏を念頭に置けば、このことは容易に想起されよう。

2. 反グローバリズムと反システム運動

(1) 反グローバリズム

　以上、グローバル化がもたらす負の効果について、一般的に確認してきた。こうした負の効果に対しては、それに抗おうとする傾向が生まれる可能性がある。そもそも、グローバル化をめぐる議論においても、グローバル化それ自体に対抗しようとする反グローバル化という考え方や、資本によるグローバル化に対して、グローバル化がもつポジティブな効果を普遍化したり、あるいはそのことを通じて資本によるグローバル化がもたらす負の効果に対抗したりしようとする、オルタナティブなグローバル化を対峙する議論もある。いわゆる「ヘゲモニーに対抗するグローバル化 (counterhegemonic globalization)」(Evans, 2005) がそれである。

　ここでは、確認してきたような資本によるグローバル化によってもたらされた、関係、領域、および空間における負の効果に対抗し、その効果を払拭しようとする思想と運動として、反グローバリズム (anti-globalism) を規定することにしよう。したがって、反グローバリズムには、オルタナティブなグローバル化を志向する試みも含まれよう。あらためて、負の効果を払拭し、関係、領域、および空間を再編成する試みを確認するならば、以下のようになろう。

　まず、階級関係の再編成は資本によるグローバル化によって排除された労働者による抵抗によって担われよう。日本においても、若年者によるユニオン運動が活性化していることは注目に値しよう。階級関係は、ジェンダー関

係やエスニシティ関係と交錯して結ばれるとすれば、例えばアメリカ合州国において女性移民労働者を主要な主体とする労働運動が活性化し、様々な社会制度の改変を要求していることにも注意する必要がある。こうした社会運動ユニオニズム（social movement unionism, SMU）は、階級関係の再編成を志向するだけでなく、ジェンダーやエスニシティの関係をも再編成しようとする運動といえよう。

　社会を構成する各領域については、総じてグローバル化の負の効果を払拭する新たな制度形成と資本に対する再規制が反グローバリズムとして想定されよう。それは、経済的には格差と貧困に対する抵抗であり、政治的には民衆によるガバナンスの強化であり、文化的には競争と排除を正当化し、成果主義的な価値を普遍化するネオリベラリズムにとって代わる、例えば社会関係資本に裏書きされた「共同性」と「自立性」を志向する価値を対峙することが反グローバリズムとして考えられよう。さらに、エコロジーの領域については、グローバル資本によってもたらされる環境破壊への抵抗が反グローバリズムとして把握できる。

　空間については、なによりもグローバル化のもとで再編された世界的な不平等と格差を是正する試みが、反グローバリズムとしてとらえられよう。こうした試みは、中核ゾーンと周辺ゾーンのそれぞれにおいて、まずは当該地域のローカルな問題を克服することを通じて、世界全体に関わるグローバルな問題の克服として営まれる可能性があろう。WTOに対抗して始まった世界社会フォーラム（World Social Forum）が、多様な諸国において、個別的な問題にとり組む非政府組織（non-governmental organization）が参加することによって運営されていることは、そのことを示唆している。以上の議論は、**表序-1**のように要約されよう。

(2) 反システム運動

　現代の世界を世界システムとして統一的に把握するならば、グローバル化も世界システムにおける趨勢的変動の1つとして把握できよう。さらに、グローバル化を世界システムの実質である国際分業の変化として把握できるな

表序-1 グローバル化による負の効果と反グローバリズムの諸相

関係・領域・空間	グローバル化による負の効果	反グローバリズム
階級	差異化を通じた労働者(の一部)への排除の強化	排除された労働者による抵抗
ジェンダー	差異化を通じた女性(の一部)への排除の強化	排除された女性による抵抗
人種・エスニシティ	差異化を通じた人種・エスニシティ(の一部)への排除の強化	排除された人種・エスニシティによる抵抗
経済	グローバル資本による収益効率化と格差の拡大	格差と貧困の拡大への抵抗
政治	グローバル資本による世界的ガバナンスの強化	民衆によるガバナンスの奪回
文化・社会	ネオリベラリズムの普遍化と成果主義的価値の強化	「共同性」と「自立性」を体現する価値の対峙
エコロジー	資本間競争に媒介された資源獲得の激化、消費活動の拡大、および廃棄物処理の効率化による環境破壊	資源獲得、消費活動の拡大、および廃棄物処理に起因する環境破壊への抵抗
中核ゾーン	グローバル資本による産業・空間・社会の効率的再編	社会的排除から社会的包摂への転換
周辺ゾーン	グローバル資本による投資拠点の効率化と再編	地域内/地域間における格差拡大への抵抗
世界システム	資本による世界の再編成	オルタナティブなグローバル化

らば(e.g., 山田, 2006)、こうした反グローバリズムの傾向は、変容する世界システムそれ自体への対抗として現れることになろう。現在の世界システムは、資本主義を作動原理(「生産様式」)としている資本主義世界経済(capitalist world-economy)といわれるシステムである。このシステムの作動原理に対抗する運動は、反システム運動(antisystemic movements, ASMs)として把握されてきた(Arrghi, Hopkins & Wallerstein, 1989)。

ASMs は、大きく分類するならば3つ、さらに細分化するならば6つの種類に分類可能だとされている。基本的な3つの種類の ASMs は、民族解放運動(national liberation movement)、労働運動、およびいわゆる新しい社会運動(new social movements, NSMs)が想定されている。世界システムの作動原理、すなわち資本主義に対抗することが ASMs の特性であるとすれば、それが最も直接

的に現れるのは、いうまでもなく労働運動であろう。労働運動は、資本と直接に関係をとり結ぶ労働者によって、主として労働条件の改善と賃金上昇を求めて行われてきた。労働運動によって、賃金に代表される労働者の利得が大きくなるのであれば、その限りでは資本の収益は減少することになり、そのことを通じてシステムの作動を制約することは疑いえない。

　それでは、そのほかのASMsはどのように世界システムの作動を制約するのであろうか。民族解放運動は、典型的には周辺ゾーンにおいて植民地支配からの解放を求めて、特定のエスニシティによって担われることが多いことに留意する必要があろう。この際、エスニシティという関係が、しばしば植民地支配を通じて、支配者が植民地の民衆を自らと差異化するために形成されたことを想起しなくてはならない。すなわち、身体的な特徴や、言語、宗教、あるいはその他の文化的習俗などによって特定の民衆を差異化したうえで、そうした民衆ばかりに特定の（しばしば過酷な）労働を担わせるとともに、差別される民衆が担う労働として、その労働条件の劣悪さを正当化するために、エスニシティという関係が創始されたことは否めないのではなかろうか。

　したがって、エスニシティという関係は、レイシズム（racism）と不可分であり、植民地からの政治的独立を希求することが、エスニックな差別に裏書きされた、低賃金に代表される劣悪な労働への異議申し立てという意味をもっていた。そのような意味では、民族解放運動は、エスニシティ関係に媒介されているものの、主として周辺ゾーンにおいて担われる労働への抵抗という意味をもち、世界システムの作動を制約する機能をもっているといえよう。

　NSMsについては、どうであろうか。この運動についても、その一環である女性やエスニシティの運動を想起するならば、その機能は明らかとなろう。そもそも、NSMsは主として中核ゾーンにおいて、「古い社会運動」である労働運動への批判として生起した経緯がある。つまり、労働運動の主体あるいは対象となるはずでありながら、運動がとり扱ってこなかったイシューをめぐって、NSMsは担われてきたのである。したがって、フェミニズムに代表される女性の権利拡大やエスニックな格差是正に向けた異議申し立ては、女

性差別(セクシズム)やエスニックな差別(レイシズム)に媒介された低賃金労働などを是正する効果があり、資本の収益を制約するであろう。そのような意味では、NSMs も ASMs の一環として、システムの作動を制約するのである。

NSMs には、環境保護運動や反核・平和運動なども含まれていた。これらについても、運動主体が自らのアイデンティティへの反省的問いかけを通じて、生活スタイルを見直したり、軍事産業への異議申し立てが行われたりすれば、成長志向の資本主義のあり方が制約され、システムの作動に対しても否定的な効果がもたらされる可能性がある。このように、NSMs は間接的あるいは様々な関係による媒介を通じて世界システムの作動を制約することになる。このように、反グローバリズムは、グローバル化という世界システムの変動が新たにもたらした問題に対して、ASMs がやはり新たに試みる抵抗のあり方として把握できよう。

このように行論を進めるならば、すでに一般的に把握したグローバル化における負の効果とそれに抗う反グローバリズムとは、ASMs によって担われることが明らかとなろう。

(3) 半周辺と反システム運動

こうした ASMs は、世界システムの階層的なゾーン構成において偏在する傾向があることが知られている。より直接的にシステムの作動を制約する労働運動は、従来製造業に就労する労働者によって担われてきた。それというのも、製造業においては、しばしば多くの労働者が同じ環境において協業を担うことを通じて、利害関心が共有されやすい傾向があるからである。かつては、製造業は高賃金の労働に基づく先端的な産業として中核ゾーンに集積していたものの、グローバル化に先立って、いち早く進展していた生産の配置転換の結果、もはや中核ゾーンが製造業の集積を担うわけではないことは明らかである。

結果的に、世界のなかで製造業が最も集積しているのは、半周辺ゾーンである。したがって、労働運動は半周辺において優越することが想定される。このことは、かつて 1980 年代に新興工業化経済群(Newly Industrialized

Economies, NIEs）の例として、ブラジルにおいて大きな人口規模を背景に輸入代替工業化（import substitution industrialization, ISI）が制約を受けずに進展したことや、韓国、台湾、あるいはシンガポールなどが輸出志向型工業化（export-oriented industrialization, EOI）の実行に伴って、生産の配置転換がいち早く行われたことからも容易に推測されよう。すでに明らかなように、脱工業化（postindustrialization）をめぐる議論にはグローバルな視野が欠けており、世界全体で製造業が衰退したわけではなかった。中核ゾーンにおける脱工業化は、生産の配置転換に媒介され、工業立地が移動したことを意味していたわけだ。

　それでは、そのほかのASMsについては、どのゾーンにおいて優越し偏在することが想定されようか。すでに言及したように、民族解放運動については、多くが旧植民地であった周辺ゾーンにおいて優越する可能性が大きい。NSMsについては、従来労働運動が活発に展開された経験をもつ中核ゾーンにおいて、労働運動のあり方への批判として台頭していることから、中核ゾーンに偏在する傾向が指摘できよう。

　もっとも、こうしたASMsの偏在傾向は、必ずしも特定のゾーンにしか、それに対応する反システム運動が存在しないというわけではない。いずれのゾーンにおいても、すべての反システム運動が生起する可能性があることはいうまでもない。世界システムを構成する3つのゾーンのなかで、中間的ゾーンである半周辺（semiperiphery）については、とりわけこの傾向が強まる可能性がある。それというのも、半周辺というゾーンは、まさに中核と周辺との中間的な性格をもつことになるからである。換言すれば、「中核性（coreness）」と「周辺性（peripherality）」とを体現するゾーンとして、半周辺ゾーンは位置づけられよう[3]。

　すなわち、半周辺ゾーンにおいては、一方では未だに周辺的な性格をもち、農業や採掘産業などが一定の比重をもって存在しているうえに、エスニックな差別が存続しているものの、他方では生産の配置転換とその後のグローバル化の過程を経過して、製造業の集積が進むとともに、さらには一定の「ゆたかさ」の実現を背景として、とりわけ拡大した新中間階級において脱物質主義（postmaterialism）的な意識の醸成も進むであろう。こうして、「中核性」と「周

辺性」とを体現する利害関心に基礎づけられた社会運動が生起することが想定される[4]。

先に言及した空間というカテゴリーについても、半周辺ゾーンにおいては、中核と周辺という2つのゾーンにおいて確認されるイシューがともに現れることが想定される。本書は、こうした多様な運動がたち現れる半周辺ゾーンにおいて、少なくとも潜在的には反グローバリズムを志向する反システム運動を経験的・理論的に検討しようとする試みにほかならない。

3．半周辺マレーシア

(1) 事例としてのマレーシア

本書は、半周辺に位置する社会としてマレーシアという国民社会を事例としてとりあげる。そのような意味で、本書においては、反システム運動の展開が直接的にグローバルなレベルで検討されるわけではない[5]。あくまで本書の分析において設定されるレベルは、ナショナルなそれにほかならない。著者は、これまで30年以上にわたって、マレーシアを事例として扱ってきた (e.g., 山田, 1996; 2006)[6]。著者が試みてきた、「労使関係と資本主義発展に関する歴史社会学的研究」、すなわち「労使関係の歴史社会学」という試みにおいては、資本主義発展を担う資本家の社会的出自に注目してきた[7]。マレーシアは、多くの発展途上国と同様に、外国資本によって資本主義発展が主導される社会（類型Ⅲ）に該当し、山田 (2006) においては、外国資本、とりわけ多国籍企業による資本主義発展への「効果」が論点の1つとなっていた。

類型Ⅲにおいては、資本主義発展を主導する外国資本は、資本主義発展の過程で遅かれ早かれ払拭されていく前資本主義的社会関係の存続に関して、「ニュートラル」であることが想定される。すなわち、一般的に外国資本によって発展が担われたからといっても、ただちに前資本主義的な社会関係が「長期的に」存続し、その1つの結果として資本主義発展が停滞的になるとはいえない。とりわけ、グローバル化によってもたらされる厳しい競争は、少なくとも一部の発展途上社会に対して、それが半周辺へと上昇する契機となる

戦略を展開する可能性がありえた。

本書は、反グローバリズムという広範な文脈において、半周辺へと上昇したと想定されるマレーシアを事例として、労働運動をはじめとする社会運動、つまりASMsのあり方を探求しようとする試みにほかならない。この間の研究の経緯をふまえていえば、本書は、アメリカ合州国を事例とした、山田（2014）におけるSMUの研究を基礎として、山田（2006）において展望していた、グローバル化のもとで想定されるエスニックな階級がもつ利害関心の方向を反省的に再検討し、ASMsの展開として、よりふみこんだかたちで追求しようとする試みにほかならない。

もちろん、本書がマレーシアを事例として選択する理由は、単にこれまで事例として研究してきたからだというだけではない。そもそも、マレーシアは、東南アジアに位置する小国でありながら、その植民地化の経験を通じて多様なエスニシティが形成され、それぞれが当該の利害関心に基づいて多様な社会運動の主体（actor）となりうる。さらに、資本主義的工業化に一定程度成功したマレーシアは、工業化に関与する多様な制度やイデオロギーを検討する的確な事例となろう。例えば、国家のあり方を検討する事例としても妥当であるし、イスラム教を国教とするユニークな社会における資本主義発展を考察するうえでも興味深いであろう。これらの要因は、本書の直接的な課題である社会運動の分析においても重要である。

加えて、マレーシアが東南アジア地域における最大の移民受け入れ国であることも、グローバル化のもとで移民労働者のあり方と受け入れレジームを検討するにあたって、的確な事例となりうるし、それらが社会運動のイシューにもなりうるはずである。このように、マレーシアはASMs一般、とりわけそのグローバル化のもとでの展開を検討するにあたって、有効な事例となりうるはずである[8]。

(2) 調査とデータ

本書で用いられるデータは、2013年8月から2018年3月まで断続的に実施された現地調査で得られたものに依拠している。調査は、あらかじめアジ

ア経済研究所(Institute of Developing Economies)で紹介を受けた研究者へのインタビューから開始され、いわゆるスノーボール・サンプリングの手法に基づいて、その他の研究者や活動家を紹介してもらい、さらなるインタビューを試みることを繰り返すかたちで進められた。インタビューは半構造化された形式で行い、とりわけ活動家については、個人的なキャリアや活動家となった経緯などについてもできる限り聞き取りを試みた。

　もっとも、筆者がもつ言語的制約のため、インタビューは英語を用いて行わざるをえなかったため、英語によるコミュニケーションに難がある移民労働者やマレー人労働者については、対象者とすることができなかった[9]。そこで、必ずしも対象者の人数を増やしていくのではなく、調査期間を通じて、調査を繰り返す過程で明らかになってきた、15人ほどのキイ・パーソン[10]に何度もインタビューを繰り返すことを選択した。彼あるいは彼女らに対しては、いわば「定点観測」のように、多くの場合1年につき2回インタビューを実施できるように努めた[11]。とりわけ、活動家については、ASMsの3つのタイプに関与している人々にバランスよく聞き取りを試みるように心掛けた。

(3) ASMs の事例

　インタビュー調査において対象者としたのは、言及してきたASMsの3つのタイプにおいて活動する活動家たちにほかならない。まず、最も直接的なASMである労働運動については、労働組合活動家やそれと連携するNGOs(例えば、移民労働者の支援を行っている組織など)を組織している活動家を対象にしてインタビューを行った。それでは、民族解放運動については、どのような社会運動がそのカテゴリーに該当することになろうか。すでにマレーシアは半周辺化しているとすれば、とりわけ周辺ゾーンに偏在する民族解放運動はどの程度の規模で存在するであろうか。

　後に詳述するように、マレーシアにおいてこのタイプのASMを担っている人々は、インド系あるいはタミール系の人々である。周知のように、マレーシアも、様々な国民社会において普遍的に確認される多民族社会にほかなら

ない。マレーシアにおける主要なエスニシティは、マレー人、華人(Chinese)、およびインド人(タミール人)によって構成される。これらの主要なエスニシティのなかでも、ともすればマレー人と華人との経済的・政治的協調および対抗が、マレーシアを分析する際の主要なイシューであったことは否めない。そのような意味では、インド人を主体とする民族解放運動を分析の俎上に載せることは、本書のユニークなポイントとなりえよう。翻っていえば、インド人が民族解放運動を担うことは、このようなマレーシアにおける経済的・政治的状況の帰結であるともいえよう。

　それでは、NSMsについてはどうであろうか。結論からいえば、NSMとして把握される多様な社会運動のなかで、本書が事例とするのは環境保護運動である。もちろん、マレーシアにおいては、これ以外のNSMsも行われている。例えば、女性の権利の擁護・拡大、あるいは女性解放を目指す社会運動は、地道に営まれてきた。例えば、イスラム教という女性の権利を軽視する傾向が強い宗教が国教となっていることから、イスラム教に由来する問題(例えば、結婚や離婚に伴う改宗問題)が多発してきたのである[12]。

　さらに、マレーシアにおいて、環境保護運動は様々な形式および地域において展開されてきた。本書における基礎となる調査が行われた時期に限ってみても、例えばパハン(Pahang)州のラウブ(Raub)における金の精錬事業に伴う放射線障害とそれに由来する反対運動、ジョホール(Johor)州における火力発電所の建設・稼働に関連した反対運動、あるいはサラワク(Sarawak)州におけるダム建設反対運動などがあげられる。とりわけ、サラワク州における運動は、プナン(Penan)族という、サラワク川において水上生活を営むエスニック・マイノリティの生活・文化がダム建設によって根底から失われることを意味するため、地道な反対運動が継続されている。

　しかし、本書が対象とする環境保護運動は、こうした運動ではない。本書は、パハン州の州都であるクアンタン(Kuantan)およびその周辺を中心として展開されてきた反ライナス運動(anti-Lynas movement)を事例としてとり上げる。これは、調査対象者へのアクセスのしやすさという技術的な理由を除けば、この運動が調査期間中に活性化し注目されていたことに加えて、最もグ

ローバルなスケールで展開された運動であるからである。後述するように、ライナスはオーストラリアを出自とする多国籍企業であり、レア・アース（rare earth）の採掘・精錬をその事業としている。レア・アースの精錬工程においては、放射性物質を副産物として算出してしまうという困難を伴う。そのため、マレーシアにおいても、ライナスによる精錬事業が国内で行われることに対して強固な反対運動が展開されてきた。

さらに、この問題の源泉がライナスという多国籍企業であることも、本書が反ライナス運動を事例として選択した理由の1つである。多国籍企業によって、依然として環境問題が引き起こされることは、半周辺であることが想定されるマレーシアの現状を象徴しているように思われる。それというのも、一定程度工業化と資本主義発展に成功しながらも、依然として多国籍企業にその担い手を委ねている現状がまさに垣間見られるからである。以上のように、本書で対象とするASMsを簡単に明示したうえで、最後に本書の構成を簡単に紹介しておこう。

4．本書の構成

本書は、検討する3つのASMsに対応して3部構成をとっている。具体的なASMsを検討する前に、まずⅠ章においては半周辺化したと想定されるマレーシア社会の状況について概観する。1957年に政治的に独立して以降、マレーシアの経済は工業化によって特徴づけられるといえよう。そこで、工業化の展開をたどることを通じて、マレーシアの経済を概観するとともに、工業化に関連した国家のあり方と政治の状況についても、ユニークな政党システムを確認することも含めて検討されよう。さらに、工業化の展開に対応して、マレーシア社会の文化・イデオロギーの状況についても、イスラム化に媒介された（マレー人）ナショナリズムの喚起やいわゆる「アジア的価値（Asian value）」の提唱による統合の推進などについて検討することになろう。

第1部は、民族解放運動を扱う、Ⅱ章からⅣ章までの3つの章で構成される。Ⅱ章においては、マレーシアがイギリスによる植民地支配から脱したあと、

つまりポスト・コロニアルな社会においても、インド人たちが発展の「恩恵」を被ることなく、植民地時代と変わることがない状況に置かれていたことを確認するとともに、「ヒンドゥー教徒の権利行動隊 (Hindu Rights Action Force, HINDRAF)」という、インド人による NGOs の連合体が、民族解放運動を担っていることを根拠づける。

Ⅲ章においては、結果的にイギリスの植民地政策の「負の遺産」ともいうべき状況は、HINDRAF が台頭する以前から継続しており、プランテーションの再開発に伴って生起した、労働者による生活保全の運動が、民族解放運動に通底する傾向があることを確認する。そもそも、HINDRAF の運動においても、低賃金の下層労働者の救済が目標の１つに設定されていた。もっとも、プランテーションにおける運動は、HINDRAF が体現するようなエスニシティ関係を前景化したものではなく、労働者による階級関係をベースにした運動である。このように、エスニシティ関係の背後にある階級関係が民族解放運動には伏在し、運動それ自体が労働運動として担われる可能性があることも確認されることになる。

Ⅳ章においては、こうした階級関係を前景化させて運動を展開する担い手として、マレーシア社会党 (*Parti Sosialis Malaysia*, Socialist Party of Malaysia, PSM) に注目している。PSM は、その構成員がほとんどインド人であり、実質的にインド人によるエスニック政党といってよい。しかも、政党としては獲得議席数もわずかであり、議会における影響力も乏しい。しかし、運動団体として把握するならば、PSM は下層労働者の利害関心を体現するあらゆる社会運動に関わっている。この章では、エスニシティ関係ではなく、階級関係をベースにした運動を志向する PSM が直面するジレンマを検討している。

第２部は、労働運動を検討する、Ⅴ章からⅦ章までの３章によって構成される。労働運動は、労働者階級の利害関心を実現することを志向する階級関係をベースにした運動にほかならない。半周辺化したマレーシアにおいて想定される労働運動の攻勢は、どの程度確認されるであろうか。理論的想定に反して、Ⅴ章において確認されるのは、マレーシアにおける労働運動の弱さにほかならない。ここでは、近年において大きなイシューの１つであった最

低賃金の制定過程に注目し、そこに労働組合をはじめとする諸勢力がほとんど関与していないことを確認する。

　さらに、そのことを通じて運動の弱さを検証したうえで、電子産業における労使関係が依然として「専制的 (despotic)」であることにも、そうした弱さが端的に現れていることを指摘する。加えて、マレーシアにおいて最もアクティブな活動を展開している金融セクターの労働組合においても、そうした「強さ」が極めてコンティンジェントな要因によって規定されたものであることを指摘する。

　Ⅵ章においては、こうした労働運動の弱さの事例として、移民労働者をめぐる状況とその改善を求める運動について検討する。半周辺マレーシアは、すでに東南アジア地域において最大の移民労働者受け入れ国となっている。しかし、長年にわたって、的確な受け入れレジームの整備がなされないまま放置されてきた。そのため、移民労働者の労働内容をはじめとして、彼あるいは彼女らがとり結ぶ関係は、「周辺性」に特徴づけられたものとなっている。この章においては、移民労働者の受け入れ状況と彼あるいは彼女らをめぐる社会運動について検討する。

　Ⅶ章においては、こうした労働運動の弱さを打開する可能性として市民運動との連携について考察する。マレーシアでは、2018年5月に政治的独立後はじめての政権交代が行われた。今回の政権交代の背景には、多様な要因が存在するものの、大きな要因として2008年以降継続されてきた選挙改革運動の存在を指摘できよう。マレー語で清廉 (clean) を意味するBERSIHというNGOsの連合体は、国民戦線 (Barisan Nasional, National Front, BN) という与党連合に有利となる選挙区割りと恣意的なその変更 (gerrymandering) が長年にわたって行われてきたことが、マレーシアにおける民主主義を制約してきたことを問題視し、その改革を訴えてきた。労働運動の弱さの原因の1つが労使関係の制度的制約に求められるとすれば、労働運動の活性化を実現するにあたって、政権交代を通じた制度の改革が重要となろう。この章においては、BERSIHという市民運動の階級的性格を指摘し、そうした性格が市民運動と労働運動とが連携する媒介となる可能性を検討している。

第3部は、Ⅷ章からⅩ章までの3章からなり、NSMを対象としている。すでに言及したように、本書が対象とするNSMは環境保護運動であり、具体的には反ライナス運動にほかならない。Ⅷ章においては、反ライナス運動の基本的な経緯と運動を担う団体について概観したうえで、マレーシア社会の特性、すなわち「中核性」と「周辺性」とを体現する半周辺ゾーンとしての特性が、反ライナス運動に反映されていることを明らかにしている。

　Ⅸ章においては、そうした特性の1つとして、NSMとしての反ライナス運動を中心的に担う華人たちの特徴について分析している。マレーシアにおいては、一般に華人が環境問題については最も感受性が強い（sensitive）といわれている。この章では、不充分ながら反ライナス運動に関与する活動家および一般参加者を対象にしてアンケート調査を実施し、その結果を分析している。

　Ⅹ章においては、反ライナス運動が体現する「周辺性」についてあらためて検討している。中核ゾーンにおいて偏在するNSMsに分類される反ライナス運動であっても、それが生起する要因は多国籍企業の戦略とレア・アースという採掘産業のあり方が大きく与っている。かつての従属理論の理論的主張を想起させるような、多国籍企業によって制約されるマレーシアのあり方を明らかにすることによって、この章では、この運動の「周辺性」を明示することを試みている。

　以上の3部からなる、半周辺マレーシアを事例とする反システム運動についての理論的・経験的分析を通じて、どのようなことが明らかとなるのであろうか。結びにおいては、半周辺ゾーンが3つの反システム運動が交錯する場であることを確認し、半周辺ゾーンがシステムの作動において担う機能に関連させながら、システムそれ自体をダイナミックに変容させる可能性をもっていることを主張することになろう。

　以上のような構成をもった本書は、まずマレーシアにおける資本主義発展を回顧することから開始される。

注

1 本書における行論は、世界システムという考え方を採用している。もっとも、この際、本書はウォーラスティンの主張を単にフォローしているわけではない。筆者自身の試みである「労使関係の歴史社会学」は、グローバルな視野で世界的な不平等の再生産を把握しようとする世界システムという考え方を採用してはいるものの、いくつかの点において、ウォーラスティンの理論的主張とは大きく異なっている。そのような意味においては、世界システムというタームを採用することは躊躇すべきかもしれない。事実、山田(1996)においては、「世界資本主義(world capitalism)」という概念を採用していた。しかし、こうした名称を新たに付与することは、かえって議論を錯綜させることになるため、本書では世界システムという名称をそのまま継承している。

2 こうした新興国には、ブラジル(Brazil)、ロシア(Russia)、インド(India)、中国(China)、および南アフリカ(South Africa)が含まれよう。いわゆる BRICS とよばれる諸国がそれである。

3 そもそも、「周辺性」と「中核性」、さらにはその両者からなる「半周辺性(semiperipherality)」は、どのような概念的把握が可能であろうか。世界システムの実質が国際分業であり、国際分業が個々の地域あるいは社会がそれぞれ世界に財を提供することによって規定されることを考えると、もともと「周辺性」と「中核性」とは、それぞれが提供する財の特質によってまずは特徴づけられる。すなわち、「周辺性」とは賃金が安いことであり、周辺から提供される財は「低賃金財」であるのに対し、「中核性」とは賃金が高いことであり、中核から提供される財は「高賃金財」なのである。それでは、なぜ周辺においては賃金が安いのであろうか。資本主義のメルクマールとして、自由な賃労働が支配的になることをあげるならば、周辺においてはその成立が不充分であり、そのため賃金に依存しない生活とそのことの帰結として市場で商品を購入しない自給自足的な生活が広範に存在することが、低賃金の根拠となろう。つまり、小農などのように、雇用され賃金を得なくても生活できる人々が多数存在することが、もともと周辺の特徴なのである。それに対して、その対極である中核においては、自由な賃労働が充全に成立し、人々は市場に依存して生活しているため、高い賃金が必要なのである。翻っていえば、自由な賃労働の成立を資本主義のメルクマールに求めるならば、周辺は資本主義的な関係が充分に形成されていない社会といえよう。このことは、政治的な領域や人々の意識のあり方(イデオロギー)についても、周辺の特質を規定することになろう。資本主義の発展と近代化の過程とが完全ではなくとも一定程度パラレルであるとすれば、周辺においては

より伝統主義的で、しばしば権威主義的な政治が継続することになろう。イデオロギーについても、「共同体」志向が強く、温情主義的な意識が優越する可能性がある。それに対して、中核においては、相対的に民主主義的な政治が営まれ、イデオロギーについても、個人主義的でメリトクラシーを志向する意識が優越しよう。

4　このように、「周辺性」と「中核性」とをあわせもつ半周辺ゾーンは、ともすれば空間的に周辺と中核の双方に引き裂かれてしまい、ゾーンとしての完結性を喪失するとも考えられうる。周辺と中核の双方の特徴をあわせもっていても、1つのゾーンとして完結し存在している根拠が問われる必要がある。このことは、ある地域や社会が特定のゾーンへと帰属するに際しては、国際分業における位置だけで決まるのではなく、国家による政治的な支配（特定の領土への帰属）も関係していることを示唆している。この点は、まさに半周辺というゾーンの存在理由や、資本主義世界経済という経済システムと国家間システム（interstate system）という政治システムとの連関のあり方という理論的な問題を別途提起することになろう。

5　もちろん、グローバル化のもとで、グローバルなレベルで反システム運動を分析する試みも存在している（e.g., Polet & CETRI, 2004; Smith & Wiest, 2012）。

6　1980年代後半から90年代の前半においては、日本からの対外直接投資（foreign direct investment）、すなわち多国籍企業の進出先は、現在のように必ずしも中国に偏っておらず、東南アジア地域が現在以上に大きな比重を占めていた。とりわけ、マレーシアにおいて、1989年には日本からの対外直接投資額が第1位となっていたのだった。そのような意味で、マレーシアは現在以上に日本と緊密な関係をもっていたことも事例として選択した理由であった。

7　本書が「労使関係の歴史社会学」という一連の研究の一環であることが、反システム運動の分析レベルがナショナルなレベルを中心とすることに関連している。それというのも、「労使関係の歴史社会学」においては、理論的説明の手順は、抽象的なものから具体的なもの、あるいは単純なものから複雑なものへと進められることとしているからである。これは、いわゆる「上向法」とよばれる手続きにほかならない。もっとも、外国資本によって資本主義発展が主導される類型Ⅲにあっては、その当初からナショナルなレベルを超えたグローバルあるいはトランスナショナルなレベルからの影響をより強く想定せざるをえない。そのため、本書における行論も世界システムにおけるグローバル化という趨勢が先行して行われる結果となっている。

8　グローバル化によるマレーシアへの影響に関する研究も、枚挙に暇がない（e.g., Aeria, 2005; Hassan & López, 2005; Loh, 2005）。

9 マレーシアにおいては、もともとイギリス植民地であったことから、英語が広範に使用されているものの、義務教育しか受けていない労働者にとっては、英語を用いたコミュニケーションはしばしば困難である。これは、マレーシアにおける義務教育が「マレーシア語（Bahasa Malaysia）」（実質的にはマレー語）によって行われる傾向が強いからである。私立学校を除くと、一般にはマレー語によって授業が行われる。

10 調査対象をキイ・パーソンに絞らざるを得なかった背景には、言語的な制約とは異なる要因があった。それは、行論においても言及することになる、マレーシア国家による権威主義的・抑圧的性向の強さにほかならない。著者がこれまでに行ってきた、外国における調査に限っても、アメリカ合州国においてSMUについての調査を実施したときと比べて、同種の調査を行っているにもかかわらず、マレーシアにおいては自らの情報を他人に提供するということに対して警戒心が強いことを痛感した。これに関連して、今回の調査において、キイ・パーソンに該当する人々は、その活動のために何度も逮捕歴があるような人が多く、いまさらながら情報開示を警戒するような人々ではなかった。もっとも、こうしたマレーシアにおける社会状況を考慮して、インタビューを録音することは自粛することにした。

11 いうまでもなく、1年につき2回という設定は、調査が調査の夏季および春季休業期間に行われていることに由来する。

12 「イスラム教の姉妹（Sisters in Islam）」というNGOが、こうした問題を重点的にとり扱ってきた。このほかにも、ドメスティック・バイオレンスの被害を受けた女性を保護・救済するNGOなども、活発に運動を展開している。

I．半周辺マレーシア
――その道程と現在

1．はじめに

　この章では、本書の事例となるマレーシアについて、主として政治的独立を達成した1957年以降における資本主義発展の模索と21世紀における現在の状況について、あらかじめ概観することが目的となる。ここでは、工業化を基軸とする経済発展、それを主導した国家のあり方と政党政治、およびマルチエスニックなマレーシア社会を統合し、国民を動員するためのイデオロギーについて確認してみたい。すなわち、経済、政治、および文化・イデオロギーにおけるマレーシア社会の歴史的展開と現在の概要を提示することが、本章の目的である。

　マレーシアは、世界システムという階層的なシステムにおいて、すでに周辺から半周辺へと上昇したと考えられる。もっとも、世界システムにおける階層的ゾーンを具体的な指標に基づいて把握することは簡単ではない。そこで、本章においては、代替的な指標として1人あたりのGDPに注目し、世界システムにおけるマレーシアの位置について一定の判断を試みよう。

2．工業化という課題

(1) 1960年代

　一般に、植民地支配から政治的独立を勝ち取った発展途上国の政治的リーダーが直面した経済的課題は、工業化を成し遂げることであったといえよう。

世界システムにおける周辺ゾーンに位置する社会は、多くの場合、中核ゾーンに位置する社会によって植民地化されてきた。植民地に期待される役割は、その宗主国の経済発展、あるいは資本の利害関心に沿った産業の育成であろう。20世紀の前半を通じて、中核ゾーンに位置する社会の基幹的な産業が工業であったことを考慮すると、植民地に期待される役割はそれに必要な資源あるいは原料の供給であり、工業製品の消費地であり、さらには食料あるいは商品作物の供給地ということになろう。要するに、植民地の産業としては、工業ではなく、採掘業や農業が期待されるわけだ。

このように、政治的独立を達成した後の発展途上国が、しばしばモノカルチャー（monoculture）とも呼ばれるように、単一の農業などに特化したものとなっており、多様性に乏しいことはよく指摘されてきた。多くの発展途上社会と同様に、マレーシアもかつて植民地化された経験をもつ社会である。その点においては、マレーシアにおいても工業化が大きな課題であったことはいうまでもない。植民地時代において、マレーシアの主要産業は、ゴムの生産と錫の採掘であった。前者については、20世紀に入ってからゴムの種がマレー半島にもたらされたことによって、ゴムの栽培とその樹液を精製してゴムを生産することが急速に拡大した。ゴムの栽培は、当初イギリス資本によってエステート（estate）とよばれるプランテーションにおいて行われた。後者については、19世紀からペラ（Perak）州のイポー（Ipoh）近郊にある鉱山の採掘が盛んになり、当初は華人によって営まれた。しかし、20世紀に入ると採掘技術に勝るイギリス資本がとって代わるようになった。このように、マレーシアにおいても、多くの植民地と同様の産業のあり方を共有していた。

もっとも、1957年にイギリスから政治的独立を達成したものの、その後、1960年代を通じて、必ずしも工業化は充全には進展せず、経済的および社会的な停滞傾向がみられた。1960年代を通じた工業化は、いわゆる輸入代替工業化（import substitution industrialization, ISI）であった。このタイプの工業化は、中核ゾーンから輸入している工業製品を自国において生産することを企図したものであり、その目的のために中核ゾーンからの工業製品に相対的に高い輸入関税をかけることに特徴があった。つまり、輸入関税を賦課することに

よって輸入した工業製品の流通を制限したうえで、その代わりに自国において工業化を進めようとしていたのであった。

　一般には、こうした ISI においては、当該社会における自生的資本 (indigenous capital) の成長が期待される。そもそも、外国資本によって資本主義的関係が移植されるかたちで発展が開始された周辺ゾーンの社会においては、外国資本による経済的支配から脱却しなければ、工業化は達成しえないはずである。しかし、とりわけ自動車や電機製品などの、生産における技術力と製品の性能が求められる分野については、自生的資本が中核ゾーンに拠点を置く外国資本と対等に競争することは困難であろう。このことは、自生的資本に対する積極的な育成策が求められることを意味している。

　他方では、輸出を行ってきた外国資本にとっても、高い輸入関税が賦課されることは輸出した製品の売れ行きが低迷し、当該社会における市場を失うことを意味する。一般には、周辺ゾーンに位置する社会においては市場に依存して生活する程度は小さく、そのことを一因として賃金も低い。その結果、こうした社会においては、市場規模は大きくない。それでも、獲得した市場を喪失したくなければ、外国資本は輸入関税を回避するために、現地生産を選択することになろう。こうして、自生的資本が工業化を担うまでに成長しないうちに、ISI においてはしばしば多国籍企業の進出を招来することになる。

　マレーシアにおいても、この時期の事情は同様である。とりわけ、自動車や電機産業などの先端産業については、多国籍企業の進出を招いている。例えば、日本企業の例をあげるならば、松下電器 (パナソニック) は早くも 1965 年にマレーシア工場を設置して冷蔵庫の生産を開始している。一般には、ISI においては、先に言及したように進出先の市場規模が大きくないためか、生産部門としては、消費財よりも生産財のそれが優越し、資本集約的な装置産業が大きな比重を占めることが知られている[1]。このことが、工業化に期待される雇用の増大、ひいては安定した収入獲得を阻み、ISI の成果が充全に達成できないことに帰結したのである。

　マレーシアにおいても、ISI を通じて、こうした素材を生産する産業は多国籍企業によって担われ、自生的企業はどちらかといえば食品産業などに

関わっていた (Jesudason, 1989: 57-58)。いずれにしても、装置産業が優越すれば、雇用拡大の効果は乏しかった (Wheelwright, 1965: 72)。さらに、すでに指摘したように、ISIは基本的に国内市場に向けた製品の生産を志向しているので、雇用も拡大せず、民衆の所得も安定しない状態では、市場規模は拡大せず、生産の拡大にも限界があった。こうした事態が、工業化の拡大を制約し、経済的および社会的停滞を招いた背景であった。

加えて、一般的にはこうした工業化の展開おいては、国家の政策的サポートが期待される。そもそも、ISIという工業化パターンの選択は、マレーシア政府によるものである。しかし、1960年代を通じて、国家の政策はレッセ・フェールと把握されるほど、消極的であった。道路などのインフラストラクチャーの整備が追求されただけで、積極的な工業化の推進策は乏しかった[2]。

こうした停滞傾向は、社会的貧困とそれと軌を一にする社会的格差の拡大に帰結した。しかも、イギリスによる植民地支配を通じて形成された、3つの主要なエスニシティのなかでも、実質的に政治的な支配権を行使するマレー人が経済的に優越する華人に比べて、かなりの貧困状況に置かれていたことから、両者の対立が深刻化し、1969年5月に「人種暴動 (racial riot)」が起こった。

マレーシアにおいては、植民地支配を通じて1960年代までに、3つの主要なエスニシティが特定の職種・職業に特化して従事するという、ユニークな階級関係が形成されていた。最も多くの人口（当時、ほぼ50%）を占めるマレー人については、圧倒的多数は農村に居住し、主として稲作を営む農民として生計を立てていた。そのほかには、国家の官吏を担う人々がわずかにいるだけであった。

人口比率で第2位を占める華人については、その多くが都市に居住し、自生的資本家として様々な事業に従事する一方で、鉱山をはじめとする労働者を構成していた。要するに、本格的には16世紀以降、中国の福建省などから渡来した移民として、マレーシアにおける主要な経済活動を担ってきたのは華人たちであった。最後に、インド人（タミール人）については、イギリスによる植民地政策によって移住させられた人々から構成されている。マレー

半島におけるイギリスの植民地政策は、既存の社会システムを温存しつつ、実質的な支配を行使することを目指すものであった。

例えば、最終的に1948年にマラヤ連邦(Federation of Malaya)として統一的に統治されることになっても、半島内のスルタンたちによる支配は形式的に容認されていた。同様に、経済的なシステムについても、プランテーションにおいてゴム栽培が広範に行われるようになっても、イギリスの植民地支配は稲作農民であったマレー人をそれに従事する労働に動員せず、インドのタミール地域から労働者を移住させて作業に従事させたのである。このときに移住したタミール人たちは、1960年代の時点では依然としてプランテーション労働に従事する人々が大半を占めていた。マレーシアにおけるインド人エスニシティは、こうして形成されたのである。

Ⅱ章において述べるように、マレーシア社会において最もマージナルなエスニシティは、一貫してインド人であった。しかし、1960年代のマレーシア社会における政治経済的なイシューとして、重視されていたことは、最大多数を占めるマレー人とそれに次ぐ華人との格差であった。1969年に行われた総選挙においては、農民として低所得に甘んじるマレー人と一部は資本家として豊かさを享受する華人との経済的格差を背景にして、マレー人の多くが、政権を担う与党連合(同盟(alliance))に異を唱える投票行動をとったことから、その得票率が大きく低下した(総議席の3分の2を下回った)。

その結果、後述するように、政治的には華人に対する優位を保持してきたマレー人たちに、華人に政権の主導権をも奪われ、政治的優位さえ失うのではないかという「恐怖心」が生まれた。このことを原因として、首都クアラルンプールなどでマレー人が華人に暴行・傷害・殺害を行う「人種暴動」が発生したと考えられている。この暴動の結果、マレーシア社会における経済と政治は大きな変容を遂げることになった。

(2) 1970年代

非常事態(emergency)宣言によって、「人種暴動」後から2年間にわたって停止された議会が再開されると、60年代までとは異なる積極的な国家による

経済政策が提示された。すなわち、1つは、新経済政策 (New Economic Policy, NEP) であり、もう1つは輸出志向型工業化 (export-oriented industrialization, EOI) の追求が、それである。前者は、貧困の廃絶、および3つのエスニシティと特定の職業との結びつきを改め、エスニックな構成に見合うように国民への職業配分を目指す政策であり[3]、後者は、国内に自由貿易区 (Free Trade Zone, FTZ) を設置して、様々な特典を与えることを通じて多国籍企業を誘致し、外国資本による工業化を目指す政策であった。

2つの政策は、ともに1971年に開始された。NEPは、1990年に終了しているものの、よく知られているように、その後も基本的には同じ政策が継続してきた。EOIについては、1971年に自由貿易区法 (Free Trade Zone Act) が制定され、それに基づいて1972年にはペナン島のバヤン・ルパス (Bayan Lepas) にFTZが初めて設置された。前者が、マレー人に対するアファーマティブ・アクション（優遇策）であったことはよく知られている[4]。

EOIは、ISIとは全く発想を異にする工業化戦略といってもよい。ISIが、結果は異なったとしても、基本的には外国資本の影響力を排除しようとする試みであったのに対して、EOIは、積極的に外国資本を誘致する戦略にほかならない。さらに、移転が試みられた分野についても、結果的にISIにおいては資本集約的な部門が多かったのに対して、EOIにおいては労働集約的部門、例えばアパレルの縫製作業や電機製品の組み立て加工などが配置された。要するに、EOIは半周辺や周辺ゾーンの社会に雇用を創出することを可能にする工業化であった。

1960年代の後半から世界の多くの地域でこのタイプの工業化が開始されたものの、その傾向は、とりわけアジア地域において顕著だった。EOIが拡大するにあたっては、中核ゾーンにおける資本と半周辺・周辺ゾーンにおける国家の開発戦略とが合致したことが重要である。1960年代になると、アメリカ合州国などで顕著なように、中核ゾーンにおいては、いわゆるフォード主義 (Fordism) とよばれた生産システムにおいて、コンベヤーを利用した高密度の労働が限界に達し生産性が停滞するとともに、法的に存在を容認された労働組合による持続的賃上げによって、企業の収益が圧迫されるように

なった。こうした制約を克服する方途の1つとして、生産の配置転換（relocation of production）が模索された[5]。

　他方では、周辺ゾーンには雇用の拡大によって生活の安定を求める労働者が大量に存在し、これらの人々は低賃金労働力のプールを形成していた。遠く離れた地域に工場を移転するにあたって、情報・通信コストや資材・原料の輸送コストが工場移転に見合う範囲で収まることによって、相対的にリスクが少ない国や地域[6]に生産の配置転換が行われた。さらに、配置転換にあたっては、受入国による優遇策が実施された。FTZの設置は、その代表的なものである[7]。FTZにおいては、その名の通り、そこに海外から搬入される資材、部品、あるいは原料などには輸入関税が賦課されない。加えて、工場を建てるための基盤整備も受入国によって施されていた。マレーシアにおいては、初めてFTZが設置されたペナン（Penang）州の知事がアメリカ合州国などを訪問して誘致活動を行った。

　もっとも、こうしたEOIにおいて、進出する多国籍企業にとって最大の便益は、言及した低賃金労働力のプールであった。FTZにおいては、農村から出稼ぎに来た若年女性（マレー人）による低賃金で不熟練の労働に基づいて、多国籍企業がその本国などの海外から無関税で持ち込んだ部品・資材に対して加工・組立作業を施し、完成した製品を海外にすべからく輸出することが試みられた。細かな手作業からなる労働集約的な工程は、従来から中核ゾーンを含めた多くの社会において、女性の仕事とされてきた。EOIにあたって、半周辺・周辺ゾーンにおける社会においても、マレーシアを含めて例外ではなく、女性労働者が動員された。つまり、とりわけ工業化の歴史が短い周辺ゾーンにおける社会においては、本格的な労働者形成はEOIによって開始され、形成された労働者の多くは女性であった。

　このようなEOIについては、様々な評価が行われてきた。行論からすでに明らかなように、EOIにおいては、特典を付与した工業用地と労働力を提供するだけで、周辺ゾーンの社会にはほとんど経済的な利得がないように見受けられる。つまり、FTZには中核ゾーンから資材・部品・原料が持ち込まれ、そこで組み立てられた完成品はすべて再輸出されてしまうことを考えると、

FTZは受入国の経済とは関係をもたない、いわば経済的な「飛び地(enclave)」であるかのようにみえる。さらに、配置転換される工程が労働集約的で単純な組み立て加工であることは、労働者の技能形成や技術移転という効果はほとんど期待できないとされてきた。

　しかし、EOIが開始された当初においては、多国籍企業にとっても、取引関係を結びたくても期待するコスト・品質・納期のスペックを満たす自生的企業は存在しなかったし、完成品の販売についても、市場規模が小さい周辺社会においてはその内部で販売する選択はありえなかったかもしれない。もっとも、後述するように、こうした初期の傾向はEOIが継続する過程で次第に変容してきたといってよい。現在では、自生的企業が成長し、多国籍企業との取引関係が発生しているし、国内市場向けの生産も行われてきている[8]。要するに、EOIによって、賃金[9]とGDPはゆるやかに上昇し、GDPに占める製造業の比率も著しく上昇した[10]。この結果、1980年代には、マレーシアは1960年代までのプランテーションと採掘業に依存する社会から完全に脱却したといえよう。

(3) 1980年代

　マレーシアにおいては、こうしたEOIに加えて1980年代以降には重工業化が進められ、自動車産業などが積極的に育成された。この際、こうした産業は関税によって外国企業との競争から保護されたので、この工業化は第2次輸入代替工業化(second import substitution industrialization)とよばれる。自動車産業の育成にあたっては、いわゆる国民車(national car)を生産するために、日本の自動車企業との合弁として、2つの企業が創設された。

　具体的には、三菱自動車およびダイハツ工業という2社と、HICOM (Heavy Industry of Malaysia)という国営企業との合弁として、それぞれプロトン(PROTON)(1986年)およびプロデュア(PERODUA)(1994年)という2社が設立された。さらに、こうした企業の創設それ自体が、NEPにおいて目標として設定されたマレー人の資本家を育成することにつながっていた。

　加えて、プロトン社などは「アンカー企業(anchor company)」に指定され、部

品を供給するサプライヤーの育成を図ることも試みられた (ベンダー育成プログラム (vendor development program))。ここにも、NEP に由来するマレー人資本家の育成が垣間見られよう[11]。1980 年代以降に実行された、国営企業や公共事業が民間に委託されるプライバタイゼーション (privatization) についても、委託先としてマレー人が多くを占めたのである (Gomez, 1995)。

プライバタイゼーションは、早くも 1980 年代に台頭したネオリベラリズムの思想的影響の現れとして把握できよう。政府による経済的活動を縮小し、市場メカニズムを規制しないことが経済の活性化と富の拡大に帰結するという思想に基づいて、イギリス、アメリカ合州国、あるいは日本において、「大きな政府」から「小さな政府」への転換が進められた。マレーシアにおいては、こうした思想的影響に加えて、NEP に由来するマレー人資本家の育成政策に媒介されたかたちで、プライバタイゼーションが進められた (Jomo, 1995)。

例えば、民間寄託された公共事業あるいは公社については、必ずしも公共事業であることに起因した経営の悪化が確認される事業が民間に委託され、その活性化が委ねられるわけではなく、むしろ収益が上がっている事業ばかりが委託される傾向が確認されてきた。しかも、その委託先の多くがマレー人事業家であった。つまり、収益性が高い事業をあえて民間委託し、その委託先はマレー人であったというわけだ。

こうしたプライバタイゼーションを通じて、委託先を決定する権限をもった有力政治家と委託を受けようとする人々とが緊密に接触し、「利権 (rent)」をめぐって癒着する事態が発生したとされる (Jomo, 1995; Gomez & Jomo, 1997)。こうした関係については、有力政治家の多くがマレー人であるため、マレー人相互の癒着が多くを占めた。しかし、華人資本家も決して収益拡大の機会を看過してはいない。つまり、潜在的には対立しているエスニシティであっても、華人資本家は利害関心の実現のために関係をとり結ぶことに躊躇しないというわけだ。こうして、プライバタイゼーションを一因として、マレーシアにおいても大資本家あるいは大富豪が誕生してくることになる。

(4) グローバル化と半周辺化

　1980年代の後半以降、円高と貿易摩擦を背景として日本企業が本格的に多国籍化すると、それに起因する企業間競争の激化は、すでにそれ以前から多国籍化していたアメリカ合州国やヨーロッパの企業に戦略的な拠点の再編をもたらしたと考えられる。グローバル化の代名詞のように多国籍企業の展開が言及されるものの、まさにグローバル化が喧伝されるようになった時期に多国籍化を進めたのは、日本企業であった[12]。そのような意味では、日本企業の本格的多国籍化がグローバル化の一因であったといえよう。

　そもそも、従来国内生産を継続し、輸出を基軸に対外的な活動を行使しており、そのうえでアメリカ合州国に次ぐ世界第2位のGNPを実現していた日本企業が、初めて本格的に海外の生産拠点を設置し始めたことは、さらなる熾烈な競争を喚起したことは想像に難くない。こうした競争に対処するために、各国における多国籍企業は、より効率的に拠点を再編し、個々の拠点に対応した最適な生産のあり方を再考しなくてはならなくなったといえよう。

　その際、EOIの開始から20年近くも経過し、すでに言及したEOIの当初のあり方から乖離してきていた社会においては、低賃金というEOIにおける、最も優先された誘因は失われているといえよう。つまり、賃金の上昇に伴って、労働集約的な組み立て加工を基軸とする工程を配置しても、収益を期待できない事態が生まれてきたといえよう。もちろん、あくまで低賃金労働に基づく組み立て加工だけを期待するのであれば、多国籍企業にとって、賃金が上昇してきている社会に生産拠点を継続的に配置しても意味はない。

　しかし、EOIの開始から時間が経過し、自生的企業を含めたサプライヤーが集積するような事態が生じている場合、その限りでは多国籍企業にとっては、当該の社会あるいは地域は、事業継続にとって相対的に好ましい拠点となろう。したがって、高い賃金と好ましい産業基盤とを比較考量した結果、拠点として継続することを選択するのであれば、当該の社会は、単純な組み立て加工の拠点として位置づけられるのではなく、ハイエンドな製品の生産拠点として位置づけられることになろう。

　こうした傾向は、マレーシアを含めて、EOIが継続してきた社会において

Ⅰ．半周辺マレーシア 37

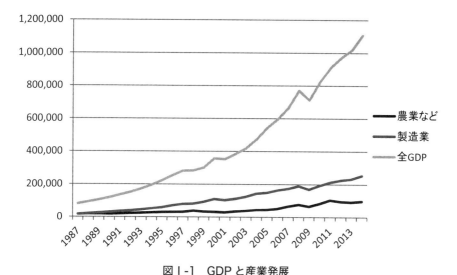

図Ⅰ-1 GDP と産業発展

出所：マレーシア統計省のデータから筆者作成（単位は RM）

は、等しく確認される可能性がある。さらに、多国籍企業によって、ハイエンドで高付加価値の製品の生産拠点として位置づけられることは、この帰結として、労働者の技能形成（熟練労働者の形成）も進むであろう。産業基盤の整備に伴って、生産だけでなく研究・開発（research & development）部門の移管も進むことになろう[13]。それに伴って、階級構成も変化し、新中間階級の形成も進展しよう（**図Ⅰ-1**、**図Ⅰ-2**、および**図Ⅰ-3**）[14]。賃金の上昇は消費を拡大し、市場も拡大するであろう。一定の「ゆたかさ」の実現は、それに伴う人々の意識変容と欲求の多様化をも引き起こすことも想定される。このように、多国籍企業の選択によって、当該社会は大きな変動を経験することになる。

　こうした一連の社会変動は、世界システムにおいては、周辺ゾーンから提供される財のあり方の変化を意味する。世界システムの実質である国際分業についていえば、かつて EOI によって周辺から工業製品が提供される事態が発生し、そのことをもって新国際分業（NIDL）への転換が指摘された。これと同様に、グローバル化は、周辺ゾーンからハイエンドで高付加価値の製品の提供をもたらし、NIDL とは異なるポスト新国際分業（post-NIDL）ともい

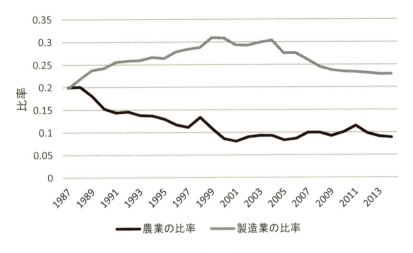

図 I-2　GDP における産業比率
出所：マレーシア統計省のデータから筆者作成

うべき新たな局面を生起させているといえよう。

　この過程は、当該周辺社会について把握するならば、周辺から半周辺ゾーンへの上昇過程としてとらえられよう。すなわち、それは半周辺化の進展として把握できよう[15]。半周辺化は、あくまでグローバル化に伴う多国籍企業の戦略の変化に起因し、その過程を完遂するにあたっては、当該社会の国家の役割が大きい。国家が期待される機能を担えなければ、半周辺化の過程は様々な制約を受けよう。マレーシアを含めて、多くの社会においては、こうした半周辺化の過程は制約を受けながら進展しつつあるといえよう。

　それでは、ある社会が周辺ゾーンから半周辺ゾーンへと上昇する現象は、どのような指標に基づいて把握されるであろうか。そもそも、中核、半周辺、および周辺という世界システムにおける階層的ゾーンは、国際分業における位置によって決定され、その単位は必ずしも国民社会ではない。つまり、1つの国民社会であっても、そのなかにゾーンを区切る境界線が走っている可能性も大いにありうる[16]。

　半周辺ゾーンは、すでに指摘したように、「中核性」と「周辺性」とをあわ

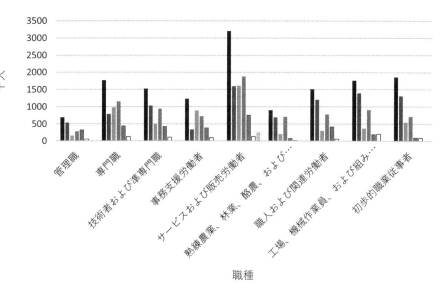

図 I-3　マレーシアにおける職業構成（2017年）

出所：マレーシア統計省のデータから筆者作成

せもつことによって特徴づけられる[17]。当該社会がもともと周辺ゾーンに位置していたことを考えれば、半周辺化の過程は、周辺ゾーンに位置する社会のなかにしだいに「中核性」が現れていく過程として把握できよう。それでは、マレーシアが現在グローバル化を通じて半周辺化したことは、どのような指標によって確認できるであろうか[18]。

　いうまでもなく、国際分業において提供される財は、市場において交換される。こうした交換は、それが生産された地域間の賃金格差を背景として、不等価交換として実行される。生産性が変わらないことを前提として、「低賃金財」と「高賃金財」とが交換されれば、それらを提供している地域間、つまり周辺ゾーンと中核ゾーンとの間に不等価交換が生起するというわけだ。この現象によって、世界システムは絶えず不平等を再生産するシステムとし

て存続してきている。したがって、マレーシアが不等価交換において富（価値）の移転先なのか、あるいは移転元なのかによって、どのゾーンへ帰属するかが決定されることになる。

しかし、現実にはこうした不等価交換の実態を貿易統計などから明らかにすることは困難であるうえに、そもそも半周辺ゾーンに上昇していれば、富の移転元であると同時に移転先でもあることになり、実態把握はより困難となろう。そこで、代替的な指標として、貿易収支を含めた、当該国民社会における富の大きさあるいは「ゆたかさ」を表す指標[19]としての1人当たり国内総生産（GDP per capita）に依拠して、マレーシアの位置を特定しよう[20]。

国際通貨基金（IMF）の2016年のデータによれば（http://www.imf.org/external/pubs/ft/weo/2017/02/weodata/download.aspx　2018年1月3日アクセス）、1人当たりGDPについては、マレーシアは9,374.10ドル（2016年）で世界のなかで第68位に位置している。ちなみに、日本については、38,882.64ドルで第22位、韓国については、27,534.8ドルで第28位に位置していた。東南アジア諸国については、タイが5,901.75ドルで第88位、インドネシアが3,604.29ドルで第116位に位置していた。ちなみに、中国については、8,123.26ドルで第76位であった。このように、マレーシアは東南アジア諸国のなかでは1人当たりGDPがかなり高いことがわかる。しばしば、「中所得国」ともよばれるように、200近くある国々が存在することを考えると、マレーシアはまさに中間的な位置を占めているといえよう。

総じていえば、90年代以降には、日本企業の本格的な多国籍化を1つの背景とするグローバル化のもとで、賃金の上昇と産業の集積を背景にして、資本集約化と高付加価値化が追求され産業のあり方が変化するとともに、それに起因する社会変動が継続してきている（山田, 2006）。多国籍企業という外国資本に資本主義発展を依存しながらも、マレーシアは半周辺ゾーンへと上昇することに成功しつつあるのである[21]。

3. エスニックな契約関係と国家

(1) エスニシティと政党

　政治的独立以降のマレーシアにおける経済発展について、概観してきた。経済に関連した政治的な状況については、いかなる特徴が指摘できるであろうか。すでに言及したように、イギリスによる植民地政策を1つの原因として、マレーシアにおいては3つのエスニシティが形成されていた。そのため、外国資本によって資本主義が移植されたからといって、マレーシアにおいては、直接的な階級関係とそれに基づく政治過程が形成されてきたわけではない。

　イギリスによる植民地統治は、マレー人、華人、およびインド人という3つの主要なエスニシティを形成した。第2次世界大戦後にいわゆる帝国主義的な植民地支配が容認されない趨勢が支配的となると、1944年にイギリスはマレー半島の独立を視野に入れた政治体制として、先に言及したマラヤ連合（Malaya Union）というプランを提示した。マラヤ連合の特徴は、3つのエスニシティが等しく市民権を獲得することにあった。しかし、このプランはマレー人たちの激しい反対に直面した。すなわち、マレー人たちは自らの政治的優位を主張したのである。マレー半島は、従来からマレー人たちが居住しており、その他のエスニシティは移民としてやってきたに過ぎない。つまり、マレー半島はマレー人の土地であるというわけだ。

　このような認識に基づいて、1946年にマレー人による政党が結成された。統一マレー人民族組織（United Malays National Organization, UMNO）がそれである。ジョホール州の農村を中心に、しばしば教師などが中心となって、この政党は結成されたという。マレー人による反対の結果、マラヤ連合というプランは廃案となり、1948年に自治体制としてのマラヤ連邦（Federation of Malaya）が成立した。そこでは、信教の自由やエスニシティ間の平等が認められながらも、イスラム教が国教とされ、公用語もマレーシア語（実質的にマレー語）が採用されるなど、マレー人の「特権」が容認されたのである。

　1957年の政治的独立に先立って、UMNOに加えて、3つの主要なエスニ

シティを支持基盤とする政党が組織された。マレーシア華人協会（Malaysian Chinese Association, MCA）とマレーシア・インド人会議（Malaysian Indian Congress, MIC）がそれらである。党名から判断すれば、支持基盤となるエスニック・グループは自明であろう。これらの政党は、いずれもエリートを中心メンバーとする政党であり、必ずしも労働者や農民の利害関心の実現を目標としているわけではない。

　独立にあたって、これら3つの政党は「同盟（alliance）」を結成し、とりわけUMNOとMCAとの妥協的契約に基づき、ほぼ5年に一回行われてきた総選挙を通じて、州レベルと連邦レベルにおける議席が割り振られ[22]、独立後の政治が営まれてきた。すなわち、マレー人にはその「特権」容認をはじめとする政治的優位が与えられたのに対して、華人には経済的優位が容認されてきた。「人種暴動」後の議会においては、こうした「同盟」にさらなるエスニックな小政党が参加し、「国民戦線（National Front, *Barisan Nasional*, BN）」が成立し、2018年に至るまでマレーシア政治において政権を維持してきたのである。こうした政党が特定のエスニシティを支持基盤としている以上、議会における獲得議席は当然エスニシティの構成比率によって規定されよう。いうまでもなく、UMNOが最大政党となり、その点からもNEPにおけるマレー人優遇策は実効性をもったのである。

　こうしたBNに対して、民主的な議会政治が営まれる以上、野党も存在している。近年における主要な野党としては、民主行動党（Democratic Action Party, DAP）、汎マレーシア・イスラム党（*Parti Islam SeMalaysia*, PAS）、あるいは実質的にアンワル・イブラヒム元副首相を首班とする人民正義党（Peoples' Justice Party, *Parti Keadilan Rakyat*, PKR）などが指摘できよう。これらについても、DAPはどちらかといえば華人を支持基盤としてきたし、PASはマレー人を支持基盤としてきたように、従来はエスニックな政党として活動してきた。しかし、2013年の総選挙などに顕著にみられたように、いずれの政党もマルチエスニックであることを標榜する傾向があり、エスニシティという利害関心の対立軸に階級関係がとって代わる可能性を示唆している（この点については、Ⅶ章で言及する）。

(2) 国　家

　こうしたエスニックな政党による契約関係を背景にした国家のあり方は、どのように把握できようか。すでに指摘したように、マレーシアにおいては、1960 年代までと 1970 年代以降とでは国家による経済への関与のあり方が大きく変化している。すなわち、1960 年代は ISI が追求されたものの、国家はレッセ・フェールと評価されるほど経済にコミットしなかった。これは、なぜであろうか。1 つには、ISI において工業化の担い手として期待される自生的資本家が華人であったからであり、マレー人が支配する国家は華人の便益のために政策的介入を行わなかったと指摘されている (Bowie, 1991)。

　もっとも、この時期の政治家および官僚たちが、資本主義発展に必要な介入を行う関心をもたなかった可能性もある。それというのも、この時期の政治家および官僚はマレー人の貴族たちが多くを占めており、前資本主義的な社会関係を維持することに利害関心を見出していたからである。そもそも、マレー人の貴族が国家に登用された背景は、イギリスによる植民地政策に求められる。すでに指摘したように、イギリスによる植民地統治は、マレー半島に複数存続してきたスルタンたちを存続させ[23]、彼らと提携することを通じて、実質的な支配を獲得するものであった。こうした貴族を出自とする政治家および官僚には、資本主義的社会関係を拡大していく志向は乏しかったといえよう。換言すれば、マレーシア国家は、資本主義国家として充分には形成されていなかったというわけだ。

　「人種暴動」以降の国家については、後に首相になるマハティール・モハマド (Mahathir Mohamad)[24] に代表されるように、マレーシアが直面する様々な課題に積極的に対処しようとする政治家が台頭することになった。マハティールは、UMNO の首脳たちを批判することによって台頭した。こうした「改革」の気性をもった政治家の台頭によって、国家の政策は劇的に転換したと考えられる (e.g., Trezzini, 2001)。こうして、マレーシア国家は、資本主義発展を推進する「開発国家 (developmental state)」として、すでに概観したような介入主義的な政策を提示していくことになった。資本主義発展を追求す

る近代合理主義とスルタンの存続に代表される伝統主義とが、マレーシアにおける政治を特徴づけてきたのである。この点は、イデオロギーについても同様である。

4．伝統主義、ナショナリズム、イスラム——イデオロギーの諸相

　近代化や資本主義発展に伴って、人々の意識のあり方は変容することはよく知られている。先に言及したように、共同体志向、温情主義、あるいは権威主義といった意識のあり方は、前近代あるいは前資本主義において優越的な意識のあり方と考えられるし、個人主義、業績主義、あるいは物質主義といった意識のあり方は、近代あるいは資本主義において優越的な意識のあり方とみなせよう[25]。もっとも、ここではこうした資本主義発展に伴う一般的な意識変容ではなく、マレーシアに種差的な変容について確認してみたい。イスラム化といわゆる「アジア的価値（Asian value）」が、それである。

(1) イスラム化

　周知のように、16世紀以前に、マレー半島とインドネシアの群島を支配していたマラッカ王国によって、東南アジアにおけるかなりの地域がイスラム化された。それ以降、マレー人たちにとって、ムスリムであることはアイデンティの一部を形成しているといえよう。少なくとも、1970年代以降、この傾向は強まっているように思われる。例えば、マレーシア社会における経済的優位が華人のアイデンティティであるとすれば、一般のマレー人のアイデンティティはムスリムであることであり、このことを背景にして、若年層を中心にイスラム教へのさらなる関与とイスラム教の理念の社会的実現を志向する運動が展開されてきた。

　さらに、もともと1960年代にUMNOから分離したPAS[26]が、1970年代以降、一定の勢力を維持し続けていることも、こうしたイスラム教回帰と関連している。PASは、イスラム教の理念を世俗の社会に実現すること、あるいはそのような意味での「イスラム国家（Islamic state）」を建設することを目標に

掲げており、マレー半島の東海岸に位置するクランタン (Kelantan) 州では政権を獲得している[27]。

本来、イスラム教を国教にするというマレー人の「特権」を確保するために結党された UMNO にとっては、イスラム教の理念を強化することを主張して勢力を拡大している PAS は、自らの勢力基盤 (つまり、マレー人からの投票) を奪う脅威となってきたのである。そのため、PAS への対抗策としても、UMNO は同様にマレーシアの「イスラム化 (Islamization)」を推進する政党として振舞わざるをえなくなったといえよう。

例えば、マハティール政権のもとで、UMNO は「イスラム国家」の概念規定をめぐって PAS に論争を挑み、どちらの政党が妥当な「イスラム国家」の建設構想をもち、その実現に向けた適格性を保持しているかをめぐって競い合ってきた (e.g., Tong, 2007; Martinez, 2004)。こうして、若年層におけるアイデンティ運動と PAS の存在は、政権を担う BN、とりわけ UMNO にとって、マレーシア社会の「イスラム化」を推し進めることを選択せざるをえなくさせた。一方において、資本主義的工業化を推進することを通じて、UMNO は穏健な近代主義志向の政党として振舞っているのに対して、他方においては社会の「イスラム化」を推し進める「原理主義」的な政党としても振舞わざるをえないというジレンマに直面しているのである。

こうした「イスラム化」は、人々の意識のあり方だけではなく、具体的な社会制度としても実現されつつある。例えば、結婚や離婚を通じて、改宗や子供の宗教帰属をめぐって係争が起こった場合には、マレーシアではイスラム法に基づく法廷 (*sharia* court) で審判が下されることになる。近年では、こうした法廷にかけられるべき案件のカテゴリーが拡大してきているといわれる。つまり、非ムスリムであっても、この法廷で裁かれる可能性が出てきているのである。

さらに、とりわけ PAS が政権を担っているクランタン州においては、イスラム教に基づく刑罰 (*hudud*) が実行に移される可能性が指摘され、それに対する反対も強く主張されている[28]。それというのも、憲法では信教の自由が規定されているため、その意味ではマレーシアは「世俗国家」であることは

自明であり、「イスラム国家」はイデオロギーにすぎないからだ。このように、イスラム教あるいは「イスラム化」は、その当事者にとって様々イシューを構成している。

(2)「アジア的価値」

こうした「イスラム化」は、イスラム教に体現される伝統主義あるいは反近代主義に結びつくとき、大きなイシューとなる可能性がある。マレーシアにおける伝統主義的イデオロギーの一環ともみなせるもう1つのイデオロギーが、「アジア的価値」にほかならない。「アジア的価値」は、シンガポールで長期にわたって首相を務めたリー・クアンユー（Lee Kuan Yew）などとともに、マハティールによって主張されてきたイデオロギーである（e.g., Khoo, 2002）。

その内実は、後発のアジア社会が西洋社会とは異なる近代化あるいは資本主義発展のタイプを模索することに関連して主張されてきたものであり、西洋社会における個人主義にとって代わる集団主義的な意識の推奨である。つまり、西洋における資本主義においては、個人主義的な価値が優越し、それに下支えされることによって近代化あるいは資本主義発展が進められてきたものの、アジア社会はそれとは異なる価値に基づく必要があるという。

日本や韓国に代表される、アジアにおいて成功した社会は、個人主義ではなく集団主義的な価値が優越しており、場合によっては個人の利害関心よりも個人が所属する集団（具体的には、企業や国家）の利害関心が優越することが社会的に正当化されるというわけだ。とりわけ、1980年代のマハティール政権において提唱された「ルック・イースト（Look East）」政策は、近代化あるいは資本主義発展のモデルとして、なによりも日本に範を求めるものであった。日本という社会が「集団主義」的であることは、その妥当性についての判断は分かれるものの、1980年代には大きく喧伝されていた。

つまり、「アジア的価値」というイデオロギーは、日本や韓国などの社会のあり方を模倣する文脈で唱導され、例えば労働者の階級的利害関心よりも企業や資本の利害関心が、個人主義に対する集団主義の優位として強調され

てきたのである。こうしたイデオロギーが具体的に制度化される場合には、日本における企業別組合を模倣した「イン・ハウス組合（in-house union）」の結成が推奨されることにもなる（このことの功罪は、Ⅴ章において検討する）。要するに、「アジア的価値」は、資本主義発展に伴う階級対立を回避し、資本にとって優位な労使関係をとり結ぶことを正当化するイデオロギーであるといえよう。

　さらに、「アジア的価値」は西洋社会への対抗イデオロギーとしても主張される。グローバル化がグローバル資本によって担われるとしても、グローバル資本の多くは西洋社会をその出自としている。マハティール政権においては、西洋社会に出自があるグローバル資本にはともすれば極めて敵対的な姿勢がみられた。例えば、1997年のタイのバーツ暴落から始まる通貨危機に際しても、マハティールはIMFが勧告する緊縮財政と高金利政策を受け入れず、投機的投資を抑制したうえで、かえって需要を喚起することによって経済を活性化させ、危機を脱した経緯がある。要するに、「アジア的価値」は（マレー人の）ナショナリズムと結びついて、実質的に西洋社会が主導するグローバル化に対抗するイデオロギーとしても機能してきた。

　加えて、「アジア的価値」は、後発的なアジア社会において存続している伝統的な社会関係、つまり「共同体」を志向する前資本主義的な社会関係の存続を背景にして提唱されていることにも留意する必要がある。つまり、序章で指摘したように、そのような意味では「アジア的価値」というイデオロギーは「周辺性」を体現しているのである。他方で、労使対立を回避するために伝統的な社会関係を利用し、資本主義発展を促進しようとしていることは、「中核性」の現れともいえよう。

5．まとめ

　以上、半周辺化を進めるマレーシアの経済、政治、およびイデオロギーの状況について概観してきた。かつて、UMNOにおけるマハティール首相の政治およびイデオロギーは、しばしば「マハティール主義（Mahathirism）」とし

て把握されてきた (e.g., Khoo, 1995; 2002; 2004)。それは様々に特徴づけられるものの、①資本主義発展を強く推進する開発主義、②伝統主義に裏書きされた権威主義的政治、③ナショナリズムを喚起する政策スローガンの多用、④マレー人優遇策の推進とその一環としての「イスラム化」、⑤先進国主導の国際秩序への対抗、などを主要な特徴としている。

マルチエスニックな社会にあって、1970年代以降における工業化の進展は、「マハティール主義」として結実しているといえよう。そこでは、エスニックな契約関係のもとで、マレー人の優遇政策を追求するとともに、ナショナリズムに正当化された経済発展による「ゆたかさ」を背景にエスニックな対立を回避してきた。第2部において詳述するように、階級対立は権威主義的に処理されることを通じて、大きな社会的イシューとはならなかった。

しかし、2018年の総選挙にいたる過程で、マレーシアにおいてもグローバル化に伴う社会問題が顕在化してきたといえよう。その結果、階級的イシューが顕在化してきている可能性があろう。独立から50年以上を経て、初めて経験した政権交代の背景には、こうした社会問題の変化が伏在しているように思われる。翻っていえば、序章で指摘したように、エスニシティ関係も階級関係に媒介されて形成されるのであった。以下の諸章においては、階級関係を少なくとも潜在的な対立軸として意識しながら、反システム運動の実態を検討していこう。まずは、周辺ゾーンに偏在し、そのような意味で「周辺性」を体現している民族解放運動についてとり上げることにしよう。

注

1　例えば、ブラジルのISIを分析したエバンス (1979) が扱っている事例は、銅の精錬業であった。
2　この背景については、国家の性格と政党のあり方に関連させながら後述する。
3　よく知られているように、NEPはマレー人優遇策あるいはブミプトラ (*Bumiputra*) 政策とよばれてきた。ブミプトラとは「土地の子」を意味し、基本的には現在のマレーシアの領土に伝統的に居住してきた人々を指している。この政策のもとでは、マレー人資本家を育成するだけではなく、社会の様々な領域においてマレー人のためのアファーマティブ・アクション (affirmative action) が

行われてきた。例えば、大学における合格者の決定にあたって、エスニシティごとに受け入れ人数を設定したうえで、マレー人の合格点を低く設定したり、理数系科目をマレー人には免除したり、さらには高等教育をマレー語で行うことを定めたりしてきた (Crouch, 1996: 158-164)。この結果、競争原理に基づく教育に不合理が発生し、グローバル化が進展する世界で求められる能力 (例えば、英語力) などが、とりわけマレー人学生には充分に習得できていない現状が指摘されている (Lee, 2012)。もともと、イギリス植民地であり、英語があたりまえのように流通しているマレーシアにおいても、マレー人の英語力は必ずしも高くないのである。

4 言及したように、1960年代までは、マレー人の大多数は農民であった。NEPのもとでは、こうしたマレー人からなによりも新中間階級や資本家・経営者を育成することが追求されたのである。最終的には、マレー人の資本所有率を30％にまで高めることが目標とされていた。そのため、1975年には産業調整法 (Industrial Coordination Act) が制定された。

5 この結果、中核ゾーンにおいては雇用が減少し、失業が増大した。EOIに関する本格的な研究の嚆矢となったフレーベルたち (Fröbel et al., 1980) は、この事実と発展途上国における工業化とを結びつけて理解しようとした。フォード主義に関連させていえば、生産の配置転換の結果、雇用が減少すれば、一般に労働組合の交渉力は低下することになる。この点で、EOIは労使関係を雇主優位に (再)編成する効果をもったのである (山田, 1996)。

6 企業にとって、対外直接投資 (foreign direct investment) を行う際には様々なリスクが想定される。代表的なものとしては、為替変動、政情不安、あるいは内乱などが想定されよう。

7 同様の機能を担うものとして、輸出加工区 (export processing zone) と呼称されるものもある。こうしたゾーンは、いわば工業団地であり、多くの場合有刺鉄線などによって区画されている。1990年代には、マレーシアにおいては、17か所のFTZが作られていた。

8 輸送と生産のコストを勘案するならば、進出先において部品等を調達した方が、時間および生産のコストを縮減できるし、結果的に周辺社会が発展してくれば、市場規模も拡大するというわけだ。

9 もっとも、EOIにおいては、労働者の賃金が低いことが多国籍企業にとって最も魅力的な誘因であるために、マレーシアにおいては1970年代にはかえって賃金が低下する事態がみられた。具体的には、1968年から1973年にかけて、マレーシアにおけるフルタイムの労働者の実質賃金が、15.9％も低下しているという (Jomo, 1986: 227-232)。翻っていえば、ISIにおいては、資本集約的な装置産業な

どで機械システムの操作などに相対的に高い技能が要求される傾向がある一方で、そうした労働者は発展途上国においては一般的には不足する可能性が大きい。そのため、希少な熟練労働者には相対的に高い賃金が支払われ、とりわけ自生的企業よりも多国籍企業の方が、賃金が高くなる傾向が指摘されてきた (e.g., Henry, 1983)。さらに、熟練労働者不足を背景にして、熟練労働者たちは少しでも良い条件で就労しようとするため、その離職率の高さにも帰結する傾向がある。いわゆる「ジョブ・ホッピング (job hopping)」が、それである。

10 1980年代には、FTZ に進出した多国籍企業に雇用されている労働者の賃金も上昇したことが指摘されている (Jomo, 1990: 127-128; Rasiah, 1993: 130-133)。

11 もっとも、すでに言及しているように、マレーシアにおける自生的企業の多くは華人企業であり、その傾向は大きく変わらない。山田 (2006) においても指摘したように、2000年代の前半に日本から進出した企業にインタビューを行った結果も、取引先としている現地の企業はほとんど華人企業であった。

12 多国籍化の指標となる海外生産比率についていえば、1980年代の前半まで、日本企業のそれはわずかに3から4%ほどに過ぎなかった。1985年のいわゆるプラザ合意以降、日本企業は本格的に多国籍化したのである。そもそも、日本企業は、原料を輸入して、それを加工して輸出することを基本的な海外戦略としてきたのであった。

13 これに関連して、産業のあり方も転換する可能性がある。事実、1990年代には情報産業の集積を目指して、マルチメディア・スーパー・コリドー (Multimedia Super Corridor, MSC) 計画が進められている (山田, 2006: Ⅲ章)。2000年代後半になると、製造業の集積が進んだマレーシアにおいても、第3次産業が優越しつつある。2010年には、GDP におけるその比率は 57.7% に達している。こうした事態については、工業化が成熟する前に、第3次産業の優越が始まっていることも指摘されている (Rasiah, Crinis, & Lee, 2015)。つまり、労働者の技能形成や知識集約化は依然として不充分なままであるというわけだ。この点は、まさに半周辺化への制約を指摘するものであり、低賃金労働力への依存 (Ⅴ章) や大学生の就職先の欠如 (Ⅶ章) などの論点に関わるものである。

14 マレーシアにおける職業分類は、年によってカテゴリー分けが変化しているために、通時的な分析が困難である。

15 このことは、グローバル化のもとで世界システムによる構成ユニット (社会、国家、あるいは地域など) に対する拘束が弛緩しており、一面においてシステムが流動化していることを示すことになるのだった。

16 例えば、中国を例にとれば、上海や深センなどの沿岸都市地域と内陸部の農村地域とは、国際分業において提供する財のタイプが異なり、そのような意味

では同一のゾーンに所属しているとはいい難い。すなわち、内陸農村地域は周辺ゾーンに属しているとしても、沿岸都市地域は、そこから提供される財のタイプおよびその生産に従事する労働者の賃金水準についていえば、半周辺ゾーンに位置しているともいえよう。

17　そのような特徴こそが、まさに「半周辺性」を体現している。山田 (2006) においては、「半周辺性」という特質について概念的把握が曖昧であったので、ここで明確にしておきたい。

18　すでに指摘したように、マレーシアという国民社会が全体として半周辺に上昇したと断定することは困難である。そこで、多くの場合と同様に、統計データなどは国民社会ごとに集計されるため、便宜上マレーシアを全体として扱っているに過ぎない。

19　こうした国民社会における富の指標は、不等価交換の帰結として理解できよう。

20　1980年代における研究においては、GDPではなく、対外的な貿易をも含めたGNPが指標として用いられていた (Arrighi & Drangel, 1986; Arrighi, 1990)。しかし、現在ではGNPは経済的な指標として用いられていない。

21　よく知られているように、1990年代以降、マレーシアにおいては2020年までに先進国の列に加わろうとする「ビジョン2020 (Wawasan 2020)」というスローガンが表明されている。これについて、「先進国」の概念は不確定であることはいうまでもなく、本書においてもこのスローガンの達成可能性それ自体を検討することはしない。

22　マレーシアにおいては、州よりも下位のレベル、例えば市のレベルには議会は存在しない。これは、1948年に発生したインドネシアとの紛争において、緊急事態が宣言された際に、より集権的な意思決定が求められたためである。しかし、その結果、ローカルなイシューにとり組む政治が営まれないため、地方政治が空洞化している。

23　マレーシアにおいては、最初にイギリスによって植民地化されたペナンとマラッカの2州およびボルネオ島におけるサバとサラワクの2州以外には、スルタンが在位しており、彼らの輪番によって国王が決定されている。つまり、マレーシアの諸州は、かつてスルタンの領邦国家であった。マレー半島を流れる河川などによって、領土が仕切られていたのである (Jomo, 1986)。

24　マハティールは、1981年から2003年まで、長期にわたってマレーシアの首相を務めた。2018年には、「希望同盟 (Alliance of Hope, *Pakatan Harapan*, PH)」による政権交代のもとで、93歳という高齢ながら再び首相を担当している。いうまでもなく、新政権の評価については、今後を俟たなければならない。

25　さらに、とりわけ中核ゾーンにおいては、脱工業化の進展とともに、ゆた

かな消費生活を背景にして、脱物質主義という意識が台頭するとされている（Inglehardt, 1989）。いうまでもなく、こうした意識の変容が、物質主義に基づく労働運動から脱物質主義に基づくNSMsへの、優越的な社会運動の変化の背景として考えられてきた。

26　BNが成立した際には、当初PASも参加していた。

27　1999年の総選挙においては、PASは同じく東海岸のトレンガヌ（Terengganu）州の政権も獲得していた。

28　政治的には、PASは1990年代の後半以降、絶えずBNに対抗する野党連合の一翼を担ってきた。近年でも、2008年と2013年の総選挙において、PASは「人民同盟（Peoples' Alliance, *Pakatan Rakyat*, PR）」に参加し、政権交代には至らなかったものの、BNの得票率を大きく減らす要因になったし、とりわけ農村におけるその動員力は選挙改革運動（BERSIH）（Ⅶ章において詳述）において重要な役割を担った。しかし他方では、あくまでイスラム国家の樹立に固執するあまり、いつも野党勢力の分裂要因ともなってきたのである。政権交代を成し遂げた、2018年の総選挙に至る過程においても、述べたような原理主義的主張によって、PASは最終的にはPHには加わらなかったのである。PHに加わったのは、PASにおける穏健な勢力が分離して結成した「国民信頼党（National Trust Party, *Parti Amanah Negara*）」（以下、AMANAH）であった。

第1部
民族解放運動

II. ポストコローニアルを生きるものたち
―― 民族解放運動としての HINDRAF

1. はじめに

　グローバル化の進展が指摘されるようになってから久しい。グローバル化は、この世界になにをもたらしたのであろうか。日本も含めた中核ゾーンに位置づけられる社会が格差の拡大に直面しているのに対して、一般に発展途上の社会が位置づけられる、例えば周辺ゾーンにおいては、多国籍企業を担い手とする工業化の進展に伴う「恩恵」に与かる地域も存在している。

　I 章で概観してきたように、本書が事例とするマレーシアにおいては、グローバル化のもとで、高付加価値生産への転換、労働者の技能形成や新中間階級の形成などの階級構成の変化、専制・排除によって特徴づけられる労使関係から関与・統合によって特徴づけられるそれへの転換、あるいは多国籍企業と自生的企業との産業リンケージの形成などが進展し、周辺から半周辺への位置移動（半周辺化）が進みつつある。このことは、周辺社会マレーシアにおいても「中核的なもの」あるいは「中核性」がたち現れていることを意味する。

　それでは、マレーシアが半周辺ゾーンに位置移動した場合には、その「周辺性」はどうなるのであろうか。半周辺ゾーンが中間的なゾーンであり、中核と周辺との双方の特徴をもつとするならば、位置移動によってもその「周辺性」は払拭されることなく存続することになる。本章は、マレーシアを事例として、社会運動、あるいは世界システムの作動に抗うという意味での反システム運動 (ASMs) における「周辺性」を明らかにしようとする試みである。

それを通じて、なかでも「周辺性」を体現する民族解放運動の主体とその現代的展開に関する問題提起を行うことを意図している。

さらに、本章は、マルチエスニックな社会であるマレーシアにおいては、周辺に偏在する反システム運動としての民族解放運動の主たる担い手がタミール人あるいはインド人（インド系国民）であることを明らかにする。加えて、そのことを通じて、イギリスの植民地から独立をとげた「ポスト植民地社会 (postcolonial society)」でもあるマレーシアにおいて、植民地主義の弊害を克服することを志向するポストコロニアリズム (postcolonialism) は、インド人を主体として追求されていることを示すことになろう。以上の作業は、まずマレーシアにおける植民地支配とエスニシティの形成[1]を概観することから始める必要がある。

2．植民地支配とエスニシティ形成

エスニシティは、身体的特徴、言語、文化、あるいは習慣などによって人々を差異化する社会関係にほかならない。もっとも、こうした差異は、階級などのその他の社会関係に媒介されることによっていっそう際立つ傾向がある。マレーシアにおける植民地支配は、まさにそのようなものとしてのエスニシティを形成する過程でもあった。

(1) イギリスによる植民地化

周知のように、最初にマレー半島に拠点を築いたヨーロッパ人は、ポルトガル人である。1511年にマレー半島中部に勢力をもっていたマラッカ王国を滅ぼし、そこに拠点を建設したことが始まりである。周知のように、ヨーロッパ人は、香辛料などを求めて東南アジアに進出してきた[2]。世界システムにおけるヘゲモニーの成立[3]を象徴するように、1645年にはオランダ人がポルトガル人を駆逐して、マラッカの拠点を引き継ぐことになる。

もちろん、近代以前にマレー半島に渡ってきた人々はヨーロッパ人だけではない。例えば、華人たちは中国の福建省などから多数移住してきていた。

マラッカ王国が健在だった、早くも14世紀には、明帝国の皇女が婚姻を通じた同盟関係を結ぶために多数の侍女・侍従とともに移住してきている。したがって、華人のマレー半島への移住については、植民地主義とは直接の関係はなかった。このことは、植民地からの独立やポスト植民地社会における華人の立場を規定していくことになる。

オランダに次いでマレー半島への支配を行使したのは、イギリスにほかならない。中国など東アジアへの交通ルート、マラッカ地域の産品集積地、および軍事拠点を確保するために、フランシス・ライト提督が、マラッカ海峡の西側の入り口に位置するペナン島をクダ (Keda) (州)[4]のスルタン (sultan) から1786年に買収したことから植民地化が開始される。イギリスは、19世紀を通じてシンガポール (1819年) とマラッカ (1824年) を拠点として順次確保し、いわゆる「海峡植民地 (Settlement of Strait)」(1826年) を建設したのである[5]。さらに、イギリスはマレー半島に割拠していたスルタンが統治する国々を「保護国」として統治するようになり、イギリス領マラヤが形成された (1896年)。

(2) 植民地におけるエスニシティの形成

すでに言及したように、異なる身体的・文化的特徴をもった人々がエスニシティとして差異化される際しては、経済活動にかかわる階級関係に媒介されていることが多い。マレー半島に対する植民活動と前後して移住してきた人々は、ヨーロッパ人と華人の双方ともに専ら商業活動に従事していた。それに対して、もともとの居住民であるマレー人は、一般に稲作を営む小農であった。

さらに、19世紀にペラ (州) で錫が採掘できることが知られるようになると、イギリス人と華人は競って鉱山開発を開始する (これが、イギリス領マラヤ建設の契機であった)。とりわけ、華人については、鉱山開発を担う資本家が、中国華南地域から労働者 (クーリー) をリクルートし、衣食住にかかわる再生産活動をすべて世話したうえで、鉱山労働に従事させるシステムが作り出された。こうした温情主義的な関係によって支えられて、労働者が多数動員され、商業活動に従事する資本家だけでなく、労働者階級としての華人が現れ

てきたのである。

　加えて、20世紀にはいると、マレー半島にゴムの種がもたらされ、ゴムの栽培が開始された。この際、エステート (estate) とよばれる大規模なプランテーションを設営し、ゴム生産を担ったのはイギリス資本であった。それでは、直接ゴムの木から樹液を採取する労働集約的な作業 (tapping) に従事したのは、どのような人々であったろうか。こうした労働者こそが、インド植民地 (とりわけ、マドラス周辺のタミール・ナドゥ (Tamil Nadu) 州) から動員されたインド (タミール) 人であった。イギリス人たちは、プランテーションで働く労働者を安定的に確保するために[6]、カンガニー (kangany) というタミール人のリクルーターを利用するシステムを整備した (Parmer, 1954; Stenson, 1980; Jain, 2011: 45-56)。

　カンガニー制度は、カンガニーとよばれる人望がある有力者が自らの出身村から労働者をリクルートしてマラヤに連れてくる制度[7]で、移住した労働者たちは当該のカンガニーによって衣食住が提供されていた[8]。それでは、なぜマレー半島において営まれるプランテーションにインド人が動員されたのであろうか。この背景には、イギリスによる植民地支配の方針がある。すなわち、できるだけマレー半島の居住民であるマレー人の社会を温存するかたちで植民地経営を行う政策がそれである[9]。そもそも、イギリス領マラヤとして支配された諸国であってもスルタンによる統治が存続したことにも、そうした方針はうかがい知れよう。

　こうした温存政策は、マレー人保護法 (Malay Reservation Act) の制定 (1913年) に結実されているといえる。この法律によって、マレー人を相手とした土地の売買は禁止された。その結果、資本主義的な関係がマレー半島において拡大していったにもかかわらず、マレー人の小農たちは20世紀後半まで土地を失うことなく[10]、自給自足的な農業に従事することになったのである。

　言葉を換えていえば、プランテーション経営とその背景としての植民地政策によって、マレー人は農民であるのに対して、インド人はプランテーションで働く労働者という、今日まで継続するエスニックな階級関係が形成された。翻っていえば、特定の職業、つまり階級的位置 (class place) に媒介される

ことによって、マレーシアにおけるエスニシティは形成されたのである。こうして、マレー人は農民、華人は資本家とそれに支配される労働者、さらにインド人は（プランテーション）労働者[11]という職業あるいは階級と結びつけられることによって、差異を明示するエスニシティという関係は強化されることになった。

3．独立運動と植民地主義の功罪

イギリスによるマレー半島の支配は、第2次世界大戦中の日本による半島占領（1941年～1945年）によって中断したものの、日本の敗戦とともに復活した。しかし、イギリスにとっても、植民地支配は回復したものの、帝国主義的な植民地政策は戦後世界の趨勢からいっても継続することは困難になっていった。マレー半島においても、政治的独立に向けた運動が開始されていた。こうした独立運動に対して、3つの主要なエスニシティはどのように関与したのであろうか。

(1) 独立運動への関与
①マレー人

マレー人については、それほど積極的にイギリス領マラヤの独立に関与したとはいえないかもしれない。そもそも、言及したように、マレー人は植民地主義によってネガティブな立場に置かれていたわけではなく、「保護」されていたのだった。さらに、植民地政府の官吏にはマレー人が採用されることが多かった。このような意味で、マレー人については、植民地からの独立を希求する契機は乏しかったといえよう。

もっとも、イギリスによって、第2次世界大戦後のマレー半島における政治のあり方として、マラヤ連合[12]の構想が1946年に提示された際には、マレー人も政治的独立にかかわる自らの利害関心を強く表明したといえよう。この構想は、植民地化される前後からマラヤに居住している3つのエスニック・グループに対して、等しく市民権(citizenship)を付与しようという内容だっ

た。

　これに対して、Ⅰ章でも指摘したように、マレー人たちは、とりわけ農村における教員が中心となってマレー人の優越を求める政治団体を組織した。これが、統一マレー人民族組織 (UMNO) にほかならない。UMNO は、イスラム教の優越 (国教化) とスルタンによる統治の存続を強く要求した。現代のマレーシアにおいて、国民戦線 (BN) に与する最大与党としての UMNO は、その設立の当初からマレー人に特権を認め、それを擁護することを目標にする組織であった。結果的に、UMNO の主張を受け入れるかたちで、イギリスはマラヤ連邦[13] (1948 年) の構想を提示した[14]。最終的に、UMNO の主張は憲法に取り入れられ、1957 年にマレーシア連邦として、政治的独立が達成されるのである[15]。

②華　人

　華人についても、必ずしも政治的独立運動に深くコミットしたとはいえないかもしれない。なによりも、華人たちは自らの故郷と経済的・文化的な紐帯を維持していたので、自らをマラヤにおける「国民」として把握する自己認識は乏しかったといえよう。華人によるイギリスへの植民地支配に対する抵抗を担ったのは、マラヤ共産党 (Malayan Communist Party)[16] であった。しかし、この政党についても、中国本土における共産主義運動に共鳴して活動しており、ナショナリズムには必ずしも強く突き動かされてはいなかった。

　もともと、華人のなかには鉱山労働に従事するために連れて来られた労働者も含まれていたものの、彼らもイギリス資本に抑圧されていたわけではなく、政治的独立を通じて「解放」されることを希求していたわけではなかった。資本家や商人たちも、イギリス資本と競争し、鉱山開発に関しては、イギリス資本が導入した、高い生産性を確保する、機械化された掘削技術のために競争に敗れたものの、経済活動一般が大きく制約されていたわけではなかった。資本家が中心となって組織されたマラヤ華人協会 (Malayan Chinese Association)[17] (1949 年結成) も、結果的には UMNO の提案を受け入れることを通じて、3 つのエスニシティ政党から構成される同盟 (Alliance) の一角に加わ

③インド人

　結果的に、現代のマレーシアにおける3つの主要なエスニシティのなかでも、最も政治的独立運動に熱心だったのはインド人であろう。指摘したように、インド人たちはプランテーション労働に従事するために移住を求められた人々が多くを占めていた。まさに、過酷なプランテーション労働はイギリスの支配によってもたらされたものといえよう。したがって、インド人たちにイギリス支配に対抗する動機は、他のエスニック・グループに比べても大きかったといえよう[18]。

　インド人による第2次世界大戦後の独立運動は、本国インドにおけるそれとリンクするかたちで進められた。日本の占領が終了すると、イギリス支配に対抗するためインド独立連盟(Indian Independence League, IIL)とその軍事部門であるインド民族軍(Indian National Army, INA)が組織された。これらの組織は、マラヤに居住するインド人も多数参加していたものの、必ずしもマラヤの独立だけを目標とするものではなく、インドに対するイギリスの帝国主義的な支配に対抗するものだった(Belle, 2008)。当初、分裂傾向にあった2つの組織も、インドからマラヤを訪問して指導を徹底した民族主義者スブハス・チャンドラ・ボーズ(Subhas Chandra Bose)によって連携が深まり、マラヤにおけるインド人にナショナリズムを喚起することになった。

　第2次世界大戦後におけるインド人によるイギリス(資本)に対抗する活動は、主として政党と労働組合によって担われている。すなわち、マラヤ・インド人会議(Malayan Indian Congress, MIC)[19](1946年結成)と汎マラヤ労働組合連合(Pan-Malayan Federation of Trade Unions, PMFTU)がそれである[20]。後者は、主としてプランテーション労働者を組織したプランテーション労働者全国組合(National Union of Plantation Workers)が中心となる全国組織である。しかし、MICもPMFTUもともに、政治的独立にあたってインド人の利害関心を充分に反映させることはできなかったといえよう。

　MICは、主として英語教育を受け西洋化された中間階級が組織する政党

であり、労働者階級の利害関心に充分に配慮することはできなかった。さらに、イギリス領マラヤにおいては、インド人はマイノリティであり、1954年に MIC が「同盟」に参加してもインド人の多くを占める労働者への便益を提供できる政策は充分に達成できなかった。むしろ、「同盟」への参加によって、MIC は保守化を強めることになった。

　PMFTU については、かなりアクティブな活動を展開したものの、1948年の非常事態宣言以降、植民地政府が組合の登録制を徹底し、「責任ある穏健な (responsible and moderate)」組合に登録が限定される傾向があったため、組合運動は大きく制約されることになった (Belle, 2008)。こうして、インド人たちは植民地支配からの独立には最もアクティブにかかわったものの、独立運動の過程においては、その利害関心を充分に反映させることができなかったのである。

(2) 植民地主義がもたらしたもの──その功罪

　以上、マレーシアにおける3つの主要なエスニック・グループが、政治的独立運動に対してどのようにかかわってきたかを概観してきた。明らかになったように、個々のエスニシティによってその関与の仕方は異なっていた。この一因は、イギリスによる植民地支配が3つのエスニシティに対して異なる効果を与えていたことに求められよう。すなわち、3つのエスニシティ間の関係において、植民地主義はそれぞれにとっての功罪をもたらしたのである。

　まず、マレー人についてはどうであろうか。マレー人に対しては、イギリスがその領土に対する支配を行使し、主権を奪っていたことはいうまでもない。しかし、イギリスによる植民地政策は、マレー人の社会的・文化的習慣を保持し、基本的な制度を解体しないものだった。すなわち、イスラム教への信仰とその教義の存続、スルタンによる統治の継続、あるいは貨幣経済からの「保護」がそれである。なるほど、マレー人保護法に基づく、マレー人との土地売買の禁止は、結果的に独立後もマレー人たちの多くを停滞的な経済生活と貧困状態に置くことになったといえよう。しかし、翻っていえば、

これは植民地主義がもたらした事態というよりは、イギリスによる支配以前から継続してきたものである。つまり、植民地主義は、マレー人に対して相対的にネガティブな効果をもたらさなかったといえよう。

次いで、華人についてはどうであろうか。いうまでもなく、華人たちはマレー半島の本来的な居住民ではなかった。言葉を換えていえば、仮にイギリスによる植民地支配が苛烈であり、彼らにとってなんら利得をもたらさないのであれば、まさに「ディアスポラ(Diaspora)」として別の地域に移住していけばよかったのである[21]。翻っていえば、華人たちが担う商業活動に対しては、イギリスによる植民地主義は相対的に寛容だったといえよう。そのような意味では、独立にあたって、マレー人に特権を認めることになったとしても、華人の経済的優越は否定すべくもなかったのである。要するに、華人に対しても、植民地主義は相対的にネガティブな効果をもたらさなかった。

最後に、インド人についてはどうであろうか。そもそも、マラヤにおけるインド人という存在は植民地主義が作り出したものであった。しかも、その多くはプランテーションにおける不熟練労働に従事する労働者であった。プランテーションのなかで居住し労働する彼らの生活は、極めて苛酷であった。華人と同様に、インド人も本来的にはマレー半島の居住民ではなかった。しかし、イギリスによる植民地政策とイギリス資本による支配から解放されようという志向性は、相対的に大きかったといえよう。政治的独立を目指す運動も、そうした背景で行われたのである。このように、インド人に対しては、植民地主義は極めてネガティブな効果をもったといえよう。

それでは、政治的独立が達成され、マレーシア連邦が成立したあと、つまりポスト植民地社会においては、これら3つのエスニック・グループの関係とそれに規定された個々のエスニック・グループの境遇はどのような変遷をたどったのであろうか。次に、これを確認する必要がある。

4．ポスト植民地社会マレーシアにおけるエスニシティ

1957年における独立以降、マレーシア社会を構成する主要なエスニック・

グループのなかでも、マレー人と華人との関係は絶えず政策的な議論の対象となってきた。しかし、他方ではインド人に対しては、必ずしも充分な政策的ケアが施されてはこなかったといえよう。こうした経緯を確認していこう。

(1) マレー人

　Ⅰ章で概観した工業化の展開は、そのままマレー人が優遇されていく過程にほかならない。Ⅰ章でも指摘したように、ポスト植民地社会においては、安定的に外貨を確保し、雇用と収入を国民に提供するために、なによりも工業化が追求されてきた。1950年代に多くの発展途上社会において試みられた工業化戦略は、いわゆる輸入代替工業化(ISI)であり、マレーシアにおいても同様の試みが追求された。

　しかし、この工業化戦略は1960年代を通じて継続されたものの、多くの社会と同様に、マレーシアにおいても必ずしも成功しなかった。政策としても、しばしばレッセ・フェールとまで評価されるように、工業化を促進するための顕著な政策は提示されなかった。このため、工業化はそれほど進展せず、雇用も拡大しなかった。このことは、マレーシアが依然として農業社会であることを意味した。つまり、農村においては、イギリスによる植民地支配によって「温存」された農民たちが多数存在し続けた。マレー人の大部分は、1960年代を通じて稲作農民だったのである。

　それに対して、従来から都市に居住し、商業活動を担ってきた華人たちは、ポスト植民地社会においても堅実に富を蓄積しえた。植民地時代から多くを占めていたイギリス資本を除けば、マレーシアにおける自生的な資本は華人資本であった。こうして、政治的には特権を獲得していたはずのマレー人と経済的に利得を獲得した華人との間には、貧富の差が拡大した。言葉を換えていえば、マレー人農民に貧困が集中する事態になったのである。

　このことを背景として、1969年5月13日にいわゆる「人種暴動」が発生した。この暴動以降、2年間にわたって議会は停止され、非常事態として夜間の外出なども制限された。まさに、マルチエスニックな社会であるマレーシアにあっては、最も回避すべき事件が起こってしまったというわけだ。1971

年に議会が再開されるとともに、2つの重要な政策が提示された[22]。一方は、新経済政策（NEP）であり、他方は、輸出志向型工業化（EOI）戦略の提示であった。前者は、国民全体における貧困の除去と均等な職業配分を掲げたものであり、後者は、主要な地域に自由貿易区（FTZ）を設置して、そこに多国籍企業の誘致を進め、多国籍企業による工業化を推進することを意図していた。

もっとも、NEPが主たる対象としたのはマレー人であった（いわゆるマレー人優遇策、あるいはブミプトラ（Bumiputra）政策）。均等な職業配分についていえば、1990年のNEP終了時点までにマレー人の資本所有率を30％に高めることが目標とされていた。この目標を達成するために、1975年には工業調整法（industrial coordination act）が制定され、あらゆる企業においてマレー人を経営者に加えなくてはならなくなった（その後、多国籍企業誘致のため緩和）。さらに、多くの国営企業が設立され、その経営者としてマレー人が任命された。つまり、国営企業設立の1つの目的は、マレー人経営者の増加にほかならなかった。

1980年代からは、先進社会において台頭しつつあったネオリベラリズムの影響を受けて、プライバタイゼーション（privatization）が開始された。この際、プライバタイゼーションが意味するものは、公営事業の民営化あるいは民間委託にほかならない。こうした民間委託においても、委託先の多くはマレー人（資本家）であった。こうした経済的な優遇政策に加えて、大学におけるマレー人の人口比率を超える優先受入れ[23]、初等教育から高等教育に至るまで、あらゆるレベルにおけるマレー語による教育の徹底[24]、あるいはマレー人による公務員の優先採用などのアファーマティブ・アクションを通じて、マレー人は保護され続けた。

1990年にNEPが終了した後には、こうした優遇策の是非をめぐって議論が繰り返されてきた[25]。しかし、NEP修了後も現在に至るまで、こうした優遇策は継続されている。この背景には、BNにおいて最大多数を占めるUMNOが有権者の支持をとりつけるために、マレー人優遇策を継続せざるをえないことも指摘されている[26]。いずれにせよ、1970年代からマレー人たちは、マレーシア社会における最大の受益者であったことは疑いえない。

ここで、ポスト植民地社会マレーシアにおけるマレー人の境遇をまとめておこう。なるほど、1960年代までは植民地主義による「保護」の帰結として、かえって停滞した貧しい生活を送ることになってしまったものの、1970年代からは政治的独立に際して容認された「利得」を活用して、多くの便益を獲得してきた。半周辺へと上昇しつつある(あるいは、すでに上昇を遂げた)マレーシアにおいて、多くの便益を享受しているマレー人は、植民地主義の弊害を克服する民族解放運動の担い手たりえないといえよう。

(2) 華　人

　マレー人に対して優遇策が行使されるにあたって、比較の対象として考慮されていたエスニシティは、華人にほかならない。言及したように、1960年代を通じて、華人は植民地主義に由来する弊害を被っていたわけではない。もともと、彼らが担っていた様々な経済活動は、とりわけネガティブな圧力を受けていたわけではなかった。しかし、1969年における「人種暴動」を契機として、状況は一変した。マレー人が優遇されるということは、エスニシティが社会関係である以上、翻って華人が冷遇されることを意味した。

　例えば、工業調整法においてマレー人を経営陣に加える必要があるということは、血縁関係に媒介された同族的経営を営む華人たちにとって、経営への制約になったことは間違いない。さらに、各種のアファーマティブ・アクションが、実質的に華人に対して著しい不平等を強いたことも事実であろう。しかし、華人の資本家たちは、いわば極めて強かにポスト植民地社会マレーシアにおいて、自らの利害関心を追求してきた。

　例えば、工業調整法による制約についても、極めて形式的にわずかの資本をマレー人の貴族などの所有に回すだけで、経営の実権は従来通り華人一族が確保しえた。さらに、マレー人に有利な教育政策などに対しても、「同盟」以来の連立政権において華人政党が一角を占めていたことによって、少なくとも裕福なエリート層に対しては、私立の華人学校が容認され英語による教育も行われていた[27]。加えて、プライバタイゼーションに対しても、果敢にマレー人政治家とのコネクションを開拓し、民間の委託先として選択しても

らうことも稀ではなかったのである (Gomez, 1999)[28]。

こうした結果、NEP が終了してもなお、マレー人の資本所有率は目標である 30% に届かない一方で、マレーシアにおける自生的企業の多くは華人企業が占めている。輸出志向型工業化戦略が継続する過程で、しだいに多国籍企業が現地の自生的企業に部品や資材を発注するようになる。こうしたリンケージ形成を担う企業も、その多くが華人企業にほかならない。つまり、政治的独立が達成された時点で容認されていた経済活動における優越性は、一貫して変わることがなかったのである。このように、華人たちもポスト植民地社会マレーシアにおいて、植民地主義の弊害を訴えるエスニックな主体ではないことになろう[29]。

(3) インド人

それでは、残されたインド人についてはどうであろうか。すでに明らかなように、政治的独立を達成したポスト植民地社会マレーシアにおいては、いつもマレー人と華人との関係が政策の中心を占めてきたといってもよい。翻っていえば、このことはインド人がその利害関心に即した政策を享受してこなかったことになろう。1960 年代末に、マレー人農民の貧困が社会問題となり、「非常事態」を経て NEP が開始されたときにも、すべての国民から貧困を取り除くことがうたわれていても、インド人をケアする資源的余裕はなかったといわれる (Rai, 2008)[30]。

1960 年代を通じて、多くのインド人がプランテーション労働者にとどまり続けたし、非常事態に際してマレーシアの市民権 (citizenship) をもっている人々にしか雇用が認められなくなると、植民地時代に移住して以来、市民として登録してこなかったインド人労働者の多く (6 万人ほどといわれる) は、インドに帰国せざるをえなかった。さらに、プランテーション資本がプランテーションの土地を投機対象として転売するようになると[31]、土地は細分化され、労働者たちの労働機会も減少し、その結果収入も低下した (Belle, 2008)。

1970 年代には、都市化の進展とともに、エステートで暮らしていた労働者も都市に移動したものの、ゴムの樹液採取やヤシの収穫しか行ったことが

なく、汎用性がある技能を全くもたない労働者は劣悪な条件の仕事にしか就労できなかった。さらに、プランテーションで働いていたときには、そこに住居も用意されていたものの、都市に出てきても住むところは容易に確保できなかった。そのため、大都市周辺に形成されるスラム（squatter）に生活する労働者が多くを占めた[32]。

こうして、21世紀になっても、インド人における貧困率はその他のエスニック・グループと比較しても最も高くなっているのである（Rai, 2008）。職業構成についても、インド人は専門職の比率が高い一方で、他のエスニック・グループと比較しても、労働者の割合が最も高くなっているし、学歴についても、インド人は初等教育で終わる人の比率が最も高くなっている。（Khong & Jomo, 2010: 36-49）。

このようなインド人の多くの境遇を考慮に入れれば[33]、彼らがポスト植民地社会においても植民地時代に付与された困難を全く克服しえていないことがわかる[34]。まさに、マレーシアにおいては、インド人こそがエスニシティを媒介にした搾取と抑圧からの解放を求める民族解放運動の担い手となるに相応しいといえよう。それでは、そのような運動は現実にたち現れているのであろうか。次に、この点を確認する必要がある。

5．民族解放運動としての HINDRAF

2000年以降に、民族解放運動としての性格をもつ可能性があるものとして、注目に値するものがある。「ヒンドゥー教徒の権利行動隊（Hindu Rights Action Force, HINDRAF）」がそれである。この運動の経緯と現状を確認することを通じて、それが民族解放運動としての性格をもつかどうかを検証していこう。

(1) 発　端

HINDRAF は、それ自体が単一の組織ではない。HINDRAF は、2006年の4月から6月にかけて、クアラルンプール市当局によってヒンドゥー寺院がとり壊されたことに対して、30に及ぶヒンドゥー教を背景とした NGOs が、

ヒンドゥー教徒のコミュニティ全体の権利とその遺産を保全するために団結し、とり壊しについて総理大臣（アブドゥラ・バダウィ Abdullha Badawi 首相）に異議申し立てを行う際に組織された。この時点以前にも、ヒンドゥー寺院はとり壊しが進められていたという。異議申し立てに対する総理大臣の対応は、ヒンドゥー寺院は違法に建築されているので（許可を得ていないという意味か）、とり壊しても問題はないとするものであった。

もっとも、HINDRAF のリーダー（の 1 人）へのインタビューによれば、すでに 2005 年には BN による「イスラム化」政策の問題点は顕在化していたという。つまり、著名な登山家が、その葬儀にあたって、ヒンドゥー教徒であったにもかかわらず、イスラム教徒として埋葬されたことによって、インド人の不満が高まっていたという。

(2) 展　開

こうした状況を受けて、2007 年の 8 月 31 日、すなわち独立記念日に、HINDRAF は大規模な集会を開いた。この集会の直接の目的は、マレーシア政府とイギリス政府（「中央裁判所（Royal Courts of Justice）」において書類を提出）に対して集団訴訟を提起することであった。さらに、訴訟を継続する費用がなかったため、イギリス国王であるエリザベス 2 世にあてて、10 万人分の署名をイギリス大使館に提出し、訴訟内容を受け入れることを要求しようとした。

訴訟の趣旨は、マレーシアが政治的に独立したあとも、憲法に保障された権利が遵守されず、ヒンドゥー教徒（その圧倒的多数は、インド人）を保護することなく放置してきたことに対して、インド人 1 人当たり 100 万ポンド、総額 4 兆ポンドの損害賠償を訴えるとともに、憲法（第 153 条）に規定されたマレー人の優越性（supremacy）の停止を要求するものだった。

さらに、かつてマハティール首相が主張した「イスラム国家」としてのマレーシアという理念を否定し、マレーシアは世俗の国家であるということも訴訟の内容となっていた。加えて、2007 年の 11 月に HINDRAF はクアラルンプールにあるイギリス高等弁務局（British High Commission）において請願のた

Ⅱ．ポストコロニアルを生きるものたち　69

図Ⅱ-1　HINDRAFの集会（2007年）

出所:http://Aliran.com　2018年10月9日アクセス

めの集会を開こうとしたところ、警察は許可を与えなかった。それだけでなく、警察は、HINDRAFの指導者3人[35]を「扇動 (sedition)」を根拠に逮捕するとともに、人々が集会に参加することを妨害するために首都圏クランバレー (Klang Valley) 地区の交通を遮断し、道路で検問を行うとともに、集会への不参加を呼びかけた。クアラルンプールの中心部 (Kuala Lumpur City Center) においては、多くの店舗が混乱を避けて閉店した。

　集会には推定2万人が参加し、参加者はペトロナス・ツインタワー周辺でエリザベス女王とマハトマ・ガンディーの肖像画を掲げて、非暴力の抗議であることをアピールしたものの、5000人の警官隊が出動し、催涙ガスや放水車を利用して集会を解散させようとした。この混乱の結果、136人が逮捕されるにいたった。さらには、2007年12月には、あらためてHINDRAFの指導者は国内治安法 (Internal Security Act, ISA)[36]の適用対象となり、裁判を経る

ことなく投獄される人もいた[37]。

(3) 影　響

このような警察との大規模な衝突にもつながった HINDRAF の集会は、メディアを通じて大きく報道され、社会的に大きな衝撃を与えた[38]。すなわち、政府に反対するために NGOs が多数の民衆を動員しえたということに加えて、警察に対する激しい敵意の表明、その現れとしての直接行動、さらにはおそらくはその背景にある強いルサンチマン（resentment）に、マレーシアの国民は虚を突かれた思いだったのではなかろうか。

NGOs による民衆の動員力という点についていえば、2008 年に行われた第 12 回総選挙における BERSIH による大規模な集会の先例になったことも考えられよう。HINDRAF それ自体は、2007 年 11 月の集会における事件を根拠にして、2008 年 10 月には内務大臣によって、ISA に基づいていったんは「非合法」とみなされ、団体登録を抹消された。それを受けて、指導者たちのなかで意見の対立が発生し、HINDRAF は分裂した。

つまり、従来からの草の根路線を踏襲しようとする人々（ウタヤクマーら）と、より穏健に既存の政治勢力と提携することも含めた現実路線を選択する人々（ウェイサムーティら）との 2 つのグループに、HINDRAF は分かれることになったのである。2008 年にも穏健派はロンドンにおいて抗議集会を行い、国際連合においてもマレーシアにおけるインド人の窮状を訴える報告を行った (Kaur, 2017: 263)。さらに、2013 年に非合法団体という認定が取り消されることと軌を一にするかのように、穏健派は BN と連携関係に入り、それを媒介にしてインド人労働者階級の状態改善に向けたとり組みを始めることを宣言していた[39]。

しかし、この連携関係はいち早く解消された。それというのも、連携間関係の締結にあたって交わされた了解覚書が履行されなかったためである。2007 年の大集会以来、10 年余りを経過し、HINDRAF は以前ほどの大規模な動員力はなくなってきている。ウェイサムーティへのインタビューによれば、組織のリーダーシップを担うのは 20 人ほどで、このほかにも 7 つの州

にそれぞれ 4~5 人ほどのリーダーが存在するという。メンバーは全体でも 500 人程度に過ぎず、すべてボランティアとして運動に加わっている。

　現在の基本的な活動は、「イスラム化」への反対、ステートレス・ピープル (stateless people) の救済、およびインド人への大学入学定員差別撤廃（つまり、マレー人への優遇撤廃）などである。ステートレス・ピープルは、プランテーションの労働者としてインドから送り込まれた人々のなかで、プランテーション内で完結した生活を送ってきたため、マレーシアの市民権を取得する手続きをせずにいた人々が該当する。これらの人々は、プランテーションを離れて暮らすことになると、マレーシア国家から一般的に期待されるサービスを受けることができなくなっており、現在 30 万人くらいが存在しているという。

　さらに、2017 年 7 月にはヨーロッパ人権会議 (European Convention of Human Rights) に訴訟を起こし、あらためてイギリスを訴えている。訴訟の内容は、イギリス政府がすでに批准しているにもかかわらず、1953 年の人権に関する宣言に違反しているというものである。つまり、マレーシアの憲法は、あくまでイギリス政府によってマレーシアに与えられたものであり、その条文が信教の自由という基本的な人権を完全に保証するものとはなっていないというのである。これは、すでに何度も言及したように、イスラム教を国教として規定していることを告発することを意味している。

　換言すれば、マレーシアにおける、独立後 60 年におよぶ宗教をめぐる不平等の元凶は、イギリス政府およびそれが制定した憲法にほかならないというわけだ。それゆえ、運動のレパートリーとして、イギリス政府を法的に追及し、イギリス政府にその憲法が誤っていたことを宣言させることを通じて、憲法の実効性を覆すことが訴訟の目的だという。ここにも、イギリスの植民地支配の責任を告発する姿勢が強く現れているといえよう。HINDRAF の告発は、反植民地主義としての反グローバリズムを体現する ASM に結実しているのである。

(4) 評　価

　それでは、こうした HINDRAF の運動と現状に対して、どのような評価

が行われているのであろうか。マレーシアにおける社会運動家あるいは政治家にあっては、批判的あるいは否定的な見解が多数を占めているといえよう。例えば、マレーシア社会党員であり、社会主義者を自認するジェヤクマー・デヴァラジ (Jeyakumar Devaraj, 2007) は、エスニシティに基づく利害関心の実現を運動目標に掲げることは、広範な階級的連帯を阻害する点で不適切であるという。つまり、ヒンドゥー教徒やインド人の種差的な利害関心に拘泥することは、労働者階級の連帯を強化することにはつながらないというわけだ。

なるほど、野党勢力が「人民同盟」として結集し、その限りではエスニシティを媒介にした政治が払拭されつつあるかにみえたマレーシアにあって、HINDRAFによる虐げられたインド人のルサンチマンを動員するスタイルは、時代を逆行させるものとして否定的に評価されることになろう (Tajuddin, 2012: 237)。しかし、本章では異なる観点から HINDRAF という(連携)組織と運動とを評価してみたい。

すでに、行論の過程から明らかなように、HINDRAF は、ポスト植民地社会マレーシアにおいては、いまだ克服されてはいなかった植民地主義の弊害を払拭しようとするポストコロニアルな運動であり、半周辺マレーシアにおいては、いまなお残存する「周辺性」に対応して現れる民族解放運動としての性格をもっているといえよう。後者についていえば、イギリス政府に損害賠償を求め、エリザベス女王に請願署名を提出しようとするとともに、憲法制定の責任まで取らせようとする試みには、何よりも民族解放運動としての性格が体現されていよう。

HINDRAF によるこのユニークな要求は、特定の人種・エスニシティを差異化することを通じて、彼(彼女)らに低賃金を強いることによって、世界的規模における資本蓄積を進め、世界システムを滞りなく作動させるのに制約をかける「反システム性」を体現しているのではなかろうか。マレーシアにおいては、まさにインド人はこうした「反システム性」を担う潜在性をもったエスニック・グループであり、HINDRAF による運動は、そのような意味での民族解放運動として、反グローバリズムを担うものにほかならないのである。

6．まとめ

　本章では、グローバル化のもとで21世紀に入るころには半周辺に上昇した可能性があるマレーシア社会を事例として、半周辺における「周辺性」の現れを、社会運動のあり方を通じて明らかにしてきた。「周辺性」と「中核性」とをあわせもつ半周辺においては、社会運動においても、その性格がたち現れることが想定される。すなわち、世界システムの周辺において最も偏在し、周辺において特徴的なASMである民族解放運動が展開されることが想定されるのである。

　民族解放運動は、なによりも植民地主義の弊害を克服するかたちをとることが想定されよう。したがって、本章はまず、かつてのイギリス植民地であったマレーシアにおいて形成されてきた3つの主要なエスニシティの社会的境遇の変遷を歴史的に確認し、植民地主義の弊害を担い続け、民族解放運動の主体として相応しい人々を確定する作業を行った。その結果、マレー人と華人については、ほぼ一貫してポスト植民社会において、それぞれのかたちで利益を享受してきたことがあらためて確認された。要するに、民族解放運動の主体としては、インド人が最もその潜在性が高いのであった。

　そうした潜在性が発現したものが、HINDRAFによる運動にほかならない。HINDRAFの運動の原点には、植民地主義の断罪と、特定のエスニシティを差異化して低賃金を強いることによって資本蓄積を進める世界システムの作動への対抗姿勢が集約されているといえよう。政治的独立から50年以上を経てもなお、インド人に対してこれといって有効な境遇の改善が行われてこなかったことが、HINDRAFを生み出したともいえよう。

　HINDRAFは、2018年の総選挙において希望同盟(PH)と連携した。しかし、政党としての登録ができないため[40]、HINDRAFはPHを構成する他の政党から候補者を立てる方向で調整を行った。PHと連携することで、その活動を具体的に実現する回路は(少なくとも潜在的には)獲得されたといえよう。述べてきたように、HINDRAFの活動は、民族解放運動の性格をもち、インド人によるエスニックな告発という性格を体現しているものの、それが扱うイ

シューは、インド人の社会的な状況をも反映して、極めて階級的イシューである。それでは、民族解放運動は階級に基礎をおく運動に収斂していくのであろうか。この点は、次章において検討してみよう。

注

1　現在の人口構成は、マレー人が 67%、華人が 25%、さらにインド人が 7% ほどを占めている。なお、人口は 2010 年代に 3000 万人を上回り（マレーシア統計局）、一貫して増加している。政治的独立を達成した時点においては、マレー人の割合は 50% ほどにとどまっていたものの、その後のマレー人の自然増によって、現在のような構成比率になっている。

2　香辛料という財の性格をどのように評価するかによって、この時期のマレーシアが世界システムに組み込まれていたかどうかの判断が分かれることになる。あくまでウォーラスティンに従うならば、世界システムに組み込まれている指標は日用品の分業が成立していることに求められる。香辛料は、日用品ではなく奢侈品だとすれば、16 世紀におけるマレー半島は世界システムには組み込まれていない。

3　17 世紀においては、オランダによってはじめて世界システムにおけるヘゲモニーが成立したとされる。ヘゲモニーは、産業、金融、および商業における 3 つの「優位（edge）」を単独の国家が確保することによって成立する（e.g, Wallerstein, 1984）。

4　今日のマレーシアは、13 個の州からなる連邦国家である。このうち、早くから植民地化されたペナンとマラッカの 2 州、およびボルネオ島のサラワクとサバの 2 州を除く 9 州は、もともとそれぞれのスルタン（イスラム世界における世俗君主）が支配する国家（土侯国）であった。これらが、連邦国家としてのマレーシアの各州を構成している。各州のスルタンは、現在でも立憲君主として存続しており、連邦国家としてのマレーシアの国王に交代で即位する。

5　もともと、ペナン島以降の拠点確保を行い、海峡植民地を建設したのは、イギリス東インド会社である。これらの 3 拠点は、1867 年にイギリス植民省の管轄下となった。

6　この制度が導入される以前においては、あらかじめ賃金を前払いで受け取っておく債務労働（indentured labor）が一般的であった。インド人の移民労働者たちは、こうした前払い賃金の受領を代償にして、マラヤに移住したのである。イギリス資本は、必ずしも農業労働に従事した経験がない債務労働者を好まず、カンガニーによる家族ぐるみの労働者調達を選択した（Stenson, 1980: 24）

7　こうした労働者は、必ずしも農民ばかりではなく、すでに労働者となっているクーリー（coolie）も多数含まれていた。

8　この結果、出身村、出身地域、あるいはカーストによって、インド人移民は分裂していた（Stenson, 1980: 27）。マラヤにおいては、カンガニーはプランテーションにおけるボスであったものの、ヨーロッパ人には服従していた。1960年代になっても、カンガニーの末裔を確認できるという（Jain, 2011: 47）。

9　この1つの目的は、華人とインド人の労働者に安定的に食糧を供給することであった。マレー社会の安定を維持しようとしたことには、マレー人貴族と同盟することによって、華人の経済力を牽制することも意図されていた（Stenson, 1980: 30）。

10　こういったからといって、マレー人の大部分が土地を所有する農民であったわけではない。いうまでもなく、土地をもたない農民も多数存在し、こうした農民たちはしばしば血縁関係を媒介にした地主‐小作関係に包摂されていた。マレー社会における地主は、その他の社会における場合と異なり、必ずしも大土地所有者ではなかった。

11　当初は、ゴムの樹液を採取する労働者であったインド人も、プランテーションにおける栽培作物が変化することにともなって、その作業は変化し、現在では食用油の原料であるヤシを採取する労働に従事する労働者が多い。しかし、依然として作業それ自体は労働集約的であり、技能レベルは低いままである。

12　「マラヤ連合」の構想においては、イギリスの経済的な権益が維持されるように、政治的な安定が重視されていた。すべてのエスニック・グループに等しく市民権が与えられることになっていたのは、そのためである。この構想においては、ボルネオの2州も含めて、マレー半島の9州とペナンおよびマラッカの海峡植民地がイギリス人の総督のもとに統治されることになっていた。これに対して、9人のスルタンたちは同意したものの、マレー人官吏と貴族階級の一部が反発したのである。

13　マラヤ連邦においては、イギリスの保護のもとに自治が認められていた。

14　マラヤ連邦の成立にあっては、華人やインド人のエリートたちにも、むしろイギリスの一方的提案によるマラヤ連合は冷ややかに受け止められていたことが背景となっていた（Stenson, 1980: 114）。華人資本家による団体である華人商工会議所（Chinese Chamber of Commerce）も、植民地の意思決定からは疎外されていた。

15　当時、政治的独立を達成するためには、3つのエスニシティの連携が重視されたため、1955年にそれぞれのエスニシティを基礎とする政党からなる「同盟」が結成された。マラヤ連邦における最初の総選挙（1955年）において、4年以内の

独立、管理のマラヤ化、マレー語の国語化、あるいは公立学校の創設などを公約に掲げた「同盟」は大きな勝利をおさめた。このことを背景に、1956年に「同盟」政権はムルデカ (Merdeka 独立) のための使節団をイギリスに派遣し、官吏からイギリス人を排除し、自主憲法を制定する独立案を認めさせた。他方では、イギリスも華人労働者やインド人労働者が選挙において多数を占めることを恐れていたのである。

16　マラヤ共産党は、1948年の「非常事態 (Emergency)」によって非合法組織となっている。その後、マラヤ共産党はジャングルにおいてゲリラ活動を継続し、最終的に1960年まで活動を継続した。

17　この組織は、独立後マレーシア華人協会 (Malaysian Chinese Association) に名称を変更している。

18　付け加えておけば、日本におけるマレー半島の占領は、イギリス資本によるプランテーション経済を麻痺させることになり、労働者たちはプランテーションにおける労働を失うことになった。失われた労働機会に代わるものは与えられなかったため、プランテーション労働者の生活はいっそう過酷になったという (Belle, 2008)。

19　華人の場合と同様に、マラヤ・インド人会議も独立後はマレーシア・インド人会議 (Malaysian Indian Congress) に名称変更している。

20　この時期の労働運動には、先に言及したマラヤ共産党の影響力はそれほど大きくなかった。しかし、華人が中心的にコミットする政党でありながらも、マラヤ共産党には多くのインド人が参加していた。

21　こうした言説は、現在でもマレー人による華人への差別的発言としてしばしば問題となる。念のため断っておけば、本書はマレーシア国民としての華人の立場を貶めようとする意図は全くない。

22　こうした政策を提示することが可能になったのは、国家の官僚や政治家などが以前の人々と交代し、開発国家を担える人材が充当されたためだと考えられよう。こうした人々のなかには、のちに20年以上にわたる長期政権を樹立するマハティール (Mahathir) も含まれる。

23　もっとも、2003年以降については、大学入学にあたってメリトクラシーが強化されている。

24　もともと、共通言語による教育を各レベルの学校において実施することは、使用言語の統一による「国民形成 (nation-building)」を意図していた (Verma, 2001: 67-68)。結果的に、英語ではなくマレー語がそうした言語として選択されたのである。

25　例えば、1991年に国民開発政策 (National Development Policy) が開始されたとき

には、必ずしもマレー人ばかりに視点を限定するのではなく、より広範な国民的視野に立った開発政策が意図されていたという。

26 とりわけ、1990年代以降においては、UMNOを中心とするBN政権には批判的な勢力が台頭していた。たとえば、マハティール首相によるアンワル・イブラヒム（Anwar Ibrahim）副首相の突然の解任と警察による彼への暴行を契機とした「改革（*Reformasi*）」運動（1998年）、2008年と2013年の総選挙におけるBNの大敗、および野党勢力の大連合（人民同盟（*Pakatan Rakyat*, Peoples' Alliance））の形成などが指摘できよう。さらに、過去2回の総選挙における市民勢力の台頭も忘れてはならない。潔白（clean）を意味するBERSIHを名乗り、不適切な選挙制度の改善を訴えて、各種NGOsが参加して行われた大規模な市民集会は、BNに代わる政権の成立を期待させる成功を収めたといえよう。ちなみに、非常事態宣言のあとに、1974年により広範な政党を結集して作られたBNも、UMNOを除けば小さな政党ばかりになってしまい、実質的にUMNOによる単独政権に近くなってしまっている。MCAやMICも、もはや単独では弱小政党の1つにすぎない。最終的に、2018年の総選挙では、BNは政権を失うことになった。こうした経緯については、Ⅶ章でも検討する。

27 そもそも、マレーシアの憲法についても、こうしたエスニシティ間のバランスがよく配慮されている。例えば、憲法ではイスラム教が国教であることが明記されているものの、それとともに信仰の自由も保証されている。しかし、現在はその実効性がイシューとなっている。

28 こうした事態は、いわゆる「利権（rent）」をめぐる政治と経済との癒着として議論されてきた。Ⅰ章で指摘したように、委託先を選ぶ権限がある政治家と、委託先として選んでもらいたい企業家との関係は、しばしば腐敗の温床となる（e.g., Gomez & Jomo, 1997）。

29 もちろん、華人たちは資本家ばかりではない。マレーシアにおいては、1960年代から「民主行動党（Democratic Action Party, DAP）」が組織されている。この政党は、現在「人民同盟」にも加わっている。もともと、DAPは野党であることからうかがえるように、華人労働者を主要な支持母体にしていた。しかし、現在ではそのマルチエスニックな性格を強調しており、特定のエスニシティを背景にした民族解放運動を組織する可能性は乏しい。

30 現代のマレーシア社会においては、エスニシティ間の不平等よりも個々のエスニシティ内の不平等（所得格差）が大きくなっていることが指摘されている（Ragayah, 2001）。このことは、エスニシティ関係に由来する不平等よりも階級関係に由来する不平等が拡大してきていることを意味しよう。こうした階級関係に由来する問題については、半周辺マレーシアにおけるASMsという本書にお

ける問題設定のもとでは、直接的には第2部で考察される。この点については、さしあたり、Yamada (2014) なども参照。ちなみに、インド人というエスニシティにおいては、不平等の程度は一貫しており、拡大していない。この点は、その程度が拡大しつつあるマレー人と好対照をなしている (Ragayah, 2011)。もっとも、インド人エスニシティにおける不平等が一定していることは、翻っていえば、その多くが低所得層に位置することを意味している。

31　近年のマレーシアにおいても、住宅が極めて高価な買い物となり、若者たちが住む家を手に入れられない問題が発生している。それと関連して、プランテーションの土地が住宅用地として投機対象となり、転売されることが増えている。この結果、とりわけ高齢のプランテーション労働者が住居と生活の糧をともに奪われることになっている。この点については、Ⅲ章で詳述する。

32　近年においては、こうしたスラムの居住民も、インドネシアなどからの移民が多くを占めるようになっている (Kassim, 2011)。つまり、住宅をめぐって、インド人との競合が発生しているのである。スラムに限らず、移民労働者の流入の増加は住宅をめぐる低所得層の住宅を不足させており、反移民感情も高まっている。さらに、移民労働者はマレー人の農村にも住居を求めて移住する傾向があるという。

33　要するに、マレーシアにおいてはインド人という存在それ自体が社会問題となっている。このことは、とりわけインド人研究者によって共有され、多様な研究が展開されている (Anbalakan, 2008; Phoon, 2016; Ramanathan, 2016; Rengasamey, 2016; Subramaniam, 2016)。

34　こうした評価は、要するにエスニシティ相互の「不幸度」を測定する試みに基づくことになろう。いうまでもなく、「不幸度」は「幸福度」と同様に多元的な指標によって測定されなければならない。ここでの議論は、職業や所得による経済指標と政治的な影響力に基づく「不幸度」に依拠していることになる。

35　ウタヤクマー（Utayakumar）、ウェイサムーティ（Waythamoothy）、およびガナバティラウ（Ganabatirau）といった人々であり、3人とも弁護士である。ウェイサムーティは、イギリス政府への集団訴訟を提訴した人物にほかならない。

36　ISA は、1960年に制定された法律で、政府が「反社会的である」と判断しさえすれば、裁判手続きを経ることなく、投獄が可能な法律であり、事実上様々な社会運動に対する弾圧法として機能してきた。2012年になって、長期にわたる様々な批判を受けて、ナジブ政権はこの法律を廃止するに至った。しかし、政府は犯罪抑止を名目にすぐさま同趣旨の法律（治安防衛法 (Security Offences Act)）を制定したため、BN政権の権威主義的なスタンスに変化はみられなかったといえる。このことは、半周辺社会マレーシアがいまなお、その国家についても「周

辺性」をもっていることを意味するかもしれない。
37 これは、扇動罪による逮捕が証拠不十分によって無効になってしまったからである。ISAを適用すれば、逮捕にあたって証拠は不要である。ISAの適用にあたっては、当時のアブドゥラ首相も承認していた。
38 例えば、1970年代から継続する知識人による社会批判雑誌『アリラン(*Aliran*)』も、2007年10月号においてHINDRAFに関する特集を組んでいる(*HINDRAF Phenomenon: Cry of the Dispossessed*)。
39 具体的には、4つの主要な領域、すなわち土地を追われたエステート労働者の救済、マレーシアにおけるインド人貧困層が国をもたない状況(statelessness)であることを改善、修学前から大学までの教育機会の増加、および雇用と事業機会の拡大がそれである。これらは、2013年にBNとの間で交わされた「了解覚書(Memorandum of Understanding)」に明記されており、これを達成するために総務省において新部署がたちあげられることになっていた。
40 マレーシアにおける団体の登録制度については、Ⅴ章でも言及する。

Ⅲ. インド人による民族解放運動の社会的背景

1．はじめに

　Ⅱ章においては、2000年代に現れた、インド人によるNGOsの連携組織であるヒンドゥー教徒の権利行動隊(HINDRAF)を検討し、それが半周辺化しつつあるマレーシアにおいて、その「周辺性」を担う民族解放運動であることを主張した。民族解放運動は、反システム運動(ASMs)の1つであり、資本主義としての世界システムの作動に抗うものにほかならない。

　一般には、周辺ゾーンに偏在している民族解放運動が、半周辺化しつつあるマレーシアにも営まれている原因は、第1にまさに半周辺が「周辺性」をも担うゾーンであり、とりわけマレーシアについては、ポストコロニアルな現在にあっても、植民地支配に伴う「負の遺産」が継承されていることに求められよう。さらに、国民戦線(BN)による長期政権が、マレー人という特定のエスニシティを優遇し、その帰結としてその他のエスニシティを冷遇する結果を伴ったことも、エスニックな形式をとって展開される民族解放運動の台頭と継続をもたらしたといえよう。

　もちろん、インド人というエスニシティの利害関心は、そのエリートたちのそれに代表されるわけではない。HINDRAFが重要課題として指摘していた事項は、低賃金労働者の問題などの階級的イシューであった。そもそも、レイシズムに裏書きされたエスニシティの形成の背景には、階級的な利害関心が伏在していた。すなわち、不利な条件で劣悪な労働を遂行する人々を特定のエスニシティとして差別化し、そのことを通じて当該の労働のあり方を

正当化することが試みられてきた。

　こうした認識に依拠するとき、民族解放運動は特定のエスニシティの利害関心を超えて、階級的利害関心を担う運動として、広範な勢力と連携する可能性が開けてくる。グローバル化がグローバル資本によって押し進められていることを考えると、グローバル化に伴う様々なイシューには、資本主義とその基軸的関係である階級にその淵源を求めることができるように思われる。後述するように、事例であるマレーシアにおいても、エスニシティに基づく政治から階級に基づく政治への転換する可能性が現れつつある。

　本章では、HINDRAF の出現以前から展開されていたインド人による植民地主義を問い質す社会運動、具体的にはプランテーション労働者による運動を検討することを通じて、こうした可能性を検討していきたい。まず、ASMs における民族解放運動の種差性 (specificity) を確認することから作業を始めよう。

2. 民族解放運動の種差性

(1) ASMs における民族解放運動

　ASMs とは、世界システムの作動原理を制約する社会運動として規定できる (Arrighi, Hopkins & Walllerstein, 1989; 山田, 2014: IX章)。世界システムが資本主義を作動原理 (「生産様式」) としており、階層的なゾーン間の賃金格差[1]を背景とした不平等に基づく資本蓄積を基本的な存続メカニズムとしていることを考えるならば、ASMs はなによりもこうしたメカニズムに抗う社会運動であることが想定されよう。

　ASMs のなかでも、新しい社会運動 (NSMs) が中核ゾーンに偏在し、労働運動が半周辺ゾーンに偏在する[2]のに対して、加えて、周辺ゾーンに偏在する運動は、民族解放運動にほかならない。それというのも、ASM としての民族解放運動は、周辺ゾーンに特徴的な低賃金を是正する効果をもつからである。このゾーンにみられる低賃金は、生存維持経済 (subsistence economy) あるいは前資本主義的セクターの広範な存在に加えて、このゾーンの人々を特定

のエスニシティに編成し、しばしば植民地における被支配民として差別と搾取との対象にすることによって、安定的に維持されてきたのであった。典型的には、植民地からの独立を希求するかたちをとって展開される民族解放運動は、世界システムの蓄積メカニズムを間接的に制約するASMといえよう。

指摘したように、半周辺ゾーンが「中核性」と「周辺性」とをあわせもつことによって特徴づけられるならば、このゾーンにはただ労働運動ばかりが顕著に存在することになるわけではない。いうまでもなく、NSMsと民族解放運動の双方が、それぞれ「中核性」と「周辺性」とを担う社会運動として存在しえよう。例えば、ひとえにエスニシティが主体やイシューとなってはいても、NSMsと民族解放運動とではその問題構制 (problematic) が異なることになる。

NSMsにおいては、例えばすでに当該社会に定住している移民や人種的マイノリティによる異議申し立てとして運動が展開される傾向が強いのに対して、民族解放運動においては、なによりも当該社会に行使されてきた植民地主義を背景とするイシューをめぐって、運動主体による利害関心の実現が追求されることになろう[3]。それでは、マレーシアにおいて民族解放運動はどのように展開されているのであろうか。次に、この点を確認しよう。

(2) マレーシアにおける民族解放運動

マレーシアは、さして大きな反対を受けることもなく（したがって、独立戦争などを経験することもなく）、1957年にイギリスから政治的独立を勝ち取った。つまり、言及したように、典型的な民族解放運動が独立運動や民族的自決を要求するかたちをとるならば、すでに独立から久しいマレーシアにおいては、民族解放運動はもはや存在しないし、新たに生起しえないことにもなろう。しかし、周知のように、マレーシア国民は概ね3つのエスニック・グループから構成されていることを想起する必要があろう。いうまでもなく、それらはマレー人、華人、およびインド人あるいはタミール人にほかならない。

Ⅱ章において明らかにしたように、3つの主要なエスニシティと植民地主義との関係は必ずしも一様ではない。これらのエスニシティのなかで、イギ

リスによる植民地主義によって最もネガティブな状況に置かれることになったのは、インド人であったといえよう。そもそも、インド人がマレー半島に居住している原因は、エステート (estate) とよばれるプランテーションで働く労働力として、イギリスによって移住が進められたからであった。そのような意味においては、マレーシアにおけるインド人エスニシティそれ自体が、植民地主義の産物にほかならないといえよう。以下では、政治的な独立を達成したにもかかわらず、マレーシアにおいて民族解放運動が生起し、それがインド人によって担われなければならない背景について考察していこう。

3. マレーシアにおける半周辺化とインド人

(1) 工業化の展開

　グローバル化のもとで、マレーシアが半周辺化するにいたった背景には、その工業化の過程があった。工業化については、すでにⅠ章で検討した。工業化のプロセスは、インド人の状況にどのような影響を与えてきたのであろうか。この点を明らかにするために、極めて簡潔に工業化のプロセスを確認しておこう。

　政治的な独立を達成してから、マレーシアにおいてもすぐさま工業化が模索された。しかし、1960年代を通じて追求された輸入代替工業化 (ISI) は、すぐに限界に直面してしまった。それは、当時の政府が必ずしも政策的介入を徹底して行わなかったうえに、多くの社会において経験されたように、国内市場が成長せず、工業化を促進するだけの大きな市場が存在しなかったからである。1969年には、依然として多数が農民であったマレー人に貧困が集中したことを背景に、その年に行われた総選挙において「同盟」政権が敗北したことを契機にして、マレー人による華人に対する暴行事件が発生した (いわゆる「人種暴動」)。

　この暴動によって、「非常事態」が宣言され、議会も停止された。この間に、政府も介入主義へとその姿勢をシフトし、1971年以降、積極的な工業化と資本形成が進められることになった。まず、自由貿易区法 (Free Trade Zone

Act) が制定され、1972年に初めてペナン島に自由貿易区 (FTZ) が設置され、輸出志向型工業化 (EOI) が開始された。これとともに、貧困の除去とエスニックなバイアスを伴わない均等な職業構成の達成が追求された。いわゆる新経済政策 (NEP) の実施が、それである。この政策は、とりわけマレー人に対するアファーマティブ・アクションの性格をもっており、工業化のプロセスを分析する際に重要なことは、マレー人の資本所有率を政策終了 (1990年) までに 30% にすることであった。

1970年代から進展した EOI に加えて、1980年代からは重工業化とプライバタイゼーション (privatization)[4] が追求された。なかでも、日本企業との合弁による自動車企業 (プロトン PROTON とプロデュア PERODUA) の創立とそれによる「国民車」の生産が、特筆に値しよう。プライバタイゼーションは、国営企業や公共事業を民間に委託する政策であり、この過程でもマレー資本の形成が追求された。

1980年代の後半からは、グローバル化のもとで、それまでに蓄積された製造業の集積を背景にして、賃金がしだいに上昇したにもかかわらず、EOI において想定された低賃金労働によるアセンブリーではなく、賃金コストの上昇を相殺して、もっと高く売れる（つまり、付加価値が高い）製品の製造拠点として、多国籍企業に位置づけられるようになってきた。外国資本によって資本主義発展が主導される社会にあっては、資本戦略の変化によって社会変動が規定される。従来とは異なる拠点として位置づけられたことによって、労働者の技能形成の追求、労使関係の変容、階級構成の変化、社会意識の変化、さらには社会運動のあり方の変化にいたる国内の社会変動が想定されるとともに、世界システムにおける位置が変化（上昇）する可能性がある（山田, 2006）。

このことは、マレーシアという社会にとっては、半周辺化（半周辺ゾーンへの上昇）というプロセスが開始されることを意味するとともに、世界システムにとっては、周辺において生産され提供される財[5] の変化に伴って、NIDL とは異なるポスト新国際分業 (post-NIDL) への転換を意味することになるわけだ。このように、東南アジアにおいても、最も工業化に成功した社会

となったマレーシアにおいて、インド人にとって半周辺化というプロセスはなにを意味したのであろうか。

(2) プランテーションの衰退

すでに言及したように、インド人たちは自主的にマレー半島に移動したわけではなく、イギリスによって移住させられたのだった。20世紀の初めに、マレー半島にゴムの種がもたらされると、ゴムを栽培して樹液を採り、それを精製してゴムを生産する産業が台頭してきた。ゴムの栽培は、プランテーションとして営まれ、広大な土地がゴムの木の栽培にあてられてきた。こうしたプランテーション労働に従事する労働者として移住が進められたのが、インド人であった。カンガニー (kangany) という村の実力者がリクルーターとなって、インドのタミール地方などからたくさんの労働者が連れてこられた (Parmer, 1954)。

当初、こうした労働者はカンガニーによって生活が保証されていたものの、やがてイギリス資本が衣食住を提供するようになった。彼（彼女）らは、プランテーションの内部に居住し、イギリス資本によって住宅、学校、病院、および寺院などが提供されていた。すなわち、労働と生活、あるいは生産と再生産のすべての過程が、プランテーションの内部で完結していたのであった。さらに、1950年代においては、こうした労働者の立場を代弁する労働組合（プランテーション労働者全国組合 (National Union of Plantation Workers, NUPW)）[6]を通じて、その他の産業に比べれば、相対的に利害関心を実現する回路も開かれていた。

しかし、政治的独立以降に展開された工業化の過程は、相対的に農業の衰退をもたらしたといえよう[7]。ゴムの栽培については、1960年代以降ほぼ一貫してその生産量は減少してきた。プランテーションにおける栽培植物は、やがてゴムからヤシに転換した。ヤシの生産は、東マレーシア（サバ州およびサラワク州）においては拡大する傾向にあるものの、マレー半島、とりわけ大都市近郊においては減少してきている。以下では、この間の変化をいくつかの指標を通じて跡づけながら、インド人労働者がおかれている状況を確認し

ていこう。

①資　本

　言及したように、プランテーションを営んでいた資本は、当初はいうまでもなくイギリス資本であった。しかし、収益の低下とともに、それはマレーシア国内の華人あるいはマレー資本に転換した。マレーシアの国内事情に相対的に精通している、これらの資本によって運営されることは、工業化の進展に伴って、プランテーションがより国内事情に影響されやすくなることを意味する。

②ゴムからヤシへ

　プランテーションの経営権を掌握した国内の資本は、より収益が高い用途に土地利用を転換することになろう。まずは、栽培している商品作物の転換が試みられよう。具体的には、ゴムからヤシへの転換がそれである。ヤシは食用油などの原料となり、世界的にも需要が拡大している。そのため、半島部においてもゴムのプランテーションはヤシのそれに転換し、東マレーシアにおいては熱帯雨林が開発され、ヤシのプランテーションが拡大しているのである。

③細分化と再開発

　さらに、収益が高い事業への土地利用の転換については、プランテーション以外の用途への転換が想定されよう。このプロセスが段階的に進むとすれば、まずはプランテーションの一部が別の用途に使用される細分化が進展しよう。これは、プランテーションが縮小していくプロセスにほかならない。このプロセスは、早くも1950年代後半には始まり、半島部西部においては1967年にピークをむかえたといわれる (Ramasamy, 1994: 107-108)[8]。最終的には、当該資本が運営するプランテーションのすべてが別の用途に利用するために再開発されることになる。プランテーションに利用されていた広大な土地は、土地開発業者 (developer) に転売され、投機に利用されることにもなるのである。

④機械化と省力化

　プランテーションで栽培されるものがゴムからヤシへと転換することに伴って、作業の機械化も進展する。タッピング(tapping)とよばれる、ゴムの幹に傷をつけて樹液を採る作業が、極めて労働集約的なものであり、機械を導入することが困難であったのに対して、高いヤシの木から実を落とす作業は人力を用いるよりも機械を用いた方が効率的に行える。そのため、ヤシへの転換に伴って、作業の機械化が進展した。いうまでもなく、このプロセスは省力化を意味する。すなわち、プランテーションそれ自体の細分化(規模の縮小)と再開発に加えて、機械化とそれに付随する省力化も、プランテーション労働者をマージナルな存在に追いやったのである。

⑤移民労働者の導入

　衰退するプランテーション産業においては、賃金コストが大きな問題となろう。少しでもコストを抑えるために、プランテーション資本は移民労働者を導入するようになった。この傾向は、1980年代以降賃金上昇に合わせて、FTZなどにおいてもインドネシアなどからの移民労働者が導入されたことと軌を一にしている[9]。マレーシアにおいては、2009年の時点で移民労働者の26.1%が農業部門の労働に従事しているとされている(Devadason & Chan, 2014)。こうして、インド人労働者は移民労働者に代替されることになるわけだ。

⑥立ち退きと移住

　以上のような過程の帰結として、インド人労働者はもはやプランテーションにおいて就労することは困難となろう。強制的にしろ、あるいは自主的にしろ、インド人労働者はプランテーションにおける職を失うことになる。しかも、すでに言及したように、このことは、彼(彼女)らが生活の糧だけでなく、住宅、学校、病院、および寺院のすべてを失うことを意味する。

　さらに、プランテーションから離れたインド人労働者は、都市に移住することになるものの、もともと所得が少ないために住宅を入手することができない場合がある。そのような場合には、インド人労働者たちは、快適な住宅

を確保できず、いわゆるスクオッター（squatter）とよばれる都市縁辺の「スラム」で生活することを余儀なくされる[10]。加えて、プランテーションでしか働いてこなかった労働者は、他の産業においても利用可能な技能をもっていないし、プランテーション内の学校教育を受けただけでは就職を有利にする知識を習得していないことが多く、しばしばインフォーマルで不安定な職にしか就労できないことになる。このような状況においては、しばしば若年者の社会的ドロップアウトをも招くことになる (e.g., Kiang, 2016)[11]。

以上、マレーシアにおいて工業化、さらには半周辺化が進む一方で、インド人たちはその多くが就労していたプランテーションの衰退とともに、職を失い、移住を余儀なくされ、社会的にマージナルな状況に追い込まれていることを確認してきた[12]。貧困という指標に関していえば、2012年度については、マレーシア全体においてインド人の1.8%がそうであるに過ぎない。これは、マレー人 (2.2%) よりもむしろ少ないものの、都市部と農村部のそれぞれについて個別に算定するならば、インド人は双方について最も貧困率が高いことになってしまう（それぞれ 1.5% と 4.3%）(Khalid, 2016)。インド人のなかでは、その約 15% が所得下位の 40% に属していることも報告されている (Marimuthu, 2016)。このようなインド人が直面する状況は、しばしば社会問題化し、社会運動を生起させることになる。

4．都市への移住と社会運動の発生

(1) 立ち退き問題

言及してきたように、インド人労働者はプランテーションの再開発に伴って不要な存在となり、雇主によってプランテーション内に提供されていた住居からも立ち退きを要求される。もっとも、立ち退きにあたって、単にプランテーションの外部に住居を移せばよいというわけではない。インド人労働者にとって、プランテーションは仕事だけではなく、生活のすべてであったことを想起しなければならない。以下では、主要な問題について確認していこう。

① 通　告

　プランテーションの細分化や再開発という戦略は、プランテーション資本によって行われ、労働者に対して一方的に通告される傾向がある。場合によっては、労働者に通告する前に、労働者が居住しているにもかかわらず、開発業者などに土地が転売されてしまうこともある。そのような場合には、突然一方的に立ち退きが通告され、労働者たちは短時間で立ち退きを要求される場合もある。

② 住　宅

　事前に立ち退きが告知される場合であっても、立ち退き問題は、雇主の都合で一方的に立ち退きが要請されることに端を発しているので、当然補償が行われてしかるべきである。事実、多くのプランテーションにおいては、住宅提供が実施されてきた。しかし、そうした住宅の質はしばしば劣悪であることが多い。例えば、上下水道が整備されていなかったり、雨漏りがしたり、あるいは空調設備なども完備されていなかったりすることが多い[13]。さらに、交渉過程においては、例えばテラス付きの住宅の提供が保証されていても、実際には異なるタイプの住宅（フラットタイプなど）が提供されたり、提供にあたって費用の負担を求められたりすることもある。こうした交渉において、要求が受け入れられた成功例に接すると、そうでなかったインド人労働者はいっそう態度を硬化させることになる（Willford, 2014: 201-202）。

③ 寺院と学校

　住宅以外の提供施設についても、問題になりうる。なかでも、重要なものは寺院と学校にほかならない。インド人労働者の多くは、ヒンドゥー教徒であるため、プランテーションの内部には信仰の拠点としてヒンドゥー教寺院が設置されている。立ち退きということになれば、これらの寺院はとり壊されてしまうし、住宅の移転先にも寺院が建てられる保証はないのである。こうした寺院が存在することによって、すでにプランテーションを離れてその他の仕事に就労している血縁・地縁の人々も、お祭りに合わせてプラン

テーションに戻ってくることを可能にしている (Willford, 2014: 74)。換言すれば、寺院は人々の相互扶助ネットワークの結節点として機能しているのである。したがって、立ち退きにあたっても、こうした寺院の存続・移転が求められることになる。

さらに、学校についても、プランテーション内部にある学校は存続できないことになる。そのため、労働者の子供たちはしばしば移転先の住宅から離れた学校まで通学しなければならない。さらに、しばしば親族が離れて暮らすことになり、年長の子供が年少の兄弟姉妹の面倒をみなくてはならなくなる。このことは、子供の学校からの離脱やドロップアウトを招き、いわゆるギャングなどの組織への加入をもたらすことになりかねないと指摘されている (Willford, 2014: 194)。

④伝統とアイデンティティ

インド人労働者たちは、長い場合には20世紀の初めにインドから移住してきてから、一貫してプランテーション労働に従事してきた。その結果、彼(彼女)らはマレーシア、とりわけ労働と生活の場を兼ねているプランテーションを自らの土地であると認識するようになっているし、過酷な労働を通じてマレーシアの発展に貢献してきたという自負をもつようになっている。その結果、そもそも移転を強いられることそれ自体に抵抗を感じるというわけだ (Willford, 2014: 94)。

さらに、とりわけヒンドゥー教寺院は、彼(彼女)らのアイデンティティの基礎として重要な存在であり、それが取り壊されたり、貶められたりすることは、インド人労働者にとって自らの存在を否定されるものとして受けとめられているのである。こうした寺院は、エスニシティとしてのインド人の支柱であり、その伝統を体現するものにほかならない。プランテーション労働者としての過酷な労働に重視してきた現実は、いまや誇らしい過去へと美化されているという (Willford, 2014: 88)。

(2) マージナル化と暴力

インド人プランテーション労働者たちは、立ち退きによってマージナルな立場に追いやられているだけではない。彼(彼女)たちは、マイノリティとして暴力の対象にもなっている。2001年3月にカンプン・メダン (Kampung Medan) というクアラルンプールの近郊において、インド人を対象とする暴力事件が発生した (Nagarajan & Arumugan, 2012)。この事件は、カンプン・メダンにおいて、マレー人の結婚式とインド人の葬儀とが3月4日に執り行われようとしていた際に、当該地域の住民にとっては見慣れないインド人(タミール人)の若者が双方に対して迷惑行為を行い、とりわけマレー人の家族ともめごとを起こしたことが契機となったとされている。

その後、3月8日から10日かけて、マレー人と考えられている多数の人々によって、カンプン・メダンおよびその近隣に居住する多数のインド人が暴行を受け、回復不可能な外傷を負ったり、絶命したりした事件が発生したのである。被害者は合計76人(死者6人、負傷者70人)に及び、そのほとんどがインド人であった (Nagarajan & Arumugan, 2012: 45)。

現在に至るまで、この暴行事件の真相は明らかではない。それというのも、被害者は特定されているものの、加害者は全く逮捕されていないからである[14]。マレー人の警官たちは、インド人が暴行されている現場に居合わせながら、そうした暴力行為を黙認していたという証言もある。このことは、この暴力事件がマレー人によるインド人に対する差別意識に根差していることをうかがわせる。繰り返された襲撃と暴力とが、きっかけとされる事件とは直接関連はなく、以前から別途計画されていたことをうかがわせる情報もある[15]。

さらに、メディアの対応についても、暴行の実態を必ずしも詳らかにする報道は行われず、インド人によって構成されるギャングの抗争ではないかという、憶測に基づく報道が行われたりもした (Nagarajan & Arumugan, 2012: 31)[16]。このことは、インド人は貧しく、その結果の1つとしてギャングに加わる人間が多いというステレオタイプを追認することになっている。

いずれにしても、この事件は「人種暴動」以降ではかなり大規模にエスニックな対立が顕在化したものであり、優遇されてきたマレー人によるエスニッ

クな差別意識が顕在化したものといえよう。この事件によって、インド人たちは、差別を受ける対象として自らがマージナルな社会的位置を占めることを自覚するには充分であったといえよう。こうした社会的状況は、他方ではインド人による異議申し立ての社会運動を喚起することになろう。以下では、運動発生の契機を確認しよう。

(3) 社会運動発生の契機

　すでに言及したように、1990年代にはプランテーション労働者の立ち退きが本格的な社会問題となってきた。プランテーション資本あるいは土地開発業者による立ち退き要求を契機として、それへの異議申し立ても発生してきている。異議申し立てにいたるいくつかのケースを紹介しよう。

　①契　機
　まず、言及したように、立ち退き交渉が合意に達しない場合がある。補償となる住宅が希望に合致しない場合などがそれである。言及したように、その他のプランテーションにおいて、恵まれた条件で住宅が保障された情報が伝えられたりすると、労働者たちの期待水準が高まり、交渉が難航する場合もある。第2に、プランテーション企業が労働者の同意を取り付けることなく、開発業者に土地を売ってしまい、開発業者が労働者に突然立ち退きを迫る場合がある。

　第3に、労働者の利益団体による投機失敗がある。具体的には、NUPWが、GATCO（Great Alioners Trading Corporation Bhd）という土地運営会社を設立して、ネグリ・スンビラン（Negri Sembilan）州から4,700エーカーの土地をリースし、プランテーション労働者の定住化のために土地を貸与したうえで[17]、そうした土地を管理していたものの、この会社が投機に失敗して、労働者の土地が他の業者にわたって回収不能になってしまったケースである (http://www.malaysiakini.com/news/291796　2016年11月22日アクセス)。以下では、最も一般的な第1のケースを調査に基づいて紹介しよう。

②事 例[18]

　ここでは、セメニイ (Semenyih) という地域における事例を紹介しよう。セメニイは、クアラルンプールから南に 35 キロくらいの郊外に位置している。言及したように、こうした郊外の地域はもともとプランテーションが多数設置されていた。マルチメディア・スーパー・コリドー (MSC) に指定されている、新首都のプトラジャ (Putrajaya) とクアラルンプール国際空港 (KLIA) についても、それぞれ 4 つおよび 9 つのプランテーションを再開発して建設されたものである。プレンテーション労働者は、こうした新しく建設された都市や空港において、清掃労働者などとして雇用されているという。

　セメニイについても、プランテーションの大部分は再開発されてしまい、ほとんど残っていない。土地のほとんどが宅地化され、アパートやコンドミニアムが建設されている。ここにあったプランテーションは、スランゴール (Selangor) 州の公社 (Estate Land Berhad) とマレーシアにおける最大のプランテーション運営会社であるサイム・ダービー (Sime Derby) が管理している。立ち退きにあたって、労働者に支給される補償は、月 20 日分の賃金に勤続年数

図Ⅲ-1　立ち退きを拒否する労働者の住居

出所：筆者撮影 (2016 年 8 月)

を掛けた額にすぎない。現在の賃率では、労働者の賃金はヤシの木1本あたり1.40RMと決まっており、1人の労働者は通常1日あたり300本のヤシを扱うという。熱帯にあっても、ヤシの実はいつでも収穫できるわけではなく、実の成熟には時間がかかるため、収穫ができない時期については、労働者はいっさい収入がなくなってしまう。

再開発に伴って、多くの労働者はやむなく移住したものの、わずかな労働者世帯(18世帯)はさらなる補償を求めて立ち退きを拒否して、裁判闘争を行っていた。こうした労働者の要求は、住宅の無償提供と寺院の移転にほかならない (http://www.theedgemarkets.com/en/printpdf/259979 2016年12月27日アクセス)。さらには、立ち退き拒否にあたって、水と電気の供給を継続するように要求している[19]。プランテーション内に設置されている寺院は、多くの場合登記した正式の建設物ではないため、再開発にあたって移転は考慮されないという。

このような労働者の立ち退き拒否運動は、彼(彼女)らの単独の力では継続することができない。それでは、どのような組織が運動を支援しているのであろうか。

5. 運動フレームの拮抗

(1) PSMと階級フレーム

セメニイ地域をはじめとして、立ち退きを拒否してプランテーション内にとどまろうとするインド人労働者とその家族を支援している組織としては、まずはマレーシア社会党 (*Parti Sosialis Malaysia*, PSM) を指摘できよう。PSMは、1998年に結成された。現在でも、党員は10,000人に過ぎず、連邦議会の議員はわずか1人にとどまっている。しかし、マレーシアにおける主要な政治的イシューに対して、PSMはほとんどそのすべてに関与しているアクティブな政党であり[20]、その他のNGOsなどと連携することを通じて、一定の勢力を形成している。

そもそも、PSMは、プランテーション労働者が直面する言及してきた問

題に取り組んできた、いくつかのNGOsが合同して結成された政党にほかならない[21]。その結果、PSMの党員は、その85%がインド人によって占められている。しかし、PSMはインド人エスニシティの利害関心を代表することを意図しているわけではない。すなわち、この政党はマレーシアにおける社会問題を「階級フレーム (class frame)」に依拠して解決しようとしており、基本的にはマレーシアにおいて発展しつつある資本主義がもたらす問題、とりわけ労働問題をエスニシティに媒介されることなく解決していこうと企図している[22]。

　PSMは、プランテーション労働者が直面する問題を解決するにあたって、裁判闘争を主導するとともに、いくつかのNGOsとも連携して問題にとりくんでいる。具体的には、JERIT (*Jaringan Rakyat Tertindas*, the Oppressed People Network) やJSMP (Judicial System Monitoring Program) などのNGOsと連携している。JERITについては、基本的にはPSMの下部組織として存在しており、人的な交流も盛んとなっている。組織の構成員が少ないという限界はありながらも、PSMはプランテーション労働者を組織して支援を行ってきた。

(2) HINDRAFとエスニシティ・フレーム

　プランテーション労働者が直面する問題にとどまらず、言及したような暴力事件にみられる差別とマージナル化を背景にして、とりわけヒンドゥー寺院のとり壊しを契機に台頭した団体が、HINDRAFにほかならない。まさに、Ⅱ章で確認したように、HINDRAFこそが、マレーシアにおいて民族解放運動を担う存在にほかならないのだった (山田, 2015)。

　HINDRAFは、現在のマレーシアにおけるインド人の状況を招いたイギリスによる植民地主義を告発して、イギリス国王に対して訴訟を起こしたうえに、2007年にはクアラルンプールにおける大集会を主催し、それに伴う暴動のきっかけとなった。2007年以降、組織は分裂し、BNと連携するなど、その政策志向には動揺もみられるものの[23]、一貫して宗教を基軸とする、インド人のエスニックな権利の擁護を追求している。そのような意味では、HINDRAFによる民族解放運動は「エスニシティ・フレーム」に基づいて展開

されているわけだ。

　もっとも、Ⅱ章でも確認したように、インド人の立場を改善する活動の一環として、下層インド人労働者の待遇改善や、いわゆるステートレス・ピープル (stateless people) の解消といった活動も営んでいる。ステートレス・ピープルは、マレーシアが政治的に独立を達成する以前にインドからプランテーションに移住し、独立後に市民権を獲得する手続きを行わなかった人々であり、出生を証明する書類などが失われてしまったために、市民権を獲得できず、国家によって提供される基本的なサービスも受けられなくなっている人々を指している (Subramaniam & Thanasagaran, 2016)。

　すなわち、こうした活動には、植民地主義を告発するというよりも、マレーシア国家を対象にして、底辺労働者が置かれている状況を改善する志向性も見出せるといえよう。要するに、HINDRAFはすでに階級的に分化したインド人の底辺層を動員することによって、運動を展開してきたのである (Mahalingam, 2014)。そのような意味では、HINDRAFが展開する運動も、PSMが展開するそれへと収斂する方向性が確認できるかもしれない。

(3) 拮抗するフレーム

　以上の議論をふまえて、インド人労働者が直面する社会問題にとり組んでいる2つの団体の運動のあり方について、そのフレームに依拠しながら比較してみよう。「階級フレーム」に依拠するPSMの運動は、土地所有、住宅、あるいは雇用といったイシューが大きな比重を占めており、ポストコロニアルな社会における植民地主義の批判という文脈は共有していても、しだいに労働運動として展開されようとしている。さらに、社会運動の対象は、問題の原因となった企業や土地開発業者に加えて、マレーシア国家であり、その限りでは運動の方向はナショナルな志向性をもっている。加えて、運動の射程については、1990年代以降の短期的な問題を扱おうとしている。

　それに対して、「エスニシティ・フレーム」に依拠するHINDRAFが担う運動は、宗教、伝統、あるいはアイデンティといったイシューを扱っており、民族解放運動として展開された傾向が確認できる。さらに、社会運動の対象

Ⅲ．インド人による民族解放運動の社会的背景　97

表Ⅲ-1　インド人によるASMs

組織	イシュー	フレーム	対象	方向	射程
PSM	土地所有 住宅 雇用	階級	マレーシア 国家	ナショナル	短期 （グローバル化）
HINDRAF	宗教 伝統 アイデンティティ	エスニシティ	イギリス 政府	グローバル / トランスナ ショナル	長期 （植民地主義）

出所：筆者作成

はとりわけイギリス政府であり、植民地主義の告発・生産しようとするグローバルあるいはトランスナショナルな志向性をもっていたといえよう。加えて、植民地主義を告発するスタンスは、極めて歴史的あるいは長期的な射程をもっていたといえよう（表Ⅲ-1を参照）。

6．まとめ

　本章では、半周辺マレーシアにおいて「周辺性」を担うASMである民族解放運動について検討してきた。マレーシアにおける民族解放運動は、インド人によって担われる運動であり、その主要な運動団体であるHINDRAFは、マレーシアにおいてインド人エスニシティを形成した、イギリスによる植民地主義を告発し、それを清算しようとするポストコロニアルな性格をもっていた。もっとも、このような民族解放運動を引き起こす社会的背景は、半周辺化の帰結の1つであるプランテーション産業の衰退であり、プランテーション労働者が多くを占めるインド人の貧困とマージナル化に求められよう。

　こうした社会問題にとり組む過程で結成されたPSMは、「階級フレーム」に依拠した運動を展開しており、「エスニシティ・フレーム」に依拠しているHINDRAFが担ってきた民族解放運動とは異なっている。もっとも、この2つの団体は等しく下層インド人が直面する問題にとり組んでおり、対立しているわけではない。どちらも、基本的にはインド人による団体にほかならないのである。インド人によるASMsは、マレーシアが「周辺性」を払拭す

るにつれて、民族解放運動から労働運動へとその主軸を転換することになるのであろうか。さらに、半周辺マレーシアにおいて、「階級フレーム」に依拠した ASMs はどれだけの有効性をもつのであろうか。PSM が思想的基礎とする社会主義は、どれほど運動を導くイデオロギーとして有効性をもつのであろうか。こうした問いが、次章以降の問いとして答えられる必要があろう。

注

1　この背景には、ゾーンによって異なる労働のあり方（「労働統制（labor control）」）が存在しており、そのことが例えば「強制労働」が存在してきた周辺ゾーンにおける低賃金の根拠となっている。もっとも、こうした「労働統制」をすべて資本主義的なものとみなすことには異論がある。

2　もちろん、このような世界システムによって付与された位置だけによって、労働運動のあり方が規定されるわけではない。すでに、別稿において検討してきているように、マレーシアにおいては必ずしも労働運動は活性化していない。この点については、Yamada (2014) および山田 (2017) も参照。

3　もっとも、こうした区別は現実には難しい場合もある。なぜなら、中核ゾーンにおけるエスニシティや人種をめぐるイシューは、淵源をたどれば植民地主義に由来することが多いからである。しかし、周辺ゾーンにおいては、より直接的に植民地主義が作り出した社会問題が社会運動を喚起する可能性が大きいとはいえよう。その意味では、周辺ゾーンにおけるエスニシティ関係に起因する運動は、民族解放運動としてとらえることが妥当であろう。

4　1970 年代以降の工業化の試みが極めて大きな国家介入を通じて行われてきたにもかかわらず、ネオリベラリズムの影響を受けて実施されてきたプライバタイゼーションは、国家による関与の縮小を意味し、この傾向に反するようにも見受けられる。しかし、この政策も、NEP と軌を一にする、工業化過程への国家の介入の一環であるといえよう。

5　国際分業の変化を規定するものは、基本的には周辺ゾーンから提供される財の変化である。そうした財は、一貫して低賃金財として把握されるものの、時代とともに具体的な財は変化してきた。すなわち、周辺からの剤は、古典的な分業においては、原料資源、食糧、あるいは商品作物などの加工処理が施されていないものであったのに対して、NIDL においては低賃金労働に基づく単純加工品に変化し、さらに post-NIDL においては高付加価値品へとシフトしてきたわけだ。

6　もっとも、NUPW の評価については、必ずしも肯定的なものばかりではない（Menon & Leggett, 1996; Loh, 2010）。この点については、Ⅴ章も参照。

7　図Ⅰ-1 および図Ⅰ-2 において提示した、農業についてのデータは、必ずしもプランテーション産業に関連するゴムやヤシだけに由来するものではない。そこには、小農による稲作その他の農業や、小規模な土地所有に基づくゴム生産なども含まれている。さらに、半島部においては、プランテーション産業は衰退してはいても、東マレーシア（サバおよびサラワク州）においては、拡大していることにも留意する必要がある。それにもかかわらず、GDP に占める農業比率は低下してきているのである。加えて、2000 年を過ぎるころから、GDP における製造業比率も低下してきていることは、マレーシアにおいてもあらためてサービス経済化が進展してきていることを示してもいる。

8　こうした細分化の進展に対して、マレーシア政府は基本的には歓迎していたといわれる。それというのも、このプロセスを通じて外国資本からマレーシアの農民に土地が移転し、自作農が創出されると考えていたからであった。さらに、NUPW も政府に細分化を抑制する法規制を要求しただけで、それ以外の活動は行わなかった。その結果、プランテーションにおけるインド人労働者は苦境に立たされ続けたのである。

9　こうした傾向は、マレーシアが依然として低賃金労働力に競争優位を依存していることを意味している。このこと自体が、マレーシアの「周辺性」を体現しているといえよう。翻っていえば、プランテーションという産業も植民地主義の産物であり、「周辺性」を体現している。プランテーションにおいて、移民労働者が導入されるということは、衰退傾向にあるこの産業の性格があくまで首尾一貫していることを示している。

10　1980 年の時点では、クアラルンプール市においては 24 万人以上のスクオッター（ここではスラム住民を指す）が居住していたという（Dillon, 1994）。こうしたスクオッターへの移動は、移民労働者の移動に類似している。すなわち、労働者たちは、必ずしも当該のスクオッターに直接に移動してくるわけではなく、その他のプランテーションやスクオッターを経由して移動してくることが多い。さらに、最初の移動は若い男性労働者によって行われ、その他の親族・家族はこの労働者を頼って移動していくことになる。こうして、農村における相互扶助ネットワークが都市に移植されていくとともに、スクオッターは「村 (*kampong*)」となるわけだ。スクオッターにおいては、いわゆるインフォーマルな経済活動が行われる。それには、サービス業だけではなく、農業や工業も含まれる。こうしたスクオッターに対しても、再開発と再定住化が求められている。さらに、NGOs によるこうしたスクオッターにおける相互扶助の強化 (Siwar, 2016) や、イ

ンフォーマルな経済活動をベースにした事業活動の模索なども提言・実行されている (Selvaratnam, 2016)。

11 いわゆるギャングなどに加わる若者のなかでも、インド人の比率は高まっているといわれる。

12 要するに、NEP に象徴される 1970 年代以降の経済政策は、マレー人に対するアファーマティブ・アクションであり、インド人に対する恩恵は乏しかったというわけだ (Gomez, 2016; Marimuthu, 2016; Noor, 2016)。

13 もっとも、こうした特徴はプランテーション内部の労働者の住宅にも共通してみられるものである。立ち退き交渉において、労働者たちは多少なりとも良い条件を求めようとするし、それがかなえられないことによって問題が深刻化する可能性が大きい。

14 被害者の証言から、加害者はマレー人の集団であったと考えられているものの、確定していない。

15 例えば、この地域に居住するインド人が親しいマレー人から町を離れていたほうがよいと忠告された事実があるという (Nagarajan & Arumugam, 2012: 95)。これは、マレー人のなかにはインド人襲撃が事前に伝えられていたことを示唆している。

16 しかし、ギャングが関わっていなかったことはいうまでもない。そもそも、スクォッターとギャングを結びつけることは短絡的であるという (Nagarajan & Arumugan, 2012: 91)。そもそも、スクォッターには対立は存在しないというわけだ。

17 このために、労働者は総額で 7500RM を支払っている。これによって、1 家族あたり 1 エーカーの居住用の土地と 10 エーカーの耕作用の土地が貸与される。

18 以下における PSM および HINDRAF による運動については、筆者が 2013 年から実施してきた実態調査に基づいている。事態は現在も推移しており、ここでの言及は、あくまで暫定的な知見にとどまる。

19 2015 年においても、サイム・ダービーが水の供給を停止したため、移転を拒否している労働者たちは自ら水汲みに出かけなければならなくなってしまった。このことをめぐって、改善を求める訴えがあがっている (https://sg.finance.yahoo.com/news/ge13-solving-woes-ex-estate-041504719.html 2016 年 12 月 27 日アクセス)。

20 例えば、最低賃金の導入、GST (Goods & Service Tax) の導入、あるいは移民労働者の権利擁護などに及び、枚挙にいとまがない。

21 このことは、インド人エスニシティの利害関心を代表する政党としてのマレーシア・インド人会議 (Malaysian Indian Congress, MIC) と NUPW とが、プランテーション労働者の問題に有効に対処していないという背景がある。

22 こうしたフレーミングは、マレーシアにおいては極めてユニークである。従来、

3つの主要なエスニシティによる「社会契約(social contract)」を通じて、社会が編成されてきたマレーシアにあって、エスニシティが社会問題をとらえる基本的な視座、あるいはフレームであったことはいうまでもない。そうした経緯を確認するとき、PSMによる階級関係を問題把握の基礎に設定する試みは、グローバルな資本主義によって生起する問題にとりくむ際には有効かもしれない。それというのも、エスニシティは、利害関心を共有するはずの、同一の階級関係をとり結ぶ人々を差異化する効果をもち、資本主義がもたらす階級的不平等などの問題を隠蔽する効果をもつからである。

23 現在では、構成員はわずか500人に減少し、ほとんどの活動がボランティアによって担われているという。HINDRAFによる運動については、それによる一定の成果を容認しつつも、エスニシティや宗教を強調する運動スタイルには批判的な見解も多い(e.g., Cangià, 2014; Jain, 2016; Kananatu, 2016; Vaithilingam, 2016)。

IV. 半周辺と社会主義
――マレーシア社会党のジレンマ

1. はじめに

　1989年に起こった「ベルリンの壁」の崩壊から始まり、1991年におけるソビエト連邦の解体・終焉に至る事態は、社会主義という思想・運動・体制(regime)に対して破壊的なインパクトを与えたことはいうまでもない。いわゆる現存社会主義(real socialism)に対するネガティブな評価は、これに先立ってすでに確定していたとしても、1990年代初頭における唐突ともいえる、こうした社会主義の自壊現象は、資本主義にとって代わるオルタナティブとしての社会主義への最終的な訣別となった感は否めない。とりわけ、先進社会においては、いわゆる社会主義あるいは共産主義を党是として標榜する政党の多くが、これらの理念を放棄して、異なるオルタナティブを志向するようになったことは、こうした訣別を象徴するものといえよう。これとともに、先進社会において、階級関係に媒介された社会運動のあり方にも反省と新たな模索が開始されたこともいうまでもない。
　グローバル化という過程が、国民社会が保持してきた固有の社会関係を変容させ、画一的で(そのような意味で)普遍的な関係を体現する過程であるとすれば、社会主義の解体は資本主義という社会関係の普遍化を意味するものともいえよう。先進社会から発展途上の社会へと視点を移しても、このことがやはり妥当するように思われる。中国やベトナムに代表されるように、いまなお体制としては社会主義を標榜しながらも、実質的に資本主義へと移行した社会は、その象徴であろう。

しかし、とりわけ発展途上の社会、すなわち世界システムにおける周辺においては、こうした解体とは必ずしも相容れない事態も確認される。いまなお、社会主義を標榜する社会勢力が存続し、運動あるいは抗争が継続している地域も存在することにも留意する必要がある。そもそも、それほど工業化が進展しておらず、そのため革命の主体としての労働者も充分に形成されていない周辺社会において、労働者による階級闘争と社会革命を志向する社会主義の思想と運動が、なぜ隆盛をみたのであろうか。周知のように、ロシアや中国も含めて、体制としての社会主義が成立した社会は、いずれも多分に発展途上にある社会であり、その意味で「周辺性」[1]を体現する社会であった。

本章では、周辺社会において社会主義が一定程度隆盛をみた原因を一般的に確認したうえで、周辺から離脱し、半周辺へと上昇したマレーシアにおける社会主義運動について検討する。マレーシアにおいても、すでに政治的独立に先立って、社会主義を標榜する社会勢力は一定程度存在していた。しかし、本章において、対象とするものは、マレーシア社会党（PSM）にほかならない。PSM は、1998 年に結成された、新しい政党である。なぜ、体制としての社会主義が自壊した 1990 年代になってから、PSM は結成されたのであろうか。その活動は、どのような意義をもっているのであろうか。まず、社会主義が周辺において隆盛をみた背景について、簡単に考察し、マレーシアにおける社会主義勢力の系譜を概観することから作業を始めよう。

2．周辺における社会主義——その背景と意味

20 世紀以降における社会主義の思想と運動に対して、大きな影響力を維持していたのは、マルクス主義であったことはいうまでもない。しかし、マルクスが想定したのは、資本主義発展が進展した先進社会、すなわち世界システムにおける中核ゾーンにおける社会主義の成立であったことは、よく知られている。つまり、あくまで近代資本主義社会に内在する問題を克服し、それをのり超える思想・運動・体制として、社会主義は構想されていたのであった。

もっとも、よく知られているように、中核ゾーンに位置する社会においては、それほど社会主義は隆盛をみることがなかった。資本主義が発展している社会ほど、社会主義は体制として確立されることはなかったといえよう。それに対して、体制としての社会主義が誕生したのは、いずれも「周辺性」を体現する社会であった。20世紀初頭において、すでに帝国主義[2]の一翼を担っているとされたロシアについても、西ヨーロッパ諸国と比べれば、はるかに後発的であり、「周辺性」を体現する社会であったといえよう[3]。

　「周辺性」を体現する社会にあっては、前資本主義的社会関係が広範にとり結ばれるとともに、工業よりも農業が基軸となることが想定される。そこでは、資本主義的な社会関係を担う労働者の存在は相対的に少数であり、その結果、資本主義を変革する主体としての労働者もわずかしか存在しないことになろう。したがって、こうした社会においては、中核ゾーンにおいて構想されていた社会主義の思想と運動は台頭しないように思われる。

　しかし、世界システムが主として中核ゾーンに由来する資本によって主導されるものであるとすれば、そうした資本によって編成される社会関係には、資本主義に特徴的な問題がたち現れることになろう。世界システムは、ゾーン間の商品交換を不等価交換として生起させることによって、中核ゾーンへと社会的な富を集積させるメカニズムを作動させている。不等価交換それ自体については、商品交換にあたってなんら強制や不正を伴わないことが想定されている。あくまで、不等価交換の(1つの)メカニズムは、生産性が等しいにもかかわらず、交換における一方の当事者(商品生産者)の賃金(所得)が他方のそれよりも(極めて)低いことによって[4]、商品が本来体現する価値よりもその価格が低く設定されることに求められる。

　こうした不等価交換のメカニズムが、まさに所与の「周辺性」によって媒介されたものであったとしても、交換を主導する資本は、このメカニズムをより効率的に作動させることに利害関心を見出すであろう。例えば、当該地域を植民地化することなどを通じて、現地の民衆に強制労働を担わせることなどは、そうした利害関心の現れとみなすことができよう[5]。こうした労働のあり方は、しばしばエスニシティの形成に媒介された階級関係を生起させ

る可能性がある。当該社会における特定の民衆を排他的に特定の(低賃金)労働に従事させることが可能であれば、収益は安定的に確保できよう。こうした差別の行使を通じて、その対象となる人々がエスニシティとして形成され、そうしたエスニシティが従属的な階級と交錯するのである。

　こうして、「周辺性」を担う社会においても、資本が引き起こす資本主義的な問題状況がたち現れる。マルクス派の社会科学は、資本によって編成される社会問題を考察の対象としてきた。ここに、周辺においてマルクス派の分析が行われ、オルタナティブとしての社会主義が提示される背景がある[6]。植民地主義あるいは帝国主義が作り出したエスニックな階級関係は、マルクス派による分析に付されるとき、その生成プロセスとともに解放の方向が明示される。こうして、周辺においても、その実情に即したかたちで社会主義に向けた模索が開始されることになるのである。

　エスニックな階級関係に基づいて生起する対抗運動は、いうまでもなく民族解放運動にほかならない。典型的には、植民地主義からの解放として追求される民族解放運動は、マルクス派による分析に媒介されて、しばしば社会主義を志向してきたといえよう。エスニックな階級を生み出す資本主義は、その克服のためには、社会主義にとって代わられる必要があるというわけだ。換言すれば、「周辺性」を担う社会においては、社会主義の思想は民族解放運動を主導するイデオロギーとして機能するのである。

　もちろん、周辺社会においても、一定程度工業化が進展し、労働者階級が形成される事態が想定されよう。この際には、社会主義の思想と運動は、より状況に適合するものとなろう。それというのも、あくまで社会主義を担う主体は労働者であったからである。このように考察を進めてくると、「周辺性」を担うだけでなく、労働者階級が形成されるに及んで、社会主義はより妥当なイデオロギーとして提唱される機会が生じよう。そのような意味では、まさに半周辺ゾーンにおいてこそ、社会主義は影響力をもつ可能性もあろう。

　以上、われわれは「周辺性」を担う社会、すなわち周辺(および半周辺)における社会において、社会主義が隆盛をみてきた背景と意味について考察してきた。主として中核ゾーンに由来する資本によって行使される利潤追求の結

果、エスニックな階級関係が編成され、差別的な低賃金労働が営まれる。このことが、民族解放運動を生起し、それが社会主義思想によって裏書きされるのであった。さらに、中核ゾーンにおける社会を対象としてきた社会主義が周辺および半周辺に適用されていくプロセスは、マルクス派社会科学の科学的営みという意味もあったのである。それでは、マレーシアにおいては、どのように社会主義の思想と運動が展開してきたのであろうか。次に、このプロセスを概観してみよう。

3．マレーシアにおける社会主義の展開

　マレーシアにおいても、植民地主義への対抗の一環として、社会主義（あるいは共産主義）の思想と運動が営まれてきた。その嚆矢は、マラヤ共産党（Malaya Communist Party, MCP）の結成と活動であった。MCPは、1930年代にコミンテルンの影響を受けて結成された。当初、その活動の中心的主体は、中国革命の影響を受けた華人たちであったものの、やはりインド独立運動の影響を受けたインド人の参加者も多かった。

　MCPの活動は、第2次世界大戦中にマレー半島を占領し支配していた日本に対する抵抗軍を組織することに向けられた。1942年に組織された反日人民軍（anti-Japanese People Army）がそれである。さらに、MCPは、汎マラヤ職業連合（Pan Malayan Federation of Trade）を結成し、それをもとに1945年には全マラヤ共同行動会議（All Malayan Council of Joint Action, AMCJA）を結成する。これには、マラヤ・インド人会議（Malaya Indian Congress, MIC）も参加している。全マラヤ共同行動会議は、マラヤの政治的独立に向けた組織にほかならなかった。

　マレーシアにおける社会主義のもう1つの系譜は、1942年に結成されたマラヤ・マレー民族党（Malay National Party of Malaya）である。この政党と全マラヤ共同行動会議とが合同することによって、「人民の力センター（プトラ）（Pusat Tenaga Rakyat, Center of Peoples' Power, Putera）」が組織される[7]。しかし、1948年にインドネシアとの紛争を背景として、国内の治安を保持しようとする植

民地政府によって、MCPをはじめとする左翼的な政党と労働組合はすべて活動を禁止される(非常事態宣言)。さらには、5000人以上の活動家が逮捕され、裁判もなく投獄されてしまった[8]。

1955年になって、逮捕者を保釈する話し合いが行われ、MCPはそれまで展開してきた武装闘争を放棄することを要請された(最終的には、1989年になってMCPは武装闘争を放棄し、解党した)。さらに、プトラは労働党とマラヤ人民党(*Parti Rakyat Malaya*, PRM)とに分裂し、それぞれ活動を継続することになった。しかし、2つの政党は、ともに労働者あるいは労働組合への影響が乏しかった。1957年には、社会主義前線(Socialist Front)として、2つの政党は再び連携するようになった。

しかし、1965年になってふたたび、国内治安法(ISA)によって数百人の活動家が逮捕され、その結果社会主義前線は分裂した。その後、1969年には労働党は登録を解消され、PRMはマレーシア社会主義人民党(*Parti Sosialis Rakyat Malaysia*, PSRM)へと名称を変更し、社会主義を党名に掲げるにいたった。もっとも、PSRMは、必ずしも労働者や労働組合への影響力を行使しえなかった。1990年になって、世界的な規模における体制としての社会主義の崩壊を受けて、PSRMは党名と綱領(constitution)から社会主義の文言を削除してしまった。本章で検討するPSMが登場するのは、こうした状況を背景にしていた。

4. マレーシア社会党の結成とその活動[9]

(1) 結 成

PSMは、1998年に結成された。PSMの母体となったのは、都市の貧困やプランテーション労働者の問題[10]を扱っていたNGOsであった。1991年以降、これらのNGOsは同盟を結成するようになった。1994年のメーデーに際して、これらのNGOsはクアラルンプールの中心部で大規模なデモンストレーションを挙行し、その成功をふまえて、1995年には貧しい人々とマージナルな民衆の利益を代表する政党を結成することが決定した。この年に総選挙が行われたことは、その決定を促したという(PSM, 2007)。

結果的に、4つのNGOsが合同することによって、PSMが組織されることになった。しかし、それにしても、新たに結成される政党はなぜ社会主義を標榜する必要があったのであろうか。PSMが社会主義を標榜することを選択した原因は、すでに確認したPSRMがその名称と綱領とから社会主義への言及を削除したことに求められる。体制としての社会主義が崩壊した後になっても、社会主義を党名に採用することに拘ることには、母体となったNGOs内部においても強い反対があった。要するに、それはアナクロニズムであり、21世紀を迎えようという新しい時代にはふさわしくないというわけだ。

最終的に、社会主義が党名に採用された理由は、PSRMにとって代わり、階級という関係を利害対立の基軸とする政治を志向することを表明しようとする意図があったからにほかならない。党の綱領は、2年半に及ぶ時間をかけて起草された。こうして、1998年になってPSMは登録が試みられたのである。マレーシアにおいて、PSMが志向するような、階級に基づく政治は、既存の政治に対するオルタナティブにほかならない。それというのも、独立以前から主要なエスニシティによる利害関心のバーゲニングとして、政治が営まれてきたからである。

周知のように、マレーシアにおける主要な政党は、近年にいたるまでエスニシティを基礎にして結成されている。最大政党であり、一貫して政権を担当してきた統一マレー人民族組織（UMNO）は、マレー人の政党であった。これを中心として組織される国民戦線（BN）も、基本的にエスニシティに基づいて組織された政党連合であり、エスニックな利害調整を行う機能を担ってきた[11]。

しかし、マレーシアも資本主義社会である以上、資本と賃労働との対立的な関係に由来する様々な社会問題が生起することはいうまでもない。エスニシティについては、それが特定の職業を排他的に担う場合には、まさにエスニックな階級問題が顕在化しやすい。しかし、1つのエスニシティに階級関係が交錯する場合には、階級関係に起因する社会問題、すなわちまさに資本主義的な問題は、エスニシティ関係の優越によって隠蔽される可能性がある。

PSMは、このような資本主義というシステムに起因する社会問題を政治的課題として位置づけ、その解決を目指すことを意図しているのである[12]。

(2) 登　録

マレーシアにおいては、すべての団体は、登録庁 (Registrar of Societies) に登録しなければ活動できないことが法的に定められている。政党として結成されたPSMは、当然政党として登録されなければ、政党としての活動ができない。結成後に登録を試みたものの、PSMの申請は拒絶されてしまった。その理由は、明示されなかった。マレーシアにおいては、政党の登録は極めて難しく、1984年以降、この時点までに、登録できた政党はわずか2つにとどまっていた (PSM, 2007)。

このように、政党に限らず、団体登録が理由もなく却下されることは、憲法に規定された「結社の自由」を侵害している可能性がある。このことは、マレーシア国家の権威主義的な性格を示すとともに、この社会の「周辺性」をも顕示しているといえよう。PSMは、この決定に抗議して、1999年に内務省 (Ministry of Home) に対して訴訟を起こした。内務省に対する訴訟は、マレーシアの建国以来、初めてのことであったという (PSM, 2007)。

最初の申請が却下されたあとも、1999年に再度申請を行ったものの、やはり棄却された。理由が明示されることもなく、このように登録が拒否されることに対して、議会でも問題になり、民主行動党 (DAP) の議員が内務省の姿勢を問いただした。その結果、内務省が登録を却下した理由は、国内の安全保障 (national security) であったことが明らかにされた。さらに、内務省に対する訴訟に対して、2003年に出された高等裁判所 (High Court)[13]の判決は、やはり登録を認めないというものだった。これを受けて、PSMはただちに (2003年7月) 控訴裁判所に控訴した。しかし、控訴裁判所の判決も2006年に控訴を棄却するものであった。これを受けて、PSMは連邦裁判所に上告した。2007年になって、連邦裁判所によるヒアリングが行われ、2008年8月になって最初の申請から10年を経過して、ついにPSMは政党として登録された[14]。

(3) 活 動

　それでは、PSMはその登録の前後において、どのような活動を行ってきたのであろうか。概観してきたように、結成から10年間にわたって登録が認可されなかったうえに、過去2回（2008年と2013年）における総選挙において、連邦議会において獲得した議席もわずか1名であるということから明らかなように、PSMは、政党として政治的影響力を行使してきたというよりも、その母体となったNGOsと同様に、むしろ市民社会における運動団体としての活動を積極的に行ってきたといえよう。

　そもそも、政党としての登録を認めようとしなかったマレーシア国家に対して、裁判を通じて近代的な市民の権利（結社の自由）が認められていないことを社会的に周知することを通じて、PSMは資本主義社会の社会問題をとり上げることに先立って、民主主義的な市民社会の確立を進める運動を担っていたともいえよう（e.g., Devaraji, 2015）。PSMが行ってきたのは、社会主義の拡大に向けた日常的な運動[15]に加えて、主として以下のような運動である。

①インド人プランテーション労働者とスクオッターの権利保護
②オラン・アスリの権利保護
③最低賃金の設定に向けた運動
④移民労働者の権利拡大に向けた運動
⑤TPPAへの反対運動
⑥GST設定への反対運動

　このうち、①は、マレーシアにおける工業化の進展とエステートとよばれるプランテーションの縮小、およびその土地の住宅などへの再利用（再開発）に伴って発生した問題へのとり組みである。プランテーションで働いていたインド人労働者の立ち退きなどをめぐって発生した問題であり、現在でも継続している。これについてはすでにⅢ章において検討したので（e.g., 山田, 2017）、ここではとり上げない。

　②は、オラン・アスリ（*Orang Asli*）とよばれるマレー半島の原住民の権利擁護の運動である。オラン・アスリは、ヨーロッパからの植民地化やマレー人の定住に先立って、マレー半島に定住していた人々である（現在、14万人

ほどが生活している)。彼らは、マレー人スルタンによる領邦国家や植民地政府による統治機構とはかかわりなく、しばしば熱帯雨林地帯で狩猟・採集を基本とする自給自足的な生活を営んできた。当然のことながら、彼らの土地は、特にその所有が登記されたものではなく、慣行として利用されてきたものである。しかし、とりわけ政治的な独立以降、開発が進められるとともに、彼らの土地は所有者がいないものとして、公的あるいは私的に収得されてしまった。

その結果、オラン・アスリはしばしば生活の基盤を失い、他地域（多くの場合）は都市への移住とそれに伴う「転職」を余儀なくされた。森林のなかで、生活してきたオラン・アスリは都市に移住して就職しても、必要な技能をもたないため、安定した所得が得られる職に就くことは難しい。さらに、移住にあたっても、開発を担う企業からの補償[16]が供与されない場合もあった。加えて、政府がプランテーション事業を実施する場合にも、当初約束された雇用の確保と配当金の支給は実施されなかった。すなわち、雇用されたのは移民労働者であり、配当金の額は1世帯につき1月あたりわずかRM100に過ぎなかったのである（プランテーションの規模は300ヘクタールに該当する）。PSMは、こうした状況を受けて、NGOsとも連携しながら、オラン・アスリたちによるプランテーションの協同組合的な経営を目指してきた。

③については、Ⅴ章においても検討する (e.g., Yamada, 2014)。マレーシアには、独立以来明示的な最低賃金制度が存在しなかった。ようやく、2013年になって、政府主導で制度がつくられた。PSMは、マレーシア労働組合会議 (Malaysian Trade Union Congress, MTUC) やNGOsと連携しながら、制度形成と具体的な金額を要求してきた[17]。④については、労働運動に関連した最も大きな問題の1つである。これについても、Ⅵ章において検討するように (e.g., Yamada, 2015)、マレーシアにおいては、移民過程のすべてにおいて制度的な欠陥があり、移民労働者の権利が侵害される可能性がある。

そうした問題の1つは、移民労働者は自ら雇主を選ぶことができないうえに[18]、労使関係に関わるトラブルについても雇主に契約を解除されると帰国せざるをえなくなるため、労働者は雇主に対抗することができないことであ

る。労働問題が発生した場合にも救済されない現状を変えるために、やはりいくつかの NGOs と連携して、PSM は「賠償の権利 (right to redress)」を要求してきた。

⑤と⑥については、日本においても同様の問題を経験してきた。⑤は、環太平洋パートナーシップ協定の締結に反対する運動である。アメリカ合州国を含めた環太平洋の国々において、貿易を自由化しようとするこの試みにおいては、競争力が弱い産業の従事者が外国製品との競争に敗れて、その事業継続が困難になる可能性がある。PSM も、こうした点から TPPA 締結には反対してきた。⑥は、消費税の導入への反対運動である。GST は、財・サービス税 (Goods and Services Tax) であり、2015 年から導入された (税率は 6% で、極めて広範な財およびサービスに対して課税される)。こうした GST は逆進性があるため、低所得の人々の負担をいっそう高めることになる。あくまで、一般の民衆に寄り添う PSM は、当然のことながら GST をネオリベラリズムの一環として位置づけ、これに反対してきた (PSM, 2006: 27-28)。

④から⑥の運動は、まさしく特定のエスニシティに限定される問題ではなく、様々なエスニック・グループにあまねく影響を与える問題をとり上げている。換言すれば、これらは、エスニシティを横断する階級的な問題ともいえよう。PSM は、こうした階級的な問題に対処する運動団体として、2001 年にいわば専門的な「別動隊」を組織した。JERIT が、それである (PSM, 2006: 22-26)。

JERIT (*Jeringan Rakyat Tertindas*) は、「抑圧された人民ネットワーク (Oppressed Peoples Network)」を意味し、様々な NGOs と連携しながら、主として労働者・人民に関連した 8 つの問題について検討し、その解決のために運動にしていくことが意図されていた。すなわち、プランテーション労働者、農民、工場労働者、都市住民および住宅、学生および若者、環境・開発、および先住民がそれである。それぞれについて、連合 (coalition) を組織し、それを統括するかたちで、「人民会議 (People's Forum)」と「最高政策立案者 (Highest Policy Makers)」が設置されている。さらに、これらを調整する (coordinate) ものとして、事務局 (secretariat) が置かれている。

JERITの運動は、設置されている8つの連合によって行われることになる。これらは、まさにPSMが重点的な活動対象として位置づけてきた問題群といえよう。一見して明らかなように、これらの運動は直接的に社会主義の実現に結びついたものではなく、社会的に不利益を被っている人々をあまねく対象にして、彼らを支援することを通じて、PSMへの支持も拡大していくことが意図されているように思われる。

換言すれば、資本主義のもとで発生する社会的不正義を是正することが、PSMの活動として把握できよう。資本主義がもたらす不利益に抗うことができない人々を支援し、必要に応じて制度の是正も要求していくことは、社会主義というよりも民主主義の徹底を目指しているようにもみえる[19]。そもそも、結党以来、20年ほどにおよぶ党の歴史においても、その半分の年月が登録を要求する運動であったことからも、PSMがマレーシア社会の実質的な民主化を志向していることは疑いえない。それでは、このようなPSMの活動に基づいて検討するならば、マレーシアにおいて社会主義を志向する意味はどのようにとらえられるのであろうか。最後に、この点を検討しよう。

5．半周辺マレーシアにおける社会主義——2つのジレンマ

マレーシアが半周辺化したからといっても、まさに半周辺の特性を考慮すれば、その「周辺性」が払拭されるわけではない。そのような意味では、述べてきたように、周辺社会において社会主義の思想と運動が生起する背景は、マレーシアにおいても存在しえよう。そもそも、PSMの結成にいたる過程で、プランテーション労働者の支援活動がその端緒となっていることも象徴的である。

それというのも、プランテーション労働者は、植民地主義のもとで、インドから連れてこられたインド人（タミール人）であり、まさに現在も継続するプランテーション問題は、植民地主義の産物にほかならないからである。そのような意味では、PSMの原点はエスニックな階級関係に媒介された不平等を是正する運動であり、それは民族解放運動としての性格をもつもの

あったといえよう[20]。その後の活動においても、オラン・アスリへの支援活動にみられるように、特定のエスニシティに対する不正義を是正しようとする傾向が顕著であったことからも、このことは窺える。

しかし、民族解放運動がエスニックな階級関係への異議申し立てであるように、PSMの運動が階級を重視していることはいうまでもない。すでに言及したように、マレーシアにおいては、利害関心を規定する関係として階級よりもエスニシティが優越してきた。政治に関連して、そうした傾向に変化が確認された時期は、まさに1990年代であり、PSMの結党と軌を一にしていたといえよう。

社会主義の思想と運動においては、労働者階級が重要な主体として位置づけられていた。それでは、PSMは労働者階級の利害関心を体現し、彼らの支持を獲得しているのであろうか。JERITを構成する連合においても、工場労働者のそれが含まれていたし、これまでの活動においても、労働者の生活に影響を与える、最低賃金の制定、あるいはTPPAやGSTへの反対運動も担ってきた。しかし、PSMは、必ずしも工場労働者からの支持を広範に獲得しているわけではない。

ここには、マレーシア社会の「周辺性」が再び影響を与えている。マレーシアにおいては、国家によって依然として専制的な労使関係が維持されており、例えば労働組合と政党とが連携することは制度的に困難である。そのことを一因として、PSMが強い影響力を行使している組合は、ほとんど存在しない[21]。結果的に、PSMが組織しているのは、組合に組織されていないマージナルな労働者に限定される。この点においても、PSMの運動が制度化された労使関係の外部で活動し、未組織の労働者(移民労働者や契約労働者など)を支援するNGOsに類似していることが示唆されよう。要するに、「周辺性」が存在するために、社会主義の主体であるはずの労働者に勢力を拡大できないというわけだ。

もっとも、工業化が進展した半周辺マレーシアにおいては、製造業が充分に集積し、そこで働く労働者も増加した。この状況だけをとらえるならば、PSMは潜在的な支持者を多数保持していることになる。しかし、ここ

には「中核性」が桎梏として現れるかもしれない。いわゆる「圧縮された発展 (compressed development)」が現れる後発社会においては、急速に先発の社会がたどったプロセスが進展する。

マレーシアにおいても、この点は同様である。産業や階級のあり方についても、この点は顕在化しつつある。すなわち、2000年代になると、早くも産業構成において、雇用者数やGDPに占める産出額において、製造業が占める比率は低下しつつある。それに代わって、増加しているのはサービス産業である。2016年度の推計においては、産業別の就業人口について、第3次産業が54%を占めているのに対して、第2次産業は37.8%を占めているにすぎない（ちなみに、第1次産業はわずか8.2%に減少している）(http://www.mlit.go.jp/kokudokeikaku/international/spw/general/malaysia/index.html 2017年11月18日アクセス)。こうしたサービス経済化のもとでは、一般に労働者の組織化は困難になる可能性がある[22]。

さらに、「中核性」の現れとしては、工業化の進展によって、一定程度賃金も上昇し、市場規模も拡大すると、「ゆたかさ (affluence)」も生まれてくる。これと軌を一にして、階級の構成も変化し、労働者階級に代わって新中間階級が増加することになる。「ゆたかな新中間階級」は、一般的には社会主義に共感する主体とはならないであろう。その結果、PSMの潜在的な支持者としては、移民労働者や契約労働者などのマージナルな労働者に限定されることになる。こうした事態は、まさに中核ゾーンにおいて一般的に進展したものにほかならない。

しかし、「中核性」は、PSMにとって必ずしも桎梏として現れるだけではないかもしれない。中核ゾーンにおいては、グローバル化の進展に伴って、ネオリベラリズムに基づく政策があまねく実行される傾向がある。これに伴って発生する社会問題が、多様な社会運動を惹起してきたことも周知の事実であろう。「中核性」をも担う半周辺マレーシアにおいても、ネオリベラリズムの影響が顕在化しつつある[23]。例えば、日本などではすっかり社会的に定着した感がある非正規雇用についても、契約労働者 (contract worker) として導入が認められ、その量も増加している。このことを1つの背景として、

大学卒業生についても、正規に雇用される割合が低下しつつある[24]。

例えば、2006年の時点で、7万6千人の大学生が学歴に見合う職に就くことができていなかった。さらに、このうちの3万6千人は非正規雇用に従事することになっていた（*New Strait Times* on July 12, 2006）。加えて、世界銀行（2014）のデータでは、マレーシアにおいては、15歳から24歳までの若者が失業者の60%を占めているという。このような状況を考えれば、JERITが学生・若者による連合を加えていることは、充分に意義があることといえよう。

このように、半周辺マレーシアにおいて社会主義の思想と運動とを担うPSMは、半周辺に付随する「周辺性」と「中核性」に規定された運動を展開しつつあるといえよう。結党以降、政党としての登録を勝ち取る運動も含めて、PSMがインド人プランテーション労働者の利害関心を実現する運動、すなわち民族解放運動を行ってきたことは、「周辺性」に規定されていたといえよう。オラン・アスリへの支援なども、資本主義発展に伴って発生する生存維持経済の解体という文脈に即していえば、「周辺性」が存在することに由来する（あるいは、「周辺性」が解体されることに伴って発生する）運動と位置づけられよう。

他方で、工場労働者を主体として位置づける運動は、やはり「周辺性」に規定された専制的労使関係を維持する制度によって制約されている。そのため、工場労働者という社会主義にとって最も組織されるべき主体に対して、支持を拡大することができていない。このように、「周辺性」についていえば、PSMにとっての運動の基礎を提供する一方で、運動の桎梏ともなっているというジレンマを形成している。

それでは、半周辺マレーシアが担う「中核性」は、PSMの運動にどのような影響を与えようか。まず、工場労働者への支持拡大については、「中核性」が桎梏となる可能性もある。それは、サービス経済化、および「ゆたかな労働者」の登場と新中間階級の増加という社会の変容を背景にして想定されるのであった。しかし、グローバル化の進展は、同様に「中核性」の現れとして、非正規労働者の容認、若者や学生の雇用状況の悪化、さらには低賃金労働者としての移民労働者の導入など、新たな運動課題と支持拡大の基礎を提供す

表IV-1. マレーシア社会党のジレンマ

特性 運動への影響	「周辺性」	「中核性」
促進	エスニックな階級関係に基づく不平等の是正	グローバル化を背景とする社会的排除への抵抗
制約	専制的労使関係による労働運動への制約	サービス経済化と「ゆたかさ」による労働運動の停滞

る可能性もある。そのような意味では、やはり「中核性」は PSM にとってのジレンマを形成していよう。このように、半周辺マレーシアにおいては、マレーシアの位置特性に即して、PSM は 2 つのジレンマに直面しているといえよう（**表IV-1** 参照）。

6．まとめ

　本章では、マレーシア社会党が担う運動について、その意味とジレンマについて検討してきた。まず、およそ社会主義の思想と運動が発展し定着する条件に乏しい発展途上の社会において、むしろ社会主義が隆盛をみせた背景について、資本主義の拡大とエスニックな階級関係の形成、さらにそれに基づく民族解放運動が、マルクス派社会科学の科学的展開に媒介されることによって、社会主義の思想と運動に親和的になりえたことを確認した。

　それを受けて、マレーシアにおける社会主義の展開について概観したうえで、PSM の結成と運動とが、エスニシティにとって代わる階級関係を基軸とする政治の形成と軌を一にしたものであることを確認した。主要なエスニック・グループの「契約」をめぐって展開されてきた、マレーシアにおける政治に、階級という対立軸を明示的にもち込んだことが、PSM の大きな貢献であったといえよう。

　しかし、PSM は、半周辺マレーシアが担う「周辺性」と「中核性」という 2 つの特性のそれぞれについて、運動の拡大をめぐるジレンマに直面している

のであった。あくまでマルチエスニックをうたい、階級を問題分析の軸に設定するPSMも、現状においては、主としてインド人エスニシティによる民族解放運動によって、その存在意義を確保しているに過ぎない。マレーシアにおいて階級関係を媒介にして発生する問題に、PSMがどれほど関与できるかによって、その意義を拡大していくことが可能であるかどうかも展望できよう。この論点は、次章以降において労働運動における階級対立の実情を検討することから開始される必要がある。

注

1 「周辺性」と後に言及する「中核性」とは、それぞれ周辺と中核という世界システムのゾーンに種差的な特徴をあらわしている。この点については、序章において確認した。周辺ゾーンの特徴としては、農業などの伝統的な産業の優越、それを背景とする前資本主義的な社会関係の存在、そのことに由来する低賃金、権威主義政治、および伝統主義的意識などが指摘できよう。これらが、「周辺性」にほかならない。それに対して、中核ゾーンの特徴としては、工業化の進展とその後のサービス経済化、高賃金の実現、「ゆたかな社会」の実現、民主的意思決定の定着、および物質主義とその後の意識の多様化などを指摘できよう。これらが、「中核性」となろう。半周辺ゾーンにおいては、この双方の特徴が確認できることが特徴となるのである。

2 　帝国主義については、様々な把握の仕方が試みられてきた。その1つとして、レーニン(1907)は、帝国主義を「資本主義の最高の段階」として把握している。ロシアが帝国主義を体現していたとすれば、このことは、すでにロシアも「資本主義の最高の段階」に到達した社会であったことを意味する。

3 　帝国主義の概念的把握をめぐっては、より先進の資本主義社会に比べて、後発的な社会の方が、遊休資本を集約することを通じて独占を形成しやすく、より「典型的な」帝国主義国として台頭するという議論がある(宇野, 1934)。しかし、そこにおいても「典型国」として位置づけられているのはドイツであり、独占の形成、銀行資本とのその結合、あるいは市場確保のための植民地獲得政策など、通常帝国主義のメルクマールとして指摘される項目のどれをとっても、ロシアが優越しているとはいえない。むしろ、この時期の日本と同様に、ロシアは、帝政の継続や、貴族などによる前資本主義的な農民支配など、「周辺性」を特徴づける性格が顕著だったといえよう。ウォーラスティン(1979)も、現存社会主義であったソビエト連邦を資本主義のシステムである世界システムのなかに位

置づけるにあたって、それを半周辺として把握している。半周辺は、まさに中核ゾーンと周辺ゾーンとの中間に位置し、両者の性格、すなわち「中核性」と「周辺性」とをともにあわせもつゾーンとして概念化される。

4 　この事象については、いくつかの説明が行われている。すなわち、1 つは、労働者が生産手段との紐帯を維持しており、そのことを通じて生活に必要な所得を獲得できることによって、労働力の再生産費が補填されること（つまり、十全な額の賃金が支払われなくてもよいこと）、もう 1 つは、市場における商品交換（売買）が広範には行われておらず、そのため購入に必要な資金（賃金）を保持する必要性が低いことが、周辺における低賃金の根拠として想定されている。

5 　世界システムの形成期において、ラテンアメリカにおいて行われた「労働管理」は、大土地所有者による強制労働にほかならなかった。

6 　こうしたマルクス派の試みは、極めて科学的であり、ラカトシュ（1970）が提示する「科学的研究プログラム（scientific research program）」に則したものといえよう。それというのも、中核ゾーン（近代市民社会）とは異なる、周辺という対象を分析するにあたって、「堅固な中核（hard core）」を維持しながら、新たな問題群を解明する手続きが取られているからである。要するに、世界システムが 19 世紀後半以降、字義通り世界大に拡大するとともに、マルクス派の社会科学もその対象を世界大に拡大させてきたというわけだ。帝国主義を把握する試みや、日本などの後発国で展開された論争（日本資本主義論争）も、こうした対象拡大の一環であったといえよう（Hoston, 1986）。

7 　人民の力センターは、1947 年には AMCJA と連携して、マラヤ連邦としての独立案に対抗した人民憲法（peoples' constitution）を起草した（Stenson, 1980: 121）。マラヤ連邦という構想は、当初イギリス政府が提示したマラヤ連合という独立案が主要なエスニック・グループに対して等しく市民権を認めるものだったことにマレー人が反発したために、新たに提示された独立案である。そこでは、マレー人の政治的特権が容認されていた。いうまでもなく、マラヤ連邦案が独立マレーシアの素案となったし、マレー人の特権を主張するために組織された政党が UMNO であった。

8 　こうした社会運動への弾圧事件は、その後も繰り返されてきている。1987 年には、「ララン作戦（除草作戦）（Weeding Operation, *Operasi Lalang*）」という大規模な弾圧が行われ、106 名の活動家が裁判に付されることもなく投獄された。この事件を契機として、1989 年にマレーシア人民の声（Voices of Malaysian People, *Suara Rakyat Malaysia*, SUARAM）という人権問題を扱う NGO が組織され、現在にいたるまで活発に活動している。

9 　ここでの記述は、2013 年から行ってきた現地調査の一環として行った PSM へ

の聞き取りと、PSM が作成したパンフレットなどの入手資料に依拠している。

10　この問題については、Ⅲ章および山田（2017）を参照。

11　もっとも、2013 年の総選挙においては、BN の獲得票数が大きく減ったことに伴って、BN を構成する政党は著しく議席を減らしてしまい、BN は実質的に UMNO を「一強」とする連合となってしまった。

12　PSM の結成が、結果的に 1998 年であったことは象徴的である。それというのも、この年には、アンワル・イブラヒム副首相（当時）の解任と彼に対する（暴力的な）取り調べに端を発した、BN への批判運動（「改革（*reformasi*）」）が市民も参加するかたちで盛り上がり、1999 年の総選挙では、この運動を背景に野党勢力がオルタナティブ戦線（*Barisan Alternatif*, Alternative Front, BA）を組織し、本格的な共闘を行ったからである。この出来事は、マレーシアにおいて、はじめてエスニシティ横断的な野党連合が組織され、そのような意味で、エスニシティにとって代わる階級的イシューが争点になったとされているからである（Weiss, 2006）。

13　マレーシアの裁判は、三審制をとっている。すなわち、下級審から順に、高等裁判所、控訴裁判所（Appeal Court）、および連邦裁判所（Federal Court）の 3 つが設置されている。連邦裁判所が、最終審である。

14　事務局長へのインタビューによれば、登録が認められた背景には、この年に行われた総選挙において BN が大敗したことがあるという。選挙における敗北をふまえて、政府が権威主義的な政策を緩和したのではないかというわけだ。

15　PSM は、ほぼ年 1 回『社会主義的視点（*Socialist Perspectives*）』というパンフレットを発行している。それには、とり組んでいる運動、政府の政策、あるいは国際情勢などに関する紹介・論評が掲載されている。パンフレットは、主として英語で執筆された記事が掲載されているものの、一部はマレー語で執筆されている。

16　ここで、PSM が支援しているのは、ペラ州とクランタン州との境界地域に位置するスンガイ・シプ（Sungai Siput）で生活するオラン・アスリである。PSM は、この地域の選挙区に注目し、60 のオラン・アスリの村に深く関わりをもち、個別訪問を通じて彼らの支持を獲得しようとしてきた。彼らは、早くも 1960 年代からダム建設によって立ち退きを要請されたうえに、伐採業者によって森林の伐採が進み、森林に依存する生活が困難になってきた。狩猟の対象となっていた鹿やイノシシが減少し、川の水質汚濁によって魚も捕れなくなってしまった。政府は、こうした伐採業者に、その収益をオラン・アスリに対する充分な生活保障（福祉や教育など）に充当するように要請したものの、これが行われることはなかった。オラン・アスリの村長は、オラン・アスリの問題を扱う役所から手当てを貰っており、役所の指導で野党と関わることを非難されていた。そのため、組織化を進めることには困難が伴ったという（PSM, 2007: 61-63）。

17 結果的に制定された最低賃金額は、半島部で RM900、東マレーシア（サバ州およびサラワク州）で RM800 であった。この金額は、2016 年には半島部で RM1000、東マレーシアで RM920 に引き上げられた。ちなみに、2017 年 11 月における円との交換レートは、RM1 ≒ 27 円である。

18 マレーシアにおける現行のリクルートのあり方においては、雇主に労働者を斡旋するエージェントによって、一方的に雇主は決められてしまう。

19 この点は、PSM の理論家によっても主張されている（Devaraj, 2015）。

20 この原点は、現在にいたるまで PSM の党員構成に反映されている。1 万人とされている党員の多くは、インド人ではないかと思われる。インタビュー調査にあたって、PSM の本部あるいは支部を訪問した際にも、インド人以外の役員を見かけたことがない。もちろん、社会主義政党として PSM は、階級という関係を基礎に社会問題を分析しようとしているものの、結果的にはインド人の政党になっているように思われる。

21 もっとも、PSM の事務局長へのインタビューによれば、PSM は看護師組合には一定の影響力を保持しているという。

22 それというのも、サービス産業はその内実が著しく多様であり、その結果労働条件も多様となるうえに職場も分散的になるために、同一の産業で雇用されていても労働者に共通の利害関心が生まれにくいからである。

23 ネオリベラリズム的政策としては、様々なものがあげられる。基本的には、様々な規制の緩和と市場原理の拡大が、それに該当しよう。I 章以降でたびたび言及しているように、マレーシアにおいては、このなかでも公共事業や公企業のプライバタイゼーションについては、早くも 1980 年代に開始されている。プライバタイゼーションに伴う「利権（rent）」獲得が、政治的イシューになったと指摘されている（Gomez & Jomo, 1997）。

24 もう 1 つの背景としては、半周辺マレーシアにおいては、大学において専門教育を受けた卒業生が就労する専門的な職が乏しいことも指摘できる。

第2部
労働運動

V. なぜそんなに弱いのか
――労働運動を規定するもの

1. はじめに

　階級関係とのかかわりをもって展開する ASMs のなかでも、とりわけ階級関係を直接的な基礎とするものは、やはり労働運動であろう。労働者による組織的な力の源泉の１つがその「連携力 (associational power)」(Wright, 2000; Silver, 2003) にあるとすれば、多数の労働者が協同して作業を行い、利害関心を共有しやすい場である製造業において、労働運動が組織され、その運動の中心を担ってきたことは容易に首肯されよう。現在では、グローバル資本による生産の配置転換 (relocation) の結果として、先進社会から製造業の移転が開始され、グローバル化の進展とともにそれがいっそう加速されることによって、発展途上社会の一部に製造業の集積が進展している。その結果、先進社会においては、早くも 1970 年代以降労働運動が弱体化してきたことも指摘されてきた (e.g., Fröbel et al., 1980)。

　しかしいうまでもなく、先進社会において、労働運動が弱体化したことは、労働運動の消滅を意味するわけではない[1]。労働運動の主たる組織化の場が製造業であり、それが他の地域に移転したことは、組織化の場もまた移転したことを意味する。すでに述べてきたように、世界システムにおける半周辺ゾーンにおいては、製造業の集積が顕著に進み、それとともにしばしば強力な労働運動が組織されてきたといえよう。例えば、韓国、ブラジル、あるいは南アフリカなどの社会において、そうした傾向が確認されてきた。さらには、近年の中国などにも同様の傾向が指摘できるかもしれない。

しかし、こうした製造業の集積がただちに労働運動の活性化につながるわけではない。生産の配置転換の結果、多数の工場が設立されてはいても、労働運動が弱体なままである社会も存在する。その1つとして、本書の事例であるマレーシアがあげられよう。マレーシアにおいても、1970年代の初めから多国籍企業の誘致によって工業化が進展し、製造業の集積が著しく進んだ[2]。しかし、依然として労働組合の組織率は10％にも届かず、強固な労働運動が根づいているとはいい難い。こうした差異は、どのようにして発生するのであろうか。さらには、こうした社会において労働運動が活性化する可能性はどこに存在するのであろうか。

本章においては、半周辺マレーシアを事例として、こうした課題を検討することにしたい。まず、マレーシアにおける工業化の過程をふまえて、労使関係における制度的な枠組みを確認する。次に、マレーシアにおける、近年の労使関係における3つのトピックについて検討する。すなわち、最低賃金法の制定、電子産業における組合組織化、および銀行セクターにおける対抗的組合運動がそれである。これらの検討を通じて明らかになるものは、極めて強い雇主優位な(employer-advantageous)労使関係の存在にほかならない。最後に、こうした社会において、労働運動が活性化するための可能性を政治的機会構造の改変とそのための市民運動との連携に見出してみたい。それでは、最初にマレーシアにおける工業化の過程と労使関係の制度を確認しよう。

2．マレーシアにおける工業化と労使関係システム

(1) 外国資本による工業化

I章をはじめとして、工業化については何度も言及してきたので、ここではポイントだけ確認しておきたい。最も重要なことは、政治的独立以降、マレーシアにおける工業化は基本的に外国資本、つまり多国籍企業によって担われてきたということである。1970年代に入ると、輸入代替工業化(ISI)から輸出志向型工業化(EOI)へと工業化のパターンが転換したことは指摘した。しかし、結果的には、国内における自生的企業(多くは、華人企業)によって

工業化が主導されたことはなく、あくまで多国籍企業が基幹的な産業を支配してきた。

1980年代以降の第2次ISIにおいても、マレー資本を含めた自生的企業の育成は追求されているものの、国民車の製造を直接担っているのは日本企業であった。さらに、1990年代半ばからの情報産業の育成にあたっても、さしあたりMSCに誘致が期待されたのは多国籍企業であった。このように、外国資本、すなわち多国籍企業が経済発展を主導していることは、労使関係の制度についても影響を与えることになろう。とりわけ、1970年代以降、基本的にはEOIが継続していることを考えると、この影響は大きい。それというのも、EOIにおいては多国籍企業が求める雇主優位の労使関係が政策的に編成されてきたからである。こうしたことを確認したうえで、労使関係の制度を概観しよう。

(2) 制　度

一般的にいえば、労働運動は労使関係システムという制度的枠組のなかで営まれている。その他の社会と同様に、マレーシアにおいてもそうした制度はいくつかの立法によって形づくられてきた。すなわち、労働組合法(Trade Union Ordinance)(1959年)、労使関係法(Industrial Relations Act)(1967年)、および国内治安法(Internal Security Act, ISA)(1965年)がそれらである。こうした法は、制定後に改訂を繰り返しながら、基本的な制度を形づくってきた。

労働組合法は、労働組合の組織化形式に制約を加えてきた。例えば、この法律では、あらゆる労働者を普遍的に組織する「一般組合(general union)」は認められず、特定の業種、職業、あるいは産業を共有する人々を組織することしか認められていない。この背景には、政治的独立を達成したころ、プランテーション産業などにおいて労働運動が活発であったことへの対抗策であると理解されている[3]。

さらに、1964年にインドネシアとの軍事対立が発生すると、政府は労働組合などの国内の対抗勢力を警戒し、対立後の「非常事態」においては、国益のために主要な産業においてストライキを禁止して、強制的な仲裁を実施

した。こうした試みは、労使関係法に取り入れられ制度化された。加えて、労使関係法においては、団体交渉の項目が大きく制限された。つまり、労働者の解雇や配置転換に関する事項は、交渉の対象に含まれていない。

こうした制約に加えて、直接的に労使関係を規定する目的で制定されたものではないものの、ISAは労働組合の活動を制約してきたといえよう。ISAに基づけば、政府が「反社会的」であると認めるならば、裁判を待たずにだれでも逮捕拘禁が可能になる。この法律が活動家の活動を制約し、労働運動を抑圧する効果をもつことは明らかであろう。

(3) 手続き

それでは、こうした制度のもとで、労使関係はどのような手続きを取ってとり結ばれるのであろうか。まず、労使関係の当事者である労働者が労働組合を組織する場合、マレーシアにおいてはそれを登録する (register) 手続きから開始される。1966年に制定された (1987年に改訂) 団体法 (Societies Act) に基づいて、組合は団体登録庁 (Registrar of Societies) に登録を申し出なければならない。この手続きは、労働組合に限定されるものではなく、あらゆる団体に課せられる。

この手続きに従うならば、労働組合は労働者の組織化が終わってから登録されるのではなく、一般には組織化が開始されるのに先立って登録されていなければならないことになろう。つまり、労働組合はさしあたって組織される労働者にとって、当事者の組織ではないことになる。さらには、登録が完了するまでは、組合として活動できないし、登録を拒否されれば、労働者を組織することも不可能になることを意味している。マレーシアにおいては、一般に労働組合は「全国組合 (national union)」あるいは「企業別組合 (in-house union)」の形式をもつものだけが登録できる[4]。先に言及した労働組合法に基づいて、労働組合の全国的な連合体であるマレーシア労働組合会議 (Malaysian Trade Union Congress, MTUC) は、「団体 (society)」として登録されているにすぎない。

それでは、首尾よく登録が完了すれば、組合はただちに活動を開始できるのであろうか。マレーシアにおいては、労働組合として実効性をもって労働

者を組織するためには、登録の後に承認 (recognition) の手続きが必要となる。承認は、いうまでもなく組織対象となる労働者から代表として認めてもらう手続きに加えて、それをふまえて、雇主からも交渉相手として認めてもらう手続きを経て完了する。前者については、一般に秘密投票 (secret ballot) を実施して、組合を代表と認める労働者が当該事業所の従業員の半数を超えれば、さしあたり代表権が確立することになる[5]。つまり、労働組合としては、秘密投票で過半数の承認賛成票を獲得した時点で組織化は終了していることになる。

しかし、後者については、しばしば長時間の交渉が必要となる。つまり、秘密投票の結果、従業員から代表権が認められても、雇主がそれを無視することが一般的に起こりうるのである。これは、労働者の利害関心を受け入れない極めて専制的な (despotic) 労使関係がとり結ばれていること意味している。こうした労使関係は、しばしば権威主義的な国家にも容認されることによって、多くの発展途上社会に確認できるものである。とりわけ、工業化過程の初期においては労働者の抵抗を排除するために、こうした関係が編成されることが多い。それでは、一定の工業化を達成し、言及したように、工業の質も変容しつつあるマレーシアにおいて、労使関係が変容する契機は確認できないのであろうか。

(4) 変容 – 企業別組合の功罪

一般には、EOI が進められ、NIDL が営まれる際には、発展途上国において、とりわけ主要な輸出産業においては、専制的な労使関係が形成される傾向がある (Kuruvilla, 1995; 1996)。それというのも、こうした産業においては、低賃金で従順な労働力が多国籍企業を誘致する際に、最も重要な要因となるからであり、この要因を維持するために専制的な労使関係が編成される必要があるからであった[6]。

しかし、グローバル化のもとで、基幹産業が高付加価値製品の生産に変化しつつあるマレーシアのような社会においては、労使関係もより労働者の利害関心が反映されるヘゲモニックな (hegemonic) ものへと変容する可能性がある[7]。激しい競争に直面する企業は、労働者を生産に全面的に関与 (involvement)

させて、効率化とコストダウンを図る必要があろう。そのための方法の1つとして、労働者の利害関心を実現するための回路を用意することも想定されよう。つまり、たとえ企業にとって必ずしも歓迎されないものであっても、一定程度労働者の要望を受容しなければ、労働者から生産性上昇に帰結する協力をとりつけることが困難であるというわけだ。

　発展途上社会においてよく確認されるように、多くの企業は労働者の離職率の高さに直面する。労働者にとって、賃上げを含めた労働条件の改善のための回路が全く存在しなければ、長期間にわたって当該企業に雇用されている意味はなかろう。従業員がこうした労働者ばかりであれば、離職率が高いだけではなく、労働者を巻き込んだ生産性向上[8]は望めないはずである。したがって、ヘゲモニックな交渉を通じて、労働者の利害関心を企業レベルにおいて実現する回路は、例えば労働組合の結成にほかならない。

　このように考察を進めるならば、マレーシアにおいて企業別組合 (in-house union) が推奨されている意味も明らかになろう。言及したように、そもそもはルック・イースト政策の一環であったとしても、まさに日本において実現されたように、企業別組合は労働者の関与を可能にするツールといえよう。グローバル化と post-NDIL における労働者の利害関心を受容するツールとして、企業別組合は選択されているわけだ。しかし、こうした評価は雇主によるものであることも明らかである。

　企業別組合は、組織対象となる労働者を特定の企業に限定するとともに、企業間の競争やその他の差異を労働者相互の関係にもち込み、それを分断する効果がある。こうした企業別組合の性格は、マレーシアにおいても多くの活動家が熟知するものであり、例えば、MTUC は企業別組合が増えることに危機感を抱き、強い反対を表明している。要するに、企業別組合は雇主にとっても労働者にとっても両義性あるいは功罪をもつことになろう。

　すなわち、雇主にとっては、企業別組合は労働者の関与を保証するツールとなる一方で、ノンユニオンであったときよりも労働者による職場規制の機会を与えることを意味する。労働者にとっては、利害関心を実現するツールを獲得することを意味する一方で、それには一定の制約を伴うことになるの

である。いずれにせよ、ここでは、企業別組合の導入を専制的労使関係が変容しつつある契機として把握しておくことにしたい。以下では、まず最低賃金法の制定過程を事例として、国家によって労使関係が編成される状況を検討しよう。次いで、電子産業における日系多国籍企業における労働争議を紹介することによって、こうした変容の具体的なプロセスを把握してみよう。

3．最低賃金制定にみる労使関係

　現代の世界においては、発展途上国も含めて、たいていの諸国が最低賃金制度を法制化している。東南アジアについていえば、フィリピンやインドネシアでも最低賃金の制度が存在する。しかし、マレーシアにおいては、近年にいたるまでそうした制度は存在しなかった。最低賃金制度が労働者を保護する機能があるとすれば、それが存在しないことは、雇主がほしいままに労働者を搾取することを可能にすることになろう。
　こうした低賃金の継続は、まさに「周辺性」を体現するものである。国際分業において、周辺ゾーンは「低賃金財」を提供することによって特徴づけられるので、最低賃金制度が存在しないことによって、低賃金が維持されるのであれば、マレーシアはその「周辺性」を継続することになろう。その意味では、最低賃金制度が成立し、労働者の賃金が一定水準以下に下がらないようになったことは、マレーシアが半周辺化したことの証左ともいえよう。しかし、半周辺ゾーンに偏在するASMである労働運動が活性化し、この制度が成立したのであろうか。この点を確認するために、最低賃金の法制化に向けた歴史を確認してみよう。

(1) 前　史

　実は、マレーシアにおいてはかなり以前から労働者の賃金レベルを規制しようとする試みは存在した。例えば、1955年に制定された雇用法（employment act）においては、賃金に含まれる項目とその支払いの方法が規定されていた。さらに、ホテルやケータリングに携わる労働者については、賃金委員会（wage council)による最低賃金の要請に従うことが求められていた。

　賃金委員会は、1947年に賃金委員会法(Wage Council Act)に基づいて設置され、ケータリングとホテル、店舗のアシスタント(shop assistant)とペナンの港湾労働者(Penang stevedore)、荷役人足(cargo handler)、映画労働者(cinema worker)の4タイプの労働者がとりわけ弱い立場にいる(vulnerable)という理由から、その雇用の状況を監視する役割を担ったのである[9]。そもそも、こうした4つのタイプの雇用あるいは労働者は、団体交渉の対象となっておらず、その意味でも保護の対象となったわけだ。

　加えて、労使関係裁判所(Industrial Court)と労使関係仲裁委員会(Industrial Arbitrary Tribunal)によって、こうしたタイプの雇用における賃金決定に際して考慮されるべき要因が提示されていた。例えば、生活費(cost of living)、およびその他の企業や産業と比較した賃金レベルなどがそれであった。このように、マレーシアにおいては、賃金レベルは国家それ自体によって決定され、労働組合の要求が反映されるわけではなかった。換言すれば、賃金は国家の温情主義的な政策(paternalism)によって決定されていたわけだ。

　翻っていえば、そもそもマレーシア国家においては、体系的な賃金政策はなく、とりわけ弱い立場の労働者だけがその対象となっていた。こうした状況を受けて、MTUCは政府に対して全国最低賃金法(National Minimum Wage Law)の制定を要求し続けてきた。しかし、マレーシア政府がそれに応じなかったことはいうまでもない。このことは、労働運動が国家の賃金政策あるいは最低賃金法の制定に関して、ほとんど影響力を行使しえなかったことを裏書きしていよう。

(2) 転　機

　2010年になると、当時の首相ナジブ・ラザクは、新経済モデル(New Economic Model, NEM)を提示して、いささか唐突に、その一環として最低賃金法の制定を位置づけた。この目的のために、2011年に全国賃金調整委員会法(National Wage Consultative Council Act)が制定された。この法律およびそれに基づく委員会は、最低賃金を算定し、それを法制化する方法を決めること

を目的としていた。

　なぜ、いささか唐突に最低賃金法は制定されることになったのであろうか。1つの理由としては、マレーシアが1990年代からナショナルな目標に掲げているビジョン 2020 (Wawasan 2020) を達成するためだとされている。つまり、マレーシアは2020年までに「先進国」入りすることを目指しており、そのためには国民所得を大幅に上昇させる必要がある。最低賃金法を制定すれば、そうした効果が期待できるというわけだ[10]。さらに、ナジブ政権については、2013年に迫っていた総選挙において、BN政権への得票率を高めたいという思惑も指摘されていた。2008年の総選挙において、得票を減らしたBNにとっては、最低賃金の制定によって、支持の拡大を目論んでいたというわけだ。

　実際の最低賃金（2013年1月から発効）は、国民所得の中央値に基づいて決定された (Lee, 2012)。すなわち、半島部マレーシアについては、月額900RM、ボルネオ島の2州（サバとサラワク）については、月額800RMであった。この最低賃金額の発効をめぐっては、様々な議論が展開されていた。第1に、MTUCなどをはじめとする労働組合は、その金額が安すぎることを批判していた。つまり、生活費としてさらに300RMを追加すべきだというわけだ[11]。

　第2に、最低賃金制定の効果、あるいは功罪が議論された。例えば、一方では、最低賃金の制定は低賃金労働者の生活を改善し[12]、消費の拡大をもたらすと主張されたのに対して、賃金の上昇に合わせて生産性が上昇しなければ、経済に悪影響を及ぼすという議論が提起された。第3に、とりわけ中小企業の雇主を中心にして、経営側から最低賃金の発効に対して反対が提起された。それというのも、中小企業は依然として低賃金に依拠しているので、最低賃金が制定されると、その収益に悪影響が及ぶからである。それゆえ、中小企業の雇主たちは、中小企業への最低賃金の適用を免除するように要求したのだった[13]。

　さらに、最低賃金の移民労働者への適用をめぐって、中小企業の雇主からはそれへの延期論も提起された。もっとも、後述するように、インドネシア、スリランカ、ミャンマー、あるいはカンボジアなどからやってきた移民労働者を雇用しているのは、中小企業だけではなく、FTZに進出した多国籍企

業についても同様である。一般に、移民労働者がマレーシアの労働者よりも安い賃金で働いているとすれば、彼（彼女）らによって低賃金が維持され、マレーシアの「周辺性」が維持され続けることになる。

(3) 含　意

　以上のような、唐突な最低賃金の制定とそれをめぐる議論から、どのような含意を読み取れるであろうか。まず、マレーシアにおける最低賃金の制定は、経済的な利害関心から提起されたというよりも政治的な利害関心に由来することが指摘できよう。それというのも、制定された最低賃金をめぐって、労使関係の当事者である雇主と労働者の双方が批判あるいは反対表明を行っているからである。

　要するに、マレーシアにおける最低賃金は、経済的なものではなく政治的なものに由来している。なるほど、BN、とりわけ最大与党のUMNOは、その支持基盤であるマレー人エリートあるいは資本家の利害関心を実現することを目標としているはずであり、それは経済的なものかもしれない。しかし、こうした資本家たちの一部が最低賃金に反対しているという事実は、その制定が彼らの利害関心を実現しようとするものではないということを示唆している。要するに、政治家などの国家成員 (state personnel) による利害関心の追求として、最低賃金の制定が実行されたということだ[14]。

　最低賃金の制定とその発効にあたって、雇主も労働者もその利害関心を実現できなかった。雇主（の一部）は最低賃金の制定に反対していたし、労働者は制定された賃金額が安いことを批判していた。とりわけ労働組合については、本来最低賃金の制定にあたってイニシアティブを行使できるはずでありながら、マレーシアにおいては、全く金額設定などにおいて議論を主導できなかったのである。このことは、マレーシアにおける労働運動の「弱さ」を象徴することになろう。

　次に、電子産業における労働争議にみられる労働運動の窮状について検討しよう。

4．依然として専制的なのか——電子産業における労働争議の事例

(1) 産業、労働者、および労働組合

　まず、事例となる電子産業 (electronics industry)、そこで働く労働者の特性、および彼（彼女）らの組織化を試みる労働組合について確認しておこう。EOIによって、半周辺へと上昇してきたマレーシアにおいて、電子産業は極めて重要な産業である。1972年にペナン州に最初のFTZが設置されたときから、日本企業にととどまらず、アメリカ合州国からの多数の電子産業に属する企業が工場を設置してきた[15]。

　この際、電子産業とは、概ね半導体産業を指すものと理解してよい。一般に、半導体の生産は、複数の工程に分けてとらえられる。その際、大きく区分するならば、前工程（拡散工程）と後工程（組立工程と検査）に分けられる。よく知られているように、クリーンルームでシリコンウェハーを製造する前工程は、極めて高い技術力が必要とされ、多国籍企業はそうした工程を本国その他の先進社会にとどめておく傾向がある。

　それに対して、後工程は、シリコンウェハーをダイスして、それらをベースに様々な半導体を組み立て、完成品を検査する過程からなっている。こうした工程については、労働集約的な要素を伴っており、発展途上社会に配置転換される傾向があった。すでに確認したように、1970年代の初めにおいては、周辺ゾーンに属する社会であったと考えられるマレーシアに移設された工程も、いうまでもなく後工程であった[16]。

　こうした高い技術力を伴うものととらえられてきた半導体産業は、マレーシアにとっては極めて重要な産業として位置づけられた。それは、「パイオニア産業 (pioneer industry)」[17]として規定され、特別な優遇あるいは保護の対象となった。労使関係についていえば、その他のFTZに誘致された産業と同様に、労働組合を組織することは認められてこなかったのである。

　労働組合について言及する前に、電子産業で働く労働者の特性について、概観しておこう。多くの社会と同様に、半導体の後工程を担うのは女性労働者である。すでに、注記したように、EOIにおいては、労働集約的な工程

だけが FTZ に配置転換され、その工程に従事したのは若い女性労働者であった。マレーシアの場合には、マレー人女性がこうした労働者に該当する。彼女たちは、低賃金、不熟練、および農村出身という特徴も共有していた。しかし、とりわけ1990年代後半以降、工業化が進展したうえに、もともとそれほど人口が多くないために (2018年においても、ようやく3,100万人を超える程度)、労働力が不足するようになり、多数の移民労働者が導入されるようになってきた。現在では、多くの電子産業に属する企業において、その労働力の多くが移民労働者から構成されている。

　マレーシアにおける移民政策は、状況によって頻繁に変化するものの、大まかな傾向については把握することができる。マレーシアにおいては、移民労働者は国家間で交わされた了解覚書 (MOU) に基づいて、受け入れられている。性別によって、受け入れ国が異なることがあり、女性労働者の場合、インドネシア、ミャンマー、ベトナム、あるいはカンボジアなどからの受け入れが多い。彼女たちの多くは、人材派遣業者 (agency) によって媒介された間接雇用のもとで働いている[18]。就労を目的として移住してくる移民労働者は、マレー人に比べて意欲が高いと考えられている。

　こうした労働者を組織しようとする労働組合については、実は2009年まで企業別組合の形式でしか組織化が認められていなかった。これは、すでに言及した専制的な関係を国家が政策的に下支えしていたからだと考えられよう。そのうえ、容認されているはずの企業別組合ですら、産業全体でも1つしか存在していなかった。こうした状況を受けて、MTUCはILOに提訴を行った。すなわち、労働組合の組織については、多様な形式が認められるべきであり、企業別に限定する根拠は存在しないのではないかという主張である。

　これを受けて、マレーシア政府はその他の形式の組織を容認するにいたった。「地域組合 (regional union)」がそれである。言及したように、マレーシアにおいては「全国組合」とよばれる産業別組織が基本的に容認された組織形式である。この産業別組織は、当該の産業における労働者を全国一律に組織し[19]、各地域に支部を設置して個別的な問題に対処している。これに対して、「地域組合」については、同様の産業別組織でありながら当該産業に属する

労働者を一律に1つの組合が組織するのではなく、4つに区分された地域ごとに組織が異なっている[20]。4つの地域は、北部、東部、西部、および南部に区分され、この4つによって半島部のマレーシアが網羅されている[21]。こうして、地域組合が2010年に登録され、様々な企業を対象に組織化を開始することになった。

(2) 承認要求——組織化のプロセス
　①承認手続きの開始

　言及したように、登録が終わった労働組合は、次に従業員と雇主から労働組合としての承認を獲得して、団体協約の締結に向けた交渉を行っていくことになる。ここで、この事例に関する当事者を紹介しておこう[22]。当該の地域組合は、西部地域電子産業従業員組合 (Electronics Industry Employees Union-Western Region, EIEUWR) である。この組合が管轄とする地域は、クアラルンプール、スランゴール州、およびペラ州である。組合の登録後から、EIEUWRは5つの工場の組織化を開始した。すなわち、日本企業3社およびアメリカ企業2社がそれらである。ここで検討対象となるのは、そのなかの1つであり、日本企業の現地工場 (A社) にほかならない。

　A社は、もともとマレーシアに進出していた日系半導体企業4社の1つであった。しかし、周知のように、半導体産業における厳しい価格およびシェア競争によって、日本の半導体メーカーが再編を迫られ、2010年に複数のメーカーが共同出資して新会社を設立し、特定の製品の生産を行うようになった。これによって、A社も新たに設立された新会社の現地工場となった。A社は、クアラルンプール郊外のFTZに立地している。

　EIEUWRは、組合としての登録完了後の2010年1月18日に、A社に対して承認の申し入れを行った。しかし、多くの場合と同様に、A社もこの申し入れ (application) に対してすぐには承認しようとしなかった。A社は、すでに企業別組合が存在することを主張したが、この組織は登録されていなかった。さらに、その後A社は申し入れの受け取りそれ自体を行っていないと主張するにいたった。承認過程を管理する労使関係局長 (Director General of

Industrial Relations, DGIR) は、A 社によるこうした主張を却下し、EIEUWR に対して再度申し入れを行うように指示した。

②組織化

こうした申し入れと前後して、EIEUWR は組織化を進めていった。この組織化はどのように行われたのであろうか。一般に、多くの労働者を未だ組織しておらず、資源が乏しい労働組合には、多くのオーガナイザーを採用する余力は存在しない。EIEUWR においても、オーガナイザーは 2 人しかおらず、いずれもボランティアに過ぎない（つまり、雇用されているわけではない）。A 社に雇用されている労働者は 2000 人を超えており、これらの労働者を 2 人のオーガナイザーで組織しているという[23]。組織化の対象には、移民労働者も含まれる。オルガナイザーが使用する言語は、マレー語あるいは英語であり、移民労働者のネイティブ言語を特に使用することはしないという（要するに、マレー語と英語だけを使ってコミュニケーションをとることは可能だという）。

組織化に際して、とりわけ有効な手段は存在せず、ひたすらに労働者の団結権と労働法による保護を説いて、組合加入に伴うメリットを説くことしか、手段はないという。専制的な労使関係がとり結ばれてきたマレーシア社会においては、ともすれば労働組合は「犯罪組織」のようにみなされるので、オーガナイザーは話し方や勧誘の仕方に注意を払うように教育されている。

さらに、組織化の方法としては、労働者集団の「コア・グループ」を掌握することが肝要であるという[24]。このグループは、労働組合の活動に好意的であり、1 つの工場について 10 人から 15 人くらい存在しているという。この人たちが、実質的に組織化のリーダーということになる[25]。彼（彼女）らは、互いに面識をもっているわけではなく、組織化はあくまで「地下活動」として秘密裡に進められている。したがって、集会やピケッティングを行うといった公然活動はいっさい行わず、電話や SNS によって勧誘を行うという。こうして、労働者に組合の会議に参加してもらい、組合加入を説くことになる[26]。こうした組織化の結果、承認を申し入れるころには、すでに 70% 以上の労働者から組合への支持を獲得していたともいわれる[27]。

③承認手続きに伴う争議の発生

さて、その後の手続きはどのように進展したのであろうか。EIEUWR は、2010 年 8 月 17 日に第 2 回目の申し入れを行った。今回の申し入れは、受取証明郵便で行われたものの、やはり A 社は受け取っていないと主張した。EIEUWR も、受取証明を受け取ることができなかった。この結果を受けて、EIEUWR は 2010 年 10 月 8 日に第 3 回目の申し入れを行った。この際は、poslaju とよばれる全国宅配サービスを利用して、申し入れが送付された。今回は、A 社も確かに受け取ったことを認めたうえで、申し入れを宅配サービスに返送し、組合に送り返すように要求した。DGIR は、秘密投票を実施して従業員からの代表権が確立できるかどうかについて、判断する決定を行った。

しかし、今度は DGIR が組合側からの再三の要求にもかかわらず、一向に秘密投票を実施する手続きを進めようとしなかった。そのため、EIEUWR は、抗議のため 2010 年 12 月 8 日に人的資源省 (Ministry of Human Resources) の前でピケッティングを実施した。この際、DGIR は組合に対して重要文書が所在不明であることを通達し、この責任を取って労使関係副長官が職を辞すことを連絡した。そのうえで、EIEUWR に対して、再度承認要求の文書を提出するように要請した。

こうして、やむなく EIEUWR は 2011 年 9 月 8 日に第 4 回の申し入れを行った。しかし、今回も A 社は申し入れを受け入れることに抵抗した。A 社は EIEUWR の登録の妥当性に異議を申し立てるとともに、事務局長の資格について疑義を提示してきた[28]。これに対して、人的資源大臣は 2012 年 4 月 9 日にこの異議申し立てを却下すると、A 社は 2012 年 5 月 8 日に高等裁判所 (High Court) に対して大臣の決定に異議を唱える訴訟を起こした[29]。さらに、高等裁判所が 2012 年 6 月 28 日にこの訴えを棄却すると、さらに A 社は控訴裁判所 (Court of Appeal) に控訴したものの、2012 年 12 月 5 日には控訴はほぼ全員一致で棄却されてしまった。この後、A 社は 2013 年 7 月には連邦裁判所 (Federal Court) にも上告したものの、やはり全員一致で棄却されている。

こうした裁判の決定をふまえて、DGIR は、2012 年 12 月には秘密投票を

実施するための書類を提出するようにA社に通知した。しかし、ここでもA社は3度にわたって、この通知に従わず、秘密投票はいっこうに行われなかった。他方では、2011年8月にEIEUWRの代表 (president) が解雇されるという事件が発生した。解雇の理由は、単にA社のポリシーにそぐわない（企業別組合の設立に協力しない）というもので、不当な解雇であることは明白であった。この解雇をめぐる労働争議は、2013年3月に解雇の撤回と復職を求めて提訴された。さらに、労働問題にとり組んでいる弁護士の呼びかけによって、87に及ぶNGOsなどがA社に対して不当な組合攻撃 (union busting) をやめて、解雇を撤回するように求める声明を発表するにいたった。

このような経緯は、どのような意味をもつであろうか。いうまでもなく、A社が行っていることは、訴訟などを利用した承認の引き延ばしである。さらに、こうした行動は、単に組合活動を容認しないだけでなく、仮に秘密投票にもちこまれた場合でも組合承認への賛成票を減らすことが意図されている可能性がある。それというのも、短期契約（通常3年程度）で雇用されている移民労働者は、承認申し込みが行われてから時間がたてば、契約を満了して離職しまう可能性があるからである。秘密投票を先延ばしにすることによって、組合が想定する賛成票を減らすことができるというわけだ。もちろん、組合は継続的な組織化活動によってこうした事態を回避する必要がある。

④秘密投票と労働争議の帰結

以上のような経緯のあとで、最終的に秘密投票が実施されたのは、2014年の9月であった。この投票によって、EIEUWRを支持する労働者が過半数を占めれば、組合は代表権を獲得し、正式にA社に対して団体交渉を申し入れることができる。この際、こうした秘密投票に際しては、移民労働者も投票権をもっていることが重要である。マレーシアにおいては、労働組合法によって、すべての雇用労働者が労働組合に加入する権利をもっていることが規定されながら、他方では内務省 (Ministry of Homeland) による移民規定や送り出し国とのMOUによって、移民労働者にはいかなる団体への加入も認められていない。

したがって、公然と移民労働者を労働組合に勧誘し組織することは、しばしば大きな困難を伴う。しかし、すべての労働者に対等の権利を認めている労働組合法が存在するため、当該企業に雇用される労働者は組合承認手続きに参加することが認められているのである。しかも、こうした手続きは秘密投票によって行われるため、投票した個人を特定できない。その結果、移民労働者も個別にその投票行動を問われることはない。それゆえ、秘密投票において、移民労働者に、組合に代表権を与えることに賛成する投票を行わせることは、労働組合にとって実質的な移民労働者の組織化を意味するのである。

秘密投票の結果、EIEUWR が 72.9％ の賛成をもって従業員から代表として認められることになった。この結果、DGIR の命令によって、はれて法的にも EIEUWR は交渉権をもつ従業員の代表として、団体交渉ができることになった。団体交渉の結果、団体協約 (collective agreement) が締結されれば、それは必ずしも組合員ではない従業員や組合加入が困難である移民労働者にも一律に適用されることになる。しかし、そうした背景もあってのことか、秘密投票終了後においても、A 社は団体交渉に応じていない (つまり、この時点で承認手続きは完了していない)。これに対して、EIEUWR は労使裁判所に訴えて対抗している。

2016 年 3 月には、論告、ヒアリング、あるいは意見陳述などの手続きを経て、組合代表の解雇が労使関係法に抵触することが認められた。マレーシアにおける労使関係法においては、その 4 条において労働者の団結権を認定するとともに、その 5 条において雇主が組合活動に介入して (金銭による買収、あるいは威嚇や差別などの実施)、組合活動を行う労働者に不利益を与えることを禁じている。今回の解雇をめぐる争議について、A 社がこうした違法行為を行ったことが認められたのである[30]。EIEUWR は、この争議における勝利を弾みにして、A 社を団体交渉に応じさせようとしてきた。2018 年の 3 月の時点で、ようやく最高裁 (supreme court) において会社の違法が確定し、団体交渉と協約締結に向けた協議が開始されようとしている。

(3) 現状と課題

このように、最初の承認申し込みから8年余りを経過して、ようやく団体交渉が実現しようとしている。このことの影響について確認しよう。まず、団体交渉が行われてこなかったということは、秘密投票の結果から明らかなように実質的に組織化が完了していても、EIEUWRは、職場における労働条件に対して全く規制力を発揮しえていなかったということを意味する。このことは、移民労働者が多くを占める職場においては、とりわけ重要な意味をもつことになろう。

　すでに述べたように、移民労働者は基本的には人材派遣業者（agency）によって雇用され、賃金についても人材派遣業者から支給される。その結果、例えば最低賃金が的確に支給されているかどうか、定かでないところがある（A社も、これについては関知していない可能性がある）。団体協約が締結されていれば、移民労働者にもマレーシア人の労働者と同様の条件で雇用されることが確保されるものの、現状ではそれは実現されていない。その結果、移民労働者が直面しているかもしれない劣悪な条件が放置されているわけだ。

　さらに、組合承認が引き延ばされていることによって、EIEUWRは組合費を徴収できない状況に置かれている。その結果、事務局長をはじめとする執行部は自らの収入ですら確保することができない[31]。こうした状況は、電子産業における4つの地域組合に共通しており、調査時点で団体協約を締結できた組合（3企業について）は南部地域のそれだけであるという。加えて、裁判費用がかさむことによって、組合財政はますます疲弊することになっている。

　以上のように、組合承認手続きに時間がかかりすぎることは[32]、ひとえに雇主による、専制的な関係を継続しようとする意向の現れであるといえよう。半周辺マレーシアにおいては、依然としてその「周辺性」の現れとして専制的労使関係が存続しているといえよう。しかし、その他の企業や産業に目を向けると、マレーシアにおいても対抗的な（あるいはヘゲモニックな）労使関係がとり結ばれていることに気づかされる。電子産業という基幹的な産業における専制的な労使関係と対抗的な労使関係との対照的な様相は、どのように把握したらよいのだろうか。以下では、銀行セクターにおける活発な組合運動

を検討し、対抗的な労使関係を可能にしている社会的背景を明らかにしたい。

5．なぜそんなに強いのか──銀行セクターにおける労使関係とその背景

　半周辺マレーシアにおいて、多国籍企業が支配している電子産業においては、想定と異なり、いまなお専制的な労使関係がとり結ばれていた。しかし、後述する銀行セクターにおいては、対抗的な労使関係、あるいはヘゲモニックな労使関係がとり結ばれているようにみえる。今後、マレーシアの労使関係においては、想定されるように対抗的あるいはヘゲモニックな関係が支配的になるのであろうか。

(1) 歴史と組織

　ここで事例としてとり上げるのは、銀行セクターを組織している銀行従業員全国組合 (National Union of Bank Employee, NUBE) にほかならない[33]。NUBE は、1958 年に結成された。半島部マレーシアにおいて、NUBE は銀行で働く事務職員 (clerical) と非事務職員 (non-clerical)[34] を組織しており、1960 年以来、こうした労働者を代表する唯一の労働組合となっている。

　当初、銀行労働者は州事務員および行政スタッフ組合 (State Clerical and Administrative Staff Union, SCASU) に組織されていたものの、SCASU は長時間労働などの過酷な労働条件を充分に克服できなかった。その後、銀行労働は2つの労働組合、すなわちマラヤ連邦事務・管理スタッフ組合 (Malayan Federation Clerical and Administrative Staff Union, MFCASU) と商業労働者全国組合 (National Union of Commercial Workers, NUCW) によって代表されるようになったものの、最終的には NUBE が代表権を引き継ぐことになったのである。

　現在、NUBE にはおよそ3万人の労働者が組織されており、これはマレーシアで3番目の組合員数となっている。組合員のほとんどはマレー人であるものの、執行委員会 (executive council) のメンバーはほとんどインド人である[35]。NUBE の組織は、3つの部分からなっている。最高会議 (supreme board)、全国執行委員会 (national executive council)、および5つの支部委員会 (branch committee)

がそれらである。全国執行委員会は、19 人のメンバーから構成され、これらの人々は最高会議のメンバーと各支部委員会から 2 人ずつ選出される代議員からなっている。組合費については、事務職員が月 8RM、非事務職員が月 4RM であり、親睦会費 (benevolent fee) として月 3RM の支払いが義務づけられている。

(2) 活動とその結果

近年では、NUBE はマレーシアにおいて最も活動的で対抗的な組合として注目を集めてきた。NUBE は、マラヤ商業銀行協会 (Malayan Commercial Bank Association, MCBA)[36] と団体協約を締結しており、3 年に 1 度これを更新してきている。要するに、NUBE は産業全体にわたって複数の雇主との間に共通の労働協約をとり結んでいるのである。その結果、NUBE は銀行セクターの約 80% の労働者を組織することになっている。NUBE はたくさんの労働者を組織しているだけではなく、彼（彼女）らを活発に活動させることにも成功している。

例えば、NUBE は組合員と頻繁にコミュニケーションを取り、ショップ・スチュアード (shop steward) を任命して、一般組合員の要望を把握することに努めている。さらに、NUBE はリーダーの育成にも熱心であり、訓練センターと労働問題を学ぶインスティテュートも設立している。訓練センターではあらゆる種類のトレーニングが行われるとともに、ポート・ディクソンというクアラルンプール近郊のリゾート地に位置することから組合の保養施設としても利用されている。

インスティテュートは、2013 年に設立され、労働研究インスティテュート (Labor Research Institute) と名づけられた。そこでは、組合員に対して労働問題に関する関心を喚起し、それを通じてリーダーを育成するとともに、さらにはリーダーになる人を育てる指導者 (mentor) の育成も行っている[37]。インスティテュートのカリキュラムは 1 年間で修了するもので、4 つのモジュールから構成され、そこには、その他の労働組合や NGOs もメンバーを入学させることができる[38]。4 つのモジュールは、以下のように構成される。すなわち、第 1 は「労働組合主義入門」、第 2 は「労使関係の法的枠組」、第 3

は「労働組合の活動」、そして第4は「労働運動の新地平」である。

こうした組織の活性化とリーダー育成活動に加えて、NUBEは画期的な利得を勝ち取っている。例えば、初めてマレーシアで、60日から90日に及ぶ出産休暇 (maternity leave) を獲得した。さらに、これに関連して、初めてペナン州では保育 (childcare) センターを開設し、いくつかの銀行に対して、その運営費用の負担を要求している。加えて、NUBEは大きな賃上げを勝ち取っており、例えば2015年には、事務職員については21%、非事務職員については25%を要求していた。加えて、賃金についていえば、退職後の年金、職務ランクに対応した1年ごとの昇給、生活費の上昇に合わせた300RMの賃金上乗せなども要求していた。

(3) 課　題

2014年8月に、NUBEは全国執行委員会を開催し[39]、近い将来における課題を明確にした。第1は、アウトソーシングへの反対、第2は、レイオフへの反対、さらに第3は、「恣意的な昇進」への反対である。インタビューによれば、これらはすべて組合攻撃に対抗するものであるという。例えば、アウトソーシングについていえば、一部の銀行が社内の特定の部署をアウトソーシングして別会社や子会社を設立した場合、当該の新会社がNUBEの管轄 (jurisdiction) に属さない可能性があり、その場合にはNUBEは組合員を失うことを意味する。

例えば、香港・上海銀行 (Hong Kong and Shanghai Banking Corporation, HSBC) は、そうした例に該当し、NUBEの組合員千人を含む5千人がグローバル・リソース (Global Resources) という子会社に移管されてしまったという。さらには、「恣意的な昇進」とは、担当する職務内容に変更はないにもかかわらず、一部の事務職員 (clerk) をより上位の職 (officer) に形式的に昇進させることによって、NUBEへの加入資格を喪失させることを意味する。これも、「組合攻撃」の一環であるという。

このほかにも、組合の登録取り消しを求める要求[40]や企業別組合の結成[41]なども行われており、これらも「組合攻撃」の一環であるという。このよう

な「組合攻撃」に対抗して、NUBE は自らの定款 (constitution) を変更し、そのことを通じて管轄を拡大することによって交渉力を高めようとしている。具体的には、商業銀行に限定されている現在の管轄を拡大しようとしているわけだ。

　以上のような NUBE の活動は、マレーシアにあっては極めて活発で対抗的なものとして把握できよう。先に言及した EIEUWR の状況と比較するならば、このことは極めて明白である。このような NUBE の交渉力の原因は、どんなところに求められようか。それは、マレーシアにおける労使関係をヘゲモニックなものに転換する普遍的な要因なのであろうか。

(4) 背　景

　NUBE がその他の労働組合よりも交渉力が大きいならば、それを裏書きするユニークな特徴が存在するはずである。以下では、この点を明らかにしていこう。労働組合は労働者を組織し、雇主と交渉する組織であることを考えるならば、当然のことながら、こうした特徴はまずは労働者と雇主、およびその関係に見出せよう。言葉を換えていえば、労働組合の力量は、内的な要因と外的な要因とに区分されよう。内的な要因としては、労働者のタイプ、リーダーシップ、組織特性があげられる。外的な要因としては、雇主、労使関係、産業、および制度を指摘できよう。

①内的要因

　そもそも、労働組合は労働者から構成される組織なので、その交渉力はまず労働者の特性にも由来する。すでに言及したように、NUBE が組織対象としているのは、主として銀行の事務労働者であり、その多くはマレー人女性である。つまり、そこには移民労働者は存在しないことは注目に値する。EIEUWR の例にみるように、一般に移民労働者の組織化は相対的に困難である。

　なるほど、移民労働者は秘密投票によって実質的に組織化されてはいても、あくまで彼 (彼女) らは短期的な雇用契約に基づいているので、どうしても離

職しやすい傾向にある。したがって、移民労働者が多い産業・企業を組織する組合に比べて、NUBE は相対的に好ましい条件において組織化を行っているといえよう。

リーダーシップについては、どうであろうか。これについては、優れたリーダーの存在と彼（彼女）らと一般組合員との関係に依存することになろう。リーダーが優れていることは、当該のリーダーの個人的資質にも依存するので、リーダーシップについては極めてコンティンジェント（contingent）な要因に規定されているといえよう。NUBE については、2001 年から在職している現在の事務局長が、極めてすぐれたリーダーであり、組織が目標を達成するにあたってイニシアティブを行使してきた。そのような意味で、NUBE は少なくとも極めて幸運であったといえよう。

リーダーと一般組合員との関係についても、もともと NUBE においては組合員がレクリエーションなどを通じて強いつながりを維持しているうえに（e.g., Peertz & Todd, 2001）、リーダーが提示した方針に従う「文化」が存在しており、結果的に効率的な動員が可能になっているという。

組織特性については、どうであろうか。組織の規模、構造、および財政などが、組合活動に影響を与える。述べたように、NUBE は 3 万人を組織する大きな組合であり、組合費がほとんど唯一の組合収入であることを考えると、相対的にその財政は安定している。その結果、訓練センターや労働研究インスティテュートの運営も可能になっているのだった。財政が安定していれば、多様なキャンペーンを実行することも可能になろう。このように、NUBE はその他の組合よりも優位に立っているといえよう。

②外的要因

個々の労働組合は、雇主と労使関係をとり結んでいる。雇主の特性は、労使関係を通じて組合活動に影響を与えよう。NUBE が組織対象としている銀行セクターは、多くの多国籍企業が参入しているものの、EIEUWR が組織対象としている電子産業とは大きく異なっている。すなわち、銀行セクターに進出している多国籍企業は、低賃金や従順な労働者を求めて進出してき

いるわけではない。その進出動機は、マレーシアの金融市場であり、そこでの取引から収益を上げるためであろう。したがって、銀行セクターに進出した多国籍企業は、雇用する労働者の特性について、少なくとも電子産業におけるような関心をもたない可能性があるし、労働組合に対しても電子産業におけるような敵対的な態度を示さないように思われる。

さらに、銀行産業は、政府によって保護されていることにも留意される必要があろう。すでに言及したように、マレーシアは1998年に通貨危機に直面した。とりわけ、それ以降、マレーシア中央銀行（*Bank Negara Malaysia*, Central Bank of Malaysia）は各銀行のガバナンスを監視している。新規の参入についても、認可制をとってコントロールされている[42]。こうして、過度な競争は抑制され、多国籍企業を含めた個々の銀行の経営は安定するであろう。そのことは、賃金上昇について、相対的にそれほど鋭敏ではなくなることにつながろう。換言すれば、このことは、銀行セクターの雇主が、少なくとも電子産業のそれと比べて、相対的に親労働的（pro-labor）になることを裏書きすることになろう。

以上、内的要因と外的要因とを区別して、NUBEの交渉力の社会的背景を検討してきた。その結果、NUBEの交渉力は極めてコンティンジェントなものであることが明らかになったといえよう。いい換えれば、NUBEの「強さ」は幸運な状況に規定された例外的な労使関係に由来しているのである。すなわち、移民労働者の不在、優れたリーダーシップ、ゆたかな組織財政、相対的に穏健な雇主、さらには規制され保護された産業などが、そうした状況を形成している。結論からいえば、マレーシアにおける労使関係は、NUBEのような強力な労働組合は確かに存在するものの、依然として専制的なものとしてとり結ばれる傾向が一般的なのである。

この背景には、グローバルな資本に対して親和的な国家の労使関係政策とそれに基づく制度的枠組が存在している。労働組合の活動は、制度によって大きく制約されているといえよう。したがって、ヘゲモニックな労使関係を形成し、労働運動を活性化するためには制度の改変がまずは求められる。それでは、その契機はどこに存在するのであろうか。

6. 制度改革と活性化に向けて――機会構造の改変と運動連携

　制度を変えなければ、労働運動に対する制約は解消されないし、そうした制約がある以上、労働運動は活性化しない。マレーシアにおける労働運動は、このようなジレンマに直面しているといえよう。それでは、このジレンマを打開する契機は存在するのであろうか。

(1) 政治的機会構造の改変

　一般に、社会運動が活性化する際には、運動目標が達成できるかどうかについて、その見込みが一定程度大きいことが条件になるとされている。例えば、極めて権威主義的な国家に対しては、抵抗運動を行ってもほとんど成功の見込みがないため、社会運動それ自体が活性化しない傾向がある。それに対して、わずかでも民主化が進められたりすると、所期の成果を達成できる可能性が大きくなるため、運動が急に活性化することがある。

　こうした運動の活性化を規定する一連の要因群を「政治的機会構造 (political opportunity structure)」とよぶならば (Tarrow, 1998=2006; Clossley, 2002=2009)、マレーシアにおいても、こうした「政治的機会構造」が改変される契機が模索される必要があろう。このためには、なによりも制度改革の背景となる政治をめぐる運動が活性化する必要がある[43]。政治的独立以来、一貫して政権を担当してきたのは、3つのエスニシティを背景にして組織されたエスニックな政党からなる BN であった。

　しかし、近年 BN の政権を揺るがし、結果的には 2018 年 5 月の政権交代に寄与した市民運動が活性化している。ブルセ (BERISH) とよばれる市民運動がそれである。BERSIH とはマレー語でクリーン (clean) を意味し、この運動は選挙改革とナジブ (Najib) 政権の退陣を要求していた。この背景には、汚職、警察による暴力的な取り調べ、ナジブ前首相のスキャンダル、および経済の停滞などがあり、すでに 2008 年と 2013 年に行われた総選挙においても、BN は大きく得票を減らしてきた。それにもかかわらず、民衆の不満が選挙結果に反映しない選挙制度の不備と選挙の不正に対して、関心が高まってい

るわけだ[44]。

　BERSIH によって、例えば 2015 年 8 月 30 日から 31 日（独立記念日）にかけて開催された大規模な集会は、50 万人もの人々を動員したといわれ、この運動に対する市民の関心の高さがうかがえよう。

(2) 運動連携

　政権交代によって、労使関係制度の改変が議事日程に上れば、BERSIH に連携することによって、労働運動は利害関心を実現する可能性が大きくなろう。しかし、ここにおいても制度的な制約が存在している。すなわち、労働組合が政治活動に参加することには、大きな制約がある。例えば、特定の政党の党員は労働組合に加入できないし、労働組合は政党に対して資金援助を行えない。こうした行為を行えば、労働組合としての登録を抹消される可能性がある。したがって、このことを警戒して、多くの社会と異なり、マレーシアにおいては、労働組合が政党と連携関係をもつことは一般に行われていない。

　BERSIH 運動も政治的な性格をもつ以上、現在のところ、例えば MTUC は公式にはそれへの支持を表明してはいない。MTUC 傘下の組合にも、必ずしも BERSIH 運動を支持する組合ばかりではないことも背景にあるらしい（公務員組合か?）。そのため、BERSIH 運動への支持は、個々の組合活動家に限定されている。こうした状況においては、BERSIH 運動にも、運動目標の達成にあたって、いわば"画竜点睛"を欠き、労働運動も制度改革という自らの利害関心を実現することができない。

　こうした負の相互連関を断ち切るためには、現行制度の制約のもとにあっても、労働運動と市民運動との連携を可能な限り深化させることが求められている。しかも、BERSIH は政党ではないし、現在の BERSIH は政党との関係はほとんどないといってよい[45]。BERSIH を支持することは、必ずしも政党との連携を意味しないのである。このことをふまえるとき、組合指導者たちの自己変容とそれに伴う英断が必要とされていよう (e.g., Kaur, Lucio & Rose, 2013)。

7. まとめ

 本章では、半周辺マレーシアにおいて、労働運動が想定されるほど活性化しない現状と原因について、最低賃金法制定のプロセス、電子産業における労働争議、さらには銀行セクターの労使関係を事例にして検討してきた。すでに、半周辺に上昇したとも考えられるマレーシアにおいては、依然として「周辺性」の現れである専制的労使関係が存続していたのだった。本章で検討した事例は、まさにそのことを体現するものである。マレーシアにおける労働組合は、専制的労使関係を存続させる制度によって、その活動が大きく制約されていた。労働運動が活性化するためには、制度改革が必要となろう。制度改革を進めるためには、現行制度の制約のもとでも、できるだけ政治的な活動にコミットする必要があろう。その一環として、市民運動との連携を進めることが、そのための第一歩となるのではなかろうか。この点については、Ⅶ章において再度検討してみたい。

注

1　先進社会に限定しても、新たに社会運動ユニオニズムが台頭してきていることはよく知られている (e.g., 山田, 2014)。

2　念のため断っておけば、GDPに占める比率をみると、確かに製造業が単独で最大のシェアを担っているものの (2013年において23.9%)、全体としてはサービス業が50%以上を占めている。その限りでは、すでにマレーシアも脱工業化が始まっていることになる。しかし、指摘されてきたように、もともと発展途上社会においては第3次産業 (とりわけ、インフォーマルなサービス産業) の比率が高いうえに、産業の知識集約化は必ずしも充分に進展していないことを考えると、こうした形式的な数値の大小にかかわらず、マレーシアにおいては製造業の存在が大きいといえよう。

3　例えば、政治的独立の後、工業化が進展する以前の基幹産業は、プランテーションにおける、ゴムやヤシの商品作物栽培であった。これを組織した組合は、プランテーション労働者全国組合 (National Union of Plantation Workers, NUPW) であった。NUPWは、一時期には8万人の労働者を組織してきたし、これはプランテーション産業で働く労働者の32%に該当する。しかし、近年においては、

NUPW は労働者の利害関心を充分に実現しているとはいい難い (Loh Kok Wah, 2010)。第1に、NUPW は生産性の上昇に見合う賃金の上昇を勝ち取っていない。その原因は、賃金設定が1日当たりの収穫に応じて決められているからである。NUPW は、1月当たりの収穫に応じた賃金の支払いを求めているものの、経営に拒絶されている。第2に、Ⅲ章で取り上げたように、プランテーション労働者は住宅問題に直面している。それというのも、プランテーションが再開発され、住宅を提供してきた資本が労働者への立ち退きを求めているからである。しかし、NUPW はこの問題をとり扱っていない。第3に、NUPW は、近年マレーシアにおいても導入されている業務委託契約 (contracting out) に対処できていない。これは、第3者に労働を請け負わせるシステムであり、実質的に移民労働者がその請負対象となっている。NUPW は、移民労働者の組織化にとり組んでいない。第4に、NUPW の指導部は40年にわたって固定されており、組織内に温情主義的支配 (patronage) を形成している。要するに、組合の役員は組合員の利害関心を実現するというよりも、組合執行部の関心を引くことを優先しているというわけだ。このように、マレーシアの労働組合それ自体についても、リーダーシップに問題を抱えている。この結果、NUPW は組合員を喪失し、1983年には12万4千人いた組合員が、2005年には6万5千人にまで減少してしまった。

4　「全国組合」とは、やはり労働組合法に基づいて、実質的には産業別組合にほかならない。例外的に、電子産業については、2009年に地域組合 (4つ) として労働組合が登録されている。「企業別組合」は、1980年代以降、マハティール政権によって進められたルック・イースト (Look East) 政策に基づいて、設立が推奨されている形式の組合である。ルック・イースト政策は、近代化の範を西洋社会に求めるのではなく、日本や韓国のようなアジア社会に求めようとするもので、労使関係においてもこれらの社会に特徴的な企業別組合が歓迎されているのである。

5　この手続きそれ自体は、アメリカ合州国におけるそれと類似している。しかし、後述するように、それ以後のプロセスは合州国よりも困難を極めることになる。

6　こうした傾向は、工業化のパターンに対応して把握することができる。すなわち、ISI においては、相対的に希少性が高い技能労働者を必要とすることから、労働者の利害関心に配慮した労使関係がとり結ばれる傾向があるのに対して、EOI においては、不熟練労働者を低賃金で雇用することしか想定されていないため、専制的な労使関係がとり結ばれる傾向が強くなるのである。

7　専制的/ヘゲモニー的という2項対立モデルは、ブラウォイ (Burawoy, 1985) に依拠している。

8　例えば、日本企業はこうした活動に極めて熱心であった。発展途上社会に進出

した多国籍企業においても、カイゼン提案や小集団活動などが実施されてきたことはその一例である。さらに、こうした活動の定着度あるいは成果が、企業ごとに大きく異なることも、こうした労使関係のあり方と関連して理解できよう（山田、2006: Ⅰ章）。もっとも、こういったからといって、組合が組織されている企業の方が、生産性が高いと主張しているわけではない。それというのも、そもそもマレーシアにおいて組合が組織されている日系多国籍企業は極めて少ないからである。

9 賃金委員会は、人的資源省の監督下に置かれてきた。
10 こうした最低賃金の制定は、マレーシアにおいてはそもそもそうした制度が存在しなかったことを考慮すれば、アジア社会にも広まっているとされる、ネオリベラリズムによって労働が規制緩和される傾向に歯止めをかけるような「再規制 (reregulation)」(Deyo, 2012) の一環とはみなせない。
11 最低賃金は 2017 年に引き上げられ、半島部が 1000RM、ボルネオの 2 州が 920RM に定められた。現在、政権を獲得した希望同盟 (PH) によって、再改定が検討されている。
12 2010 年の時点では、月額 750RM 以下が貧困とされ、実に 34% もの人々が貧困層を形成していた (Hector, 2012)。最低賃金が履行されれば、確かに貧困層の生活は改善したことになる。
13 その結果、従業員 5 人未満の企業については、6 か月の適用猶予期間が設けられた。
14 換言すれば、このことは国家が基軸的な階級関係から自律して独自の利害関心を追求したことを意味している。
15 この背景には、ペナン州知事による誘致活動が行われたことが指摘できよう。
16 1970 年代においては、こうした半導体産業の組立工場で働いていた、農村出身の若年女性労働者が「ヒステリー」（突然のひきつけと意識喪失）を起こすことが注目された。これは、工場における資本主義的な規律化への「抵抗」として解釈された (Ong, 1987)。
17 「パイオニア産業」とは、いわゆる「パイオニア・ステータス」を付与された産業である。もともとは、1965 年の「パイオニア産業法」によって規定された。「パイオニア・ステータス」は、付加価値のレベル、高い技術、産業間連携力の強化への寄与などの基準に基づいて認定され、操業後 5 年間の法人税などが免除される。とりわけ、ハイテク企業については、創業後 5 年間の所得に対する法人税全額が免除されることになる。
18 移民労働者に関して、そのリクルート過程を含めた包括的な問題と、問題を是正しようとする運動については、さしあたり山田 (Yamada, 2015) を参照。

19 これには、労働組合法によって、1つの産業には1つの組合しか組織できないと規定されている背景がある。したがって、マレーシアにおいては路線の対立などによって労働組合が分裂したり、異なる組合が組織されたりする可能性は、制度的に排除されているわけだ。

20 このことに対しては、組合サイドからは当然不満が出ている。それというのも、個々の組織の規模が小さくならざるをえないからである。もっとも、4つの地域組合は相互に連携して活動している。

21 ちなみに、これにはボルネオ島の東マレーシアの2州（サバ州およびサラワク州）は含まれていない。これは、東マレーシアにおいては半島部における法規が適用されないためである。

22 事態の性質に鑑みて、企業については匿名で、組合については実名で紹介することにしたい。

23 EIEUWRの事務局長（Secretary General）へのインタビューによる（2015年3月）。念のため断っておけば、2人というのはA社の組織化だけを担当しているわけではない。この2人は、5社を担当しているのである。

24 組織化の方法については、事務局長へのインタビューによる（2015年8月）。

25 こうしたリーダーのなかには、移民労働者はほとんど含まれていないという。

26 こうした勧誘活動において、マレー人と移民労働者とでは組合に対する意識に差異があるという。それというのも、滞在期間にできるだけ収入を確保したい移民労働者は、雇主と対立することは本意ではないことが多いからである。こうした意識差は、両者の間の対立に帰結することもあるという。ちなみに、はれて組合の認証を獲得した後においては、コア・グループは職場委員会（worksite committee）を構成する。これは、ショップ・スチュアードと同様の役割を負う。

27 労働問題に積極的にコミットしている弁護士からの聞き取りによる（2014年3月）。この弁護士は、後述するように、本章が検討している労働争議において組合への支援活動も行っている。

28 EIEUWRにおいては、組合代表はA社の従業員であるものの、事務局長は長年にわたる組合活動家であり従業員ではない。A社は、この点を問題にしているものと思われる。しかし、企業別組合でなければ、労働組合は企業に対して外在する組織であり、その執行部が特定企業の従業員でないことは当然の帰結である。

29 マレーシアにおいては、労使紛争は労使裁判所（industrial court）において通常争われる。しかし、この事例においては、争点が法律に関わるものであったことから、高等裁判所に訴えが行われたと思われる。

30 この間の経緯は、EIEUWRから提供された判決文による。

31　組合費は、1人月額6RMとされている。このうち、1RMがMTUCに上納されることになっている。現状では、組合の運営は厚志家による寄付によって成り立っているという。

32　通常でも、承認手続きには2年から3年を要しているという。MTUCにおける聞き取りによれば、最長のものは27年を要したという。

33　以下の記述は、NUBEの事務局長へのインタビュー、配布された資料、およびNUBEのウェブサイトに基づいている。

34　ここで、非事務職員とはメッセンジャーのような職種を指しているという。

35　これは、マレーシアにおける労働運動がプランテーション労働者を組織することから始まっていることに由来する。指摘したように、プランテーション労働者はインドからの移民である。したがって、現在に至るまで、マレーシアにおける労働運動の指導者はインド人が多くを占めている。

36　MCBAは、1963年に労働組合法（Trade Union Ordinance）に基づいて結成され、「労働組合（trade union）」として登録されている。これは、現在11行の外資系銀行を含む20の銀行から構成されている（http://mcba.my/v1/about-us/history/　2017年12月31日アクセス）。

37　さらにいえば、こうして育成されたリーダーがインスティテュートにおいて教育する立場に立つことも期待されている。こうしたリーダーは、まさに労働問題の専門家として、例えば労使関係裁判所などにおいて組合をサポートする専門家としても活躍することが期待されているのである。

38　2015年になると、このインスティテュートは事業を拡大し、経営サイドからも学生を受け入れるようになった。その結果、インスティテュートの運営費用は、経営側も負担するようになり、NUBEは結果的に経営から財政援助を受けるかたちになっている。さらに、インスティテュートをめぐっては、人的資源省もNUBEや経営と連携している。このことは、NUBEとMCBAとが「良好なパートナーシップ」関係を形成していることを示唆している。

39　全国執行委員会は、3年に1回開催され、3年間の活動方針が決定される。

40　これは、ホン・レオン銀行（Hong Leong Bank）の例である。

41　これは、メイ銀行（May Bank）の例である。もっとも、NUBEはかつて企業別組合の連合体としてのマレーシア労働組織（Malaysian Labor Organization, MLO）の設立を主導したことがある。これは、MTUC内部の対立に由来すると考えられている（Peertz & Todd, 2001）。

42　この点については、EOIにおいては、直接投資を促進するために電子産業などをパイオニア産業に設定し、さらなる多国籍企業の参入を図っていたこととは対照的である。

43 こうした主張は、いささか自家撞着に聞こえるかもしれない。それというのも、「構造」の制約を受けて停滞しているはずの社会運動が、そうした制約を払拭するために活性化することを求めることになるからである。しかし、国家においてガバナンスを行使する主体の自発的な行為によって、「政治的機会構造」が改変されることは、それがあくまで意図せざる結果として生起する場合を除けば、ほとんど考えらないことも事実であろう。翻っていえば、どれほど制度的制約が大きくても、運動を躊躇しない主体が存在するわけだ。このことは、個人のレベルにおける合理性だけでは、運動の生起を説明できないことも意味しよう。この点については、クロスリー（Crossly, 2002=2009: 206-207）。

44 BERSIH については、さしあたり山田（Yamada, 2016）を参照。

45 94 の NGOs からなる連合組織として、現在のブルセ（BERSIH2.0）は運営されている。しかし、2007 年までは、ブルセも政党によって主導される組織であった（Yamada, 2016）。

VI.「周辺性」を担う移民労働者
——その組織化と援助活動

1. はじめに

　発展途上国にとって、移民労働者はアンビバレントな存在である。一般に、移民労働者が低賃金労働を担うとすれば、急速に工業化を達成した諸国であっても、彼(彼女)らは低開発(underdevelopment)の状態が継続していることを示すことになる。他方では、移民労働者が流入していることは、当該の諸国における労働者が「ゆたかさ」を享受し低賃金労働を忌避していることを示している。つまり、移民労働者は急速に工業化した途上国、あるいは半周辺化した社会において、低賃金労働を担うことを通じて、「周辺性」と「中核性」とをともに体現しているといえよう。

　この事情は、半周辺マレーシアにおいても同様である(山田, 2006: Ⅷ章)。本章では、半周辺マレーシアにおける移民労働者の組織化と彼(彼女)らに対する援助活動(advocacy)について検討する。マレーシアは、東南アジア地域においてもその周囲の諸国から大量の移民労働者を受け入れている。すでに、Ⅴ章においても言及したように、移民労働者を組織化することは、労働組合その他の組織にとっても焦眉の課題となっている。このことは、専制的な労使関係を改変するにあたっても、大きな意味をもつことになろう。

　本章では、まずマレーシアにおける移民労働者の歴史的背景、人数、属性、労働条件、およびその困難について概観する。そのうえで、MTUCなどの労働組合とNGOsによる援助活動を検討しよう。こうした活動には、FTZにおける組織化や移民家事労働者の保護と教育などが含まれる。加えて、本章

では、こうした活動を行う組織が制度的制約や組織の資源不足などの困難に直面していることを確認し、その「周辺性」を払拭しえない実情と制度改革への展望について考察しよう。まず、移民労働者の特性をもう少し検討することから作業を開始しよう。

2．移民労働者の両義性

　指摘したように、移民労働者は、しばしば低賃金セクターで雇用されてきた。周辺ゾーンは低賃金によって特徴づけられ、「低賃金財」を供給することが、このゾーンの国際分業における役割であった。低賃金労働を追求する多国籍企業の進出によって、対外直接投資を呼び込み、その結果資本主義発展が可能になるとすれば、周辺社会にとっては、低賃金労働を維持することが重要になる。つまり、低賃金労働という「周辺性」を再生産すればするほど、それだけ一層、外国資本あるいは多国籍企業が主導する資本主義発展が継続できるという逆説が存在する。

　マレーシアにおいても、この点は全く同様である。グローバル化、それに伴うpost-NIDLの成立と半周辺化という変動を経過しても、マレーシアにおける工業化は、様々な変容は経験したものの、依然としてNIDLの成立と軌を一にするEOIの継続に依存している。EOIが、低賃金労働力に依拠した労働集約的な産業あるいは工程によって依然として特徴づけられる部分があるとすれば、半周辺マレーシアは、依然として移民労働者を導入することによって、こうした産業あるいは工程を存続し、それを発展の一環としていくことになる。言い換えれば、半周辺マレーシアにおいては、賃金上昇によってコンピューター化され自動化された工程の導入が進められ、産業の資本集約化が図られているにもかかわらず、移民労働者の導入によって、あくまで労働集約的な工程を移管する、一部の多国籍企業を誘致することによって、競争力を維持している傾向が指摘できよう[1]。

　しかし、移民労働者は「周辺性」だけではなく、「中核性」をも体現している。例えば、半周辺化に伴って「ゆたかさ」が実現され、新中間階級が拡大する

と、この階級の女性たちの多くが家事労働から解放され、様々な社会的活動を営むようになる。その際、そうした女性たちに代わって、家事労働を行うのは移民女性であることが多い。要するに、新中間階級の主婦たちはジェンダー関係に規定された家事労働から解放されるものの、その代わりを担うのは、やはり女性の移民労働者なのである[2]。この際、新中間階級の拡大と「ゆたかさ」の実現は、まさに「中核性」の発現といえよう。

しかし、従来のジェンダーに基づく分業のもとで、しばしば低賃金で長時間にわたる重労働にほかならない家事労働に従事するのは、移民女性労働者である。こうした移民労働者は、しばしば雇主（直接的には女性であることが多い）から虐待を受けることが問題となっている(Chin, 1998)[3]。こうした虐待は、肉体的な暴行や人格を貶める言説などからなる。こうして、移民女性労働者は、雇主から人格的な統制を行使され、ここでも実は「周辺性」を担う存在であるといえよう。換言すれば、「周辺性」に媒介された「中核性」を下支えする存在が、移民労働者であるというわけだ。

Ⅱ章においても言及したように、マレーシア政府は2020年までに先進国入りを目標にしている（「ビジョン2020」）。もし、この「先進国」が中核ゾーンを指しているのであれば、マレーシアは自らの「周辺性」を克服する必要があろう。移民労働者という存在に集約的に現れている「周辺性」を克服するためには、マレーシア政府による移民政策の改変など様々な制度的改革が求められよう。これまでと同様に、PHによる政権交代後においても、移民労働者をめぐる状況が変化しないのであれば、労働運動をはじめとする社会運動によって「周辺性」は克服せざるをえないのである。それでは、労働運動にとって懸念となる移民労働者は、どのような歴史的背景をもち、現在の状況に置かれているのであろうか。もう少し、具体的に概観してみよう。

3．マレーシアにおける移民労働者

(1) 歴史的背景

世界の多くの諸国と同様に、マレーシアも移民によって社会が構成されて

いる。すでにⅡ章およびⅢ章においても言及してきたように、マレーシアというマルチエスニックな社会の構成には、イギリスによる植民地統治が大きな影響を与えている。なかでも、インド人あるいはタミール人は、エステートとよばれるプランテーションで働く労働者として、植民地政府によってインドから導入された[4]。これは、マレー人を稲作農民のまま温存し(1913年のマレー人保護法による)、その他のエスニック・グループに安定した食糧供給を行わせるためだった。

政治的独立以降については、Ⅱ章でも言及したように、1970年代になるまではマレーシアの工業化は進展していなかったので、多くのマレーシア人は、例えばシンガポールなどのより工業化した諸国へと出稼ぎに行く傾向があった。しかし、マレーシアの工業化が進展し、とりわけ半周辺化が進むようになると、低賃金セクターなどにおいて顕著なように、労働力不足が深刻となってきた[5]。そのため、1970年代の後半から、マレーシアにも移民労働者が流入するようになってきた[6]。こうした移民労働者は、2016年の時点では195万人ほどに達しており(稲垣, 2017)[7]、労働力の25%ほどに該当するといわれている。

(2) 特　徴

一般に、移民労働者がよりよい職を求めて移動してくることを考えると、半周辺マレーシアには、その周囲の国々から多数の移民労働者が流入してくるようになろう。マレーシアには、インドネシア、ネパール、バングラデシュ、ミャンマー、ベトナム、カンボジア、あるいはフィリピンなどの諸国から移民労働者が流入している。このなかでも、最も多くの移民労働者を送り出しているのは、インドネシアであり、その数は、マレーシアにおける移民労働者の40.9%に該当する[8]。その他の移民労働者の出身国は、ネパールが21.9%、バングラデシュが12.9%、ミャンマーが7.3%にそれぞれ該当する。これらの諸国は、相対的にマレーシアの近隣に位置しているうえに、工業化があまり進展しておらず、雇用機会が乏しく、そのような意味でも周辺ゾーンに位置しているといえよう。そのため、こうした諸国の多くの労働者

は、マレーシアに働きにやってくるというわけだ。

　マレーシアにやってきた移民労働者は、どのような産業で働いているのであろうか。すでに言及したように、移民労働者の就労は低賃金セクターが多い。具体的には、労働集約的な製造業で働く労働者が34.7%、建設業が19.6%、プランテーションが15.8%、ローエンドなサービス産業[9]が13.3%、さらには家事労働者が7.3%などとなっている(稲垣, 2017)。それでは、男女の構成比率はどうであろうか。いうまでもなく、女性の比率が高まっているものの、マレーシアに移動してくる労働者は男女ともに存在する。

　もっとも、出身国ごとに男女構成の割り当てが決められている。例えば、ネパールやミャンマーからは主として男性労働者が移動してくるのに対して、ベトナム、カンボジア、およびフィリピンからは女性労働者が移動してくる。インドネシアおよびバングラデシュについては、男女ともに移動が認められる。このように、出身国によって男女の構成が異なる傾向は、マレーシアの移民政策に由来している。

　以下では、移民労働者に関する2つの事例をとり上げて検討したい。1つは、FTZにおける移民労働者であり、もう1つは家事労働者である。前者は、低賃金を維持し、EOIにおける競争力を維持するために重要であり、後者は、半周辺化に関連した両義性を担う存在であった。これらの労働者は、どのような問題に直面しているのであろうか。

4．移民労働者が直面する困難

(1) リクルート

　多くの場合、移民労働者たちは送り出し国の農村からやってきており、その一時的な滞在期間[10]を通じて収入を得るとともに、その一部を出身国へと送金している。労働者たちがマレーシアに移動してくるにあたっては、私的にブローカーやエージェントに相談し、マレーシアにおける雇主を紹介してもらうことが頻繁に行われている。こうしたリクルートの過程において、移民労働者は多くの困難に直面している。

もちろん、マレーシアにおいても制度化された移民レジーム (immigration regime) が存在しないわけではない。もともと、移民法は1957年に制定された。その後、1968年には雇用制限法 (Employment Restriction Act) が制定され、その結果不法に入国したという扱いを受けたインド人プランテーション労働者の多くが、1970年代初めにインドに帰国した。1970年代後半になって、不法なインドネシア人労働者の増加に伴って、1984年にはメダン協定 (Medan Agreement) が制定され、インドネシア人労働者の受け入れが制度化されることになった。

しかし、この協定によっても、必ずしも不法移民の流入を制限できなかった[11]。1980年代の後半以降は、景気変動に伴う労働力需要の変化にも合わせるかたちで、移民の受け入れをめぐる法律は何度も改訂されてきた。例えば、一定程度、移民労働者の導入を制限するために、後述するように、移民を雇用するにあたって、雇主には雇用する労働者のタイプに応じて賦課金 (levy) が課せられるようになっているし (山田, 2006: 196)、インドネシアとの間には移民家事労働者の受け入れ数をめぐって、了解覚書 (MOU) がとり交わされたこともあった。

リクルートの際に、一般には、移民労働者はまずブローカーやエージェントから基本的な情報を入手することになる。それにもかかわらず、そうした情報は偽りである可能性が大きく、おそらくは意図的にブローカーが労働者をだましている場合もある[12]。さらに、そうした情報に基づいて、事前に渡航や就労条件について契約が交わされるものの、しばしば契約書は書面で用意されない[13]。例えば、賃金は実際よりも高めであることが伝えられるし、就労先の工場についても、当初伝えられていたものとは異なっていることが多いという。加えて、労働条件についても、事前情報とは異なっていることが多く、その結果、労働者たちは期待していた収入を得ることができなくなってしまう[14]。マレーシアに到着後、就労するまでに待たされることも多く、労働者たちは滞在期間に期待していた収入を得ることもできなくなってしまう[15]。

第2に、移動に際して、労働者たちはブローカーに対して事前相談や渡航

のアレンジなどの対価として、手数料を支払っている。こうした手数料は、しばしば労働者にとって高額であるため、その多くの部分を家族や親族に肩代わりしてもらうことになる。こうした高額の費用は、端的にブローカーによる搾取の証となるものであり、労働者の賃金からそうした費用の一部を控除することも行われている。それというのも、ブローカーたちが移民労働者の雇主たちをそのように指導しているからである (Verité, 2012)[16]。こうして、高額の費用と低賃金は、帰国後に移民労働者に債務負担を強いることにもなる[17]。

(2) 職場

すでに言及したように、不正確な職場に関する情報は、移民労働者たちに期待外れの低賃金と劣悪な労働条件を強いることになる[18]。多国籍企業に支配されている電機産業などの製造業についていえば、労働条件はしばしばひどいものであることが報告されている (e.g., Borman et al., 2010; Verité, 2012; SOMO, 2013)。例えば、ほとんどが女性である移民労働者たちは、休むことなく長時間作業を継続しなければならない。この原因の１つは、彼女たちが移動費用をブローカーに支払うために長時間働く必要があるからである。こうした状況は、女性労働者たちがしばしば健康障害を被ることにもつながる。その一因としては、彼女たちが扱う危険な (toxic) 化学物質にも由来すると指摘されている。さらに、こうした状況は、彼女たちが自らの意思に反して働いていることを示しており、そのような意味で彼女たちの労働は「強制労働 (forced labor)」[19] として把握されている (Verité, 2012)。

他方で、生産変動を一因として、マレーシアに到着した後も、移民労働者には仕事がない可能性がある。あくまで労働者たちは、働くために来ているため、こうした状況は、移民労働者が雇主やブローカーが言うままに働かざるをえないことにつながる可能性がある。つまり、ここでも移民労働者は「強制労働」を行わざるをえないというわけだ。

加えて、グローバル化のもとでの厳しい競争によって、多国籍企業はフレキシブルな生産を追求しているし、その結果、労働者には効率的な職務

遂行と、求められるままに複数の (multiple) 職務を実行することが要請されよう (Borman et al., 2010; Verité, 2012)。要するに、移民労働者は強化された工場労働を遂行することを求められるのである。工場労働だけではなく、彼女たちは私生活も監視される。彼女たちは、制度的にマレーシア人の男性と結婚し、妊娠することは禁止されている。それゆえ、女性移民労働者は、自らの交友関係を監視され、年に1度肉体のチェックを受けなければならない。

　それでは、家事労働者は、どのような問題に直面していようか。女性移民労働者は、多くの場合、雇主の住居において家事労働に従事している。すでに述べたように、彼女たちは極めて長時間にわたって働き続け、ほとんど休息はない。住居についても、移民労働者たちはしばしば雇主と共にしている。そのため、彼女たちは1日中雇主から監視され、事実上休憩時間はないに等しい。それというのも、家事労働は極めて無限定な労働であるため、家のなかのあらゆる仕事をこなさなくてはならない。例えば、料理、掃除、洗濯、子守り、介護 (care giving) などがそれらである。要するに、女性移民労働者は過酷な労働を行使しているわけだ (e.g., Huling, 2012; Kok, 2013)。

　さらに、女性移民家事労働者は、言葉による、肉体的、および性的な虐待に直面している。彼女たちの女性雇主たちはしばしば、雇っている家事労働者が盗みをすることを懸念して、彼女たちを子細に監視し、些細なことにあら捜しをし、怒鳴りつけ、さらには殴打する傾向があるという。男性の雇主も、同居していることを利用して、女性移民家事労働者に性的虐待を行使する傾向があるといわれる。こうして、女性移民家事労働者にはほとんど自由時間がなく、あたかも雇主の所有物であるかのように、厳しい監視のもとで強化された労働を行うことが強いられることを考えると、こうした雇用のあり方は「人身売買 (human trafficking)」として把握されている (Huling, 2012; Kok, 2013) [20]。

　こうした労使関係のあり方は、前資本主義的な関係によって労使関係が代替されているとみなせよう。労使関係の一環である政治的な領域の関係、すなわち統制 (control) にかかわる関係は、資本主義のもとでは官僚制的なルールに基づく関係として編成される。しかし、ブローカーによる支配に媒介された、FTZ においてとり結ばれている専制的な労使関係や、世帯内におけ

る人格的な(persönlich)統制関係は、前資本主義的な関係と判断できよう。さらに、職を求める移民労働者に対して、あたかも「施し(charity)」であるかのように雇主やブローカーが仕事を提供するような雇用のあり方には、同様に前資本主義的な温情主義(paternalism)を確認することができよう[21]。

(3) 制　度

　移民労働者が「強制労働」や「人身売買」に直面する1つの原因は、マレーシアにおける移民受け入れレジームに求められる。第1に、移民労働者たちは自らその雇主を選択したり、変更したりすることができない。これは、雇主がまず必要な移民労働者の人数を申告して、それに応じて移民労働者が特定の雇主に割り当てられることによる。仮に、労働条件が劣悪だからといっても、移民労働者が割り当てられた雇主のもとから逃亡したりすれば、彼(彼女)らはただちに不法移民となり、マレーシアに滞在することはできなくなる[22]。

　さらに、とりわけ家事労働者の場合には、移民労働者のパスポートは、雇主によって隠匿されてしまう。そのため、移民労働者はいっそう逃亡することができなくなってしまうのである。例えば、2006年におけるインドネシアとの了解覚書(MOU)にも、こうしたパスポートを雇主が預かることが記載されている。もっとも、2011年におけるMOUにおいては、こうしたパスポートに関する項目は削除された。しかし、その後においても、こうした慣行は継続していることが報告されている(Huling, 2012)。

　第2に、移民労働者はいかなる労働組合や労働組織にも加入することはできないとされていることが影響している。マレーシアにおいては、1959年の労働組合法(Trade Union Act)と1967年の労使関係法(Industrial Relations Act)においては、移民労働者も労働組合に加入できることが認められているものの、内務省(Ministry of Home Affairs)は、労働組合法の第28条に基づいて、「組合指導者」はマレーシアの市民でなければならないと言明してきた。

　何度も指摘したように、電子および電機産業のような、多国籍企業に支配された輸出産業においては、低賃金で従順な労働者が存在することが、競争

力を維持するうえで決定的に重要とされてきた。そのため、その他の発展途上国と同様に、とりわけ FTZ においては、マレーシアにおいても労働者が労働組合に加入したり、労働運動を行ったりすることは禁じられてきた[23]。こうした制度的状況が、移民労働者が自らの労働条件を改善するために雇主に抵抗できない帰結をもたらしているわけだ。

　さらに、移民家事労働者は、移民レジームのもとでは労働者として扱われてこなかった。これは、1955 年の雇用法によって、家事労働者は労働者ではなく、世帯における使用人 (servant) として規定されているためである。例えば、インドネシアとの MOU はマレーシアの法律に基づいてとり交わされているため、MOU においても家事労働者は雇用関係に包摂される存在とは把握されていないのである。言葉を換えていえば、移民家事労働者は、雇用関係に包摂されているのではなく、前資本主義的で人格的な主人 - 使用人 (master-servant) 関係に包摂されていることになろう。こうして、雇用法が改定されない限り、移民家事労働者は労働者として保護されることはなく、労働組合にも加入できず、「人身売買」はなくならないのである。

　第 3 に、言及したように、雇主は移民労働者を雇用するにあたって、労働者のタイプと人数に応じて賦課金を負担しなければならない[24]。しかも、多くの場合、こうした賦課金は雇主が支払うのではなく、労働者の賃金から控除されているという。つまり、移民労働者は、既存の移民レジームによってさらなる搾取を被っているというわけだ。最低賃金制定以前の水準では、MOU に規定された最低賃金は月に 600RM であり、こうした控除によって、移民労働者の実質賃金は最低賃金を下回ることになってしまう (Huling, 2012)。

　以上、検討してきたように、マレーシアに滞在する移民労働者は深刻な問題に直面している。リクルートの過程においては、移民労働者はブローカーによる詐欺的な行為に直面する。労働者たちは、仕事に関する誤った情報を伝えられたうえに、高額の紹介料・斡旋料を支払わなければならない。職場においては、移民労働者は「強制労働」を強いられたうえに、「人身売買」の犠牲になることもある。さらに、こうしたレジームを支える制度は、移民労働者を保護することはできず、労働条件を改善することもできないのである

(e.g., Crinis, 2010)。

　こうした状況は、半周辺マレーシアにおいて移民労働者がまさに「周辺性」を担っていることを示唆している。こうした「周辺性」は、克服可能であろうか。以下では、労働組合とNGOsによる組織化と援助活動を検討していこう。

5．組織化と援助活動

　マレーシアにおいては、様々な制度的制約があるものの、移民労働者に対する多様な援助活動や組織化活動が営まれてきた。よく知られているように、多くのNGOsは労働運動に参加するようになっているし、労働組合は必ずしも多くの諸国において労働者にとっての第一の組織ではない (e.g., Ford, 2004; Yamada, 2014a)。そのため、労働組合による試みを検討するだけではなく、NGOsの活動をも検討することにしよう。

(1) 労働組合

　マレーシアは、半周辺に上昇したと考えられるものの、その労使関係は、依然として権威主義的であり専制的な性格を保持し続けている。マレーシアにおける労使関係システムは、とても雇主優位 (employer-advantageous) に編成されているので、労働組合はとても多くの困難に直面してきた。例えば、V章においても確認したように、労働組合は登録庁 (Registrar) に登録しなければならないし、その後で雇主とその従業員の双方から、従業員の代表であることを承認されなければならないのだった。こうした登録と承認を経て、はじめて労働組合は雇主と団体交渉を行うことができる。要するに、労働組合の活動は、制度的に制約されている[25]。その結果、マレーシアにおける労働組合の組織率は、6.5%まで下がっている (http://www.mohr.gov.my 2018年9月6日アクセス)。

　グローバル化のもとで、多国籍企業はフレクシブルな生産を志向し、労働者の「関与 (involvement)」を要請するため、その帰結としてヘゲモニックな労使関係をとり結ぶ傾向が現れているものの、FTZにおける一部の多国籍企

業は、競争力を確保するもう１つの手段として、依然として既存の全国労働組合に対して敵対的な態度をとり続けているのだった（Ⅴ章参照）。政府も基本的には反労働的(anti-labor)であり[26]、その結果、雇主優位な労使関係は変わることがない。とりわけ、EOIにおける基幹産業である電子産業においては、こうした制約が大きいことは確認してきた。しかし、ようやく結成が認められた（登録が受け付けられた）EIEUWRは、マレーシアにおいて一般的な全国組合ではなく、地域組合であるものの、積極的に移民労働者の組織化を試みている。

　述べたように、マレーシアにおいては、移民労働者は労働組合への加入が禁止されている。それにもかかわらず、Ⅴ章でも述べたように、MTUCやEIEUWRは移民労働者の組織化を試みてきた。すなわち、組合の代表権を承認するための従業員による選挙においては、秘密投票によって選挙が行われるために、事実上移民労働者も投票権を有しているのである。投票の結果、投票数と賛成率から想定すると、移民労働者の多くがEIEUWRの代表権を承認していることが明らかになっている。つまり、EIEUWRは実質的に移民労働者の組織化に成功しているのである[27]。移民労働者は、公式には労働組合に加入することが禁じられていても、この事実は移民労働者が少なくとも潜在的には組合員となっていることを示している。

　しかし、他方ではあくまで移民労働者はマレーシアへの一時滞在者であるため、EIEUWRなどの組合への加入にはそれほど熱心ではない。そのため、そうした労働者を組織することは難しいといわれてきた。電子産業をはじめとして、マレーシアでは様々な産業において、移民労働者の比率が高まっているため、マレーシア労働組合会議(MTUC)も移民労働者の問題を深刻にとり扱っている。それというのも、MTUCは、労働組合としてあらゆる労働者を保護し、彼(彼女)らの労働条件を改善することを目標としているからである。たとえ、公式には労働組合員にはなれないとしても、労働者として同等であるため、移民労働者が直面する諸問題に対処しようというわけだ。

　こうして、移民労働者問題にとり組むために、MTUCは移民資料センター(Migrant Resource Center, MRC)を設立している。MRCは、移民労働者に関する

あらゆるイシューをとり上げることを宣言している。すなわち、情報収集、支持、援助、会議の開催、運動への連携 (associative campaign) などがそれである。MRC は、ペナン州とジョホール州に支部を開設しており、移民の組織化も追求している。

さらに、MRC は様々な NGOs や政党、具体的にはマレーシア社会党 (PSM) と連携して、移民労働者が雇主を選べないことに起因する様々な問題への賠償を求める権利 (right to redress) を求める運動を展開した。これは、もちろん雇主が自らの賦課金を移民労働者の賃金から控除するような問題をはじめとして、そもそも雇主を選ぶ権利を回復 (redress) することも追求する運動である。

MTUC は、移民家事労働者の救済も追求しており、CARAM Asia というネットワークに参加している。このネットワークは、1997 年に設立されたもので、移民の権利を守るためのトランスナショナルな連携組織である。マレーシアにおいては、インドネシアなどからの移民労働者が多いうえに、述べたようにその多くが虐待を受けている。こうした移民家事労働者の救済は、焦眉の課題であるわけだ。そのため、トランスナショナルなネットワークに参加して、共闘態勢をとっている。いうまでもなく、こうしたネットワークの主要な組織は NGOs である。マレーシアにおいては、どのような NGOs が移民労働者の課題にとり組んでいるのであろうか。

(2) 労働 NGOs

マレーシアにおいては、政治的独立以来、ほぼ一貫して 5 年に一度の総選挙 (general election) が実施されてきており、そのような意味では民主主義が定着している。しかし、1980 年代のマハティール政権においても、民主的な活動が抑圧されてきたように[28]、マハティーリズムと称されたレジームは、権威主義的な性格を保持し続けてきたし、その性格は、その後の BN 政権のもとでも継承されてきた。

しかし、権威主義的な政権のもとでも、グローバル化とそれに伴う半周辺化の進展によって、マレーシアにおいても、多様な市民活動に特徴づけられ

る、そのような意味での「市民社会」が成熟してきていることは疑いえない。とりわけ、I章でも概観したように、権威主義的なBN政権は、イスラム化を進めており、その過程で女性に対する人権抑圧が問題となっている。そのため、多くのNGOsは、女性や人権保護を主なイシューとしてとり上げることが多い。以下では、そのなかでも女性移民労働者への援助活動を主要なイシューとしてとり組んでいる2つのNGOsについて検討しよう。

　第1は、「女性の友 (Persatuan Sahabat Wanita, Friends of Women)」というNGOである。この組織は、1984年に結成され、クアラルンプール近郊に位置するカジャン (Kajang) に拠点を置いている。創立者の1人にインタビューしたところ、現在のメンバーは100人ほどであり、実行委員会 (executive board) を構成する7人が運営にあたっているという。会費は、月10RMである。女性の友は、いかなる民間の財団等からも財政支援を受けていない。メンバーの構成としては、会員の70％がインド人であり、華人が10％程度で、マレー人はほとんどいないという。この背景には、カジャンという地域が、もともとプランテーションが集中しているところであり、プランテーション労働者の多くがインド人であった事情がある。女性の友は、もともとプランテーション労働者を組織することから出発したのである。

　このNGOの現在の目標の1つは、移民も含めたFTZにおける女性労働者を援助することである。述べてきたように、1970年代以降、EOIのもとでマレー人女性の主な雇用先は、FTZによって提供されてきた。しかし、半周辺化の進展によって、マレー人女性も相対的に高い教育を受けるようになると、彼女たちはFTZで行われている単調な組立労働を忌避するようになり、離職率が高くなってきた。そのため、マレー人女性労働者に代わって、移民女性労働者が導入されるようになったのである。

　こうした移民女性労働者は、厳しい労働を課されるうえに、自分が行う仕事についてほとんど事前に知らされていないことが多い。そのため、有害な化学物質を扱うことによる危険にさらされるだけでなく、主として帰国した後で健康障害が発覚することが多いという。こうした事情を受けて、女性の友は、移民労働者に自らの仕事内容について理解を促進し、健康障害を回避

するように努めている。

　さらに、女性の友は、衣服産業 (garment industry) において、ナイキ (NIKE) などの多国籍企業と下請関係をとり結ぶ子会社で就労する女性労働者を支援している。こうした下請企業は、しばしば不法移民 (undocumented migrant) を雇用していることが多い。いうまでもなく、不法移民労働者はその地位のため、それだけいっそう立場が弱く、搾取の対象になりやすくなっている (e.g., Loh, 2016)。

　加えて、女性の友は、その他のNGOsと連携して、女性労働者の教育とトレーニングを行っている。この際、連携先のNGOsには先に言及したSUARAMなどが含まれている。この活動の目標は、女性労働者たちにリーダーシップを担う能力を開発することである。インタビューによれば、この育成に関して、女性の友はオリジナルなカリキュラムはもたないものの、情報を的確に処理できる能力、労働者のなかでファシリテーター (facilitator) を担える能力、雇主と交渉し、プレゼンテーションを行い、さらには簡単なリサーチを行い、レポートも執筆できるような能力の育成を目指してきた。

　第2のNGOは、テナガニータ (TENAGANITA) である。TENAGANITAは、1991年に設立された。創立者は、アイリーン・フェルナンデス (Irene Fernandez) というインド人女性人権活動家である。著者によるインタビュー (2017年8月) によれば、現在の有給スタッフは28人[29]であり、その多くはインド人と華人であるという。こうしたスタッフは、ミャンマーやカンボジアなどからの移民が直面する様々な問題の相談に応じている。そのため、TENAGANITAは、法的な問題に対処するために法律家を雇うだけではなく、通訳や翻訳家も雇用して多様な移民に対処している。資金についていえば、TENAGANITAは、マレーシア国内の財団からは財政援助を受けていないものの、海外の財団からの援助は受けている。

　現在の代表 (director) に行ったインタビューによれば、TENAGANITAはもともとプランテーション労働者やFTZで就労している移民労働者の状況を改善するための運動を行ってきた。TENAGANITAは、料理教室や英語の授業など様々な機会を設定して、移民労働者の組織化を図り、再生産 (出産や

育児など)、人権、あるいはリーダーシップ開発などに関して教育活動を行ってきた。初期の活動としては、とりわけフィリピンからの家事労働者とセックス労働者の問題をとりあげ、後者については HIV や AIDS についての教育を実施してきた (CARAM Asia, 2005)。要するに、TENAGANITA は、3 つのカテゴリーに属する労働者のために活動を継続してきたといえよう。すなわち、女性、移民、および難民が、それである。

　もっとも、現在最も精力的に活動を行っている対象は、移民労働者にほかならない。以下では、移民労働者に対する活動について概観しよう。第 1 に、2008 年以降、TENAGANITA は反「人身売買」のための法制化と制度形成を追求してきた。とりわけ、家事労働者については、「毎週 1 日の休みを (One day off for every week)」というキャンペーンを実施した (Tenaganita, 2012)。このキャンペーンは、家事労働者が直面する極めて長い労働時間や「疑似奴隷的 (pseudo-slave)」状況を改善することを目標にしていた。

　要するに、このキャンペーンは、とりわけ住み込みで働く移民労働者 (live-in worker) に 1 週間に 1 度は休みを与え、友人や親類たちと交流できる機会を与えることを求めるものである。このキャンペーンが功を奏したのか、2009 年にマレーシア政府は家事労働者に 1 週に 1 度の休日を取得させることを許可したうえに、自らがパスポートを保持することを容認した (Ng, 2011: 39)。

　第 2 に、TENAGANITA は、移民コミュニティに対する教育活動を実行してきている。この活動の目的は、移民コミュニティ内[30]におけるリーダーを育成し、そうしたリーダーを通じて移民たちに自らの権利について周知することである。家事労働者についても、TENAGANITA は、労働者が集う教会などにアウトリーチを行って、組織化を試みている[31]。加えて、とりわけ興味深いことは、やがて帰国する移民労働者に対して、将来マレーシアに移動する労働者のなかから新たなリーダーを育成することを期待している点である。これは、トランスナショナルな組織化に通じる活動であり、極めて注目されよう。

　リーダーの育成は、すべて移民労働者の母国語 (例えば、ネパール、ミャンマー、バングラデシュ、あるいはタガログなどの言語) で行われるという。リー

ダーの育成は、25のセッションを受講することによって行われ、2015年の実績では女性87名、男性5名、2016年では女性15名、男性85名のリーダーがそれぞれ育成されたという[32]。リーダー育成の眼目は、なによりも権利意識の醸成である。例えば、職場などで不当な扱いを受けた場合に、録音や録画などによって証拠を確保したうえで、労働監督局や警察などに提出することを指導されるわけだ。TENAGANITAは、こうした権利意識を移民労働者相互で共有することを推奨している。こうした成果は、TENAGANITAにもフィードバックされてきているという。つまり、こうした活動の評判が高まることを通じて、さらなる相談や問い合わせが増え、それを通じて実質的な組織化が進展するというのである。

　第3には、TENAGANITAは、先に言及した、移民労働者の賠償権（right to redress）運動に関連して、2016年から2017年にかけて包括的な移民政策の形成に向けたラウンドテーブル・セッションの運営を行ってきた。このラウンドテーブル・セッションには、労働組合、NGOs、政府関係者、宗教団体関係者、および各国の大使館員などの合計55名を招待し、合計4回にわたって実施した[33]。包括的な移民政策は、リクルートの過程から一貫して移民過程を統制する政策にほかならない。例えば、すでに言及したように、マレーシアにおいては、移民労働者は労働組合法（人的資源省管轄）のもとでは労働組合に加入できるにもかかわらず、その他の移民規定（内務省管轄）のもとではあらゆる団体に加入できないことになっており、法規定においても矛盾がある。

　このほかにも、移民が行う手続きは煩雑であり、そのためブローカー、エージェント、あるいは雇主がそれを代行することによって搾取が発生する可能性もある。こうした点を簡素化し、ワンストップですべての手続きが完結するような部局を作る必要があるというわけだ。移民の受け入れについても、マレーシア国内に極めて多くの不法移民が存在するにもかかわらず、継続的に新規の受け入れを行うことには問題があるという。

　TENAGANITAは、産業ごとに必要な人数を算定し、それに基づく受け入れ政策を実施すべきであるという立場をとっている。そもそも、入国に際し

て、ほとんどが合法的な手続きを取っているにもかかわらず、不法移民が多数存在する1つの理由は、言及したように、移民労働者がその雇主を選べないために、問題に直面して雇主のもとから逃亡した労働者が多く存在することである。雇用関係を解消した移民は、不法移民になってしまう。こうした制度を改めることが、焦眉の課題であるというのである[34]。

　第4には、緊急的な救済のためのシェルターの設置である。シェルターの利用者は、難民のほかには、家事労働者やセックス労働者[35]である。彼女たちが、雇主や顧客に暴力を受けたときなどに、シェルターを利用する。もともと、クアラルンプールに設置されていたものの、2017年現在、シェルターはペナンにも設置されている。その結果、総数で25人が収容可能になっているという（女性移民労働者は、子供を連れていることも多く、そのため収容数を多めに確保することが求められる）。この点に関連して、TENAGANITAは、政府から補助金300万RMを受けている。この補助金によって、15人分のシェルターが確保された[36]。TENAGANITAは、難民および移民を対象に、24時間のレスキュー体制をとっており、問題に直面した当事者を迅速にシェルターに収容できるようにしている[37]。

6．移民労働者をめぐる運動の課題

　以上、労働組合と代表的な労働NGOsによる移民労働者の組織化と援助活動について概観してきた。こうした運動には、どのような課題が存在するのであろうか。以下では、この点を確認していこう。

(1) 主　体

　移民労働者をめぐる労働運動にとって、まず直面する課題は移民という主体に関連したものであろう。多くの活動家も認識しているように、あくまで一時的滞在者である移民労働者は、必ずしも労働運動に熱心にかかわろうとはしない。とりわけ、女性の移民労働者についていえば、子供を養育し[38]、その他の家事を行う必要がある。そのため、彼女たちには会議や集会に参加

する時間がそもそもないことが多い。

(2) 組　織

　マレーシアにおいては、多くの労働NGOsが運動に加わっている。しかし、しばしば、そうした組織は運動を活性化させるほど資源が豊富にあるわけではない。組織の規模は小さいうえに、資金が豊富にあるわけでもない。なるほど、労働組合は労働NGOsに比べて資源を豊富にもっているものの、そうした組合それ自体が固有の問題を抱えていることがある。例えば、一部の組合は組織化に熱心ではなく、スタッフが腐敗していることも指摘されてきた。Ⅲ章でも言及したNUPWなどがそうした例に該当する。さらに、たいていの組合リーダーは男性であることが多く、女性労働者に固有の問題については必ずしも関心をもっていないことも多いことが指摘されている (e.g., Crinis, 2008)。

(3) 制　度

　しかし、最も大きな課題は、マレーシアにおける労使関係システムと移民レジームにほかならない。第1に、あくまで内務省の規定によれば、移民労働者は組合に加入することはできない。第2に、家事労働者は労働者ではなく使用人として扱われているため、労働法による保護対象にならないし、労働組合が組織することもできない。さらに第3に、移民労働者は自ら雇主を選択できないため、どれだけひどい雇用環境であっても、それを変更することができない。そのため、そうした労使関係を解消することを目的に雇主のもとから逃亡したりすれば、ただちに不法移民になってしまう。こうした移民労働者の現状は、しばしば「人身売買」にも例えられる状況を生み出すことになる。まさに、移民労働者は、結果的に半周辺マレーシアにおける「周辺性」を体現する存在となっているのである。

7. まとめ

　本章では、マレーシアにおける労働運動の大きな課題である移民労働者をめぐる問題について検討してきた。マレーシアは、その工業化の帰結として、周囲の諸国、つまり周辺ゾーンに属する社会から多くの移民労働者を受け入れており、いまや東南アジアにおいては有数の移民受け入れ国となった。しかし、移民労働者はそのリクルートから始まる一連のプロセスにおいて、様々な困難に直面し、まさに「周辺性」を体現するものとなっていることは明らかである。さらに、労働組合や労働NGOsによる移民労働者に対する活動についても、様々な制度的制約が存在し、充分な成果を達成できていないことも明らかになった。Ⅴ章において確認したように、こうした制約それ自体も「周辺性」を体現するといえよう。

　こうした現状を打開するためには、制度改革が求められる。PH政権のもとで、こうした改革は進められるのであろうか。すでに、Ⅴ章において指摘したように、政権交代に寄与した市民運動と労働運動との連携について、いよいよⅦ章において本格的に検討してみよう。

注

1　もちろん、低賃金労働力だけが競争力の源泉ではない。しかし、従来EOIが基本的には低賃金で従順な労働力に依拠してきたことはいうまでもない (e.g., Deyo, 1989)。

2　こうした事情については、中核ゾーンにおいても同様であることが指摘されている (e.g., Milkman et al., 1998)。

3　こうした家事労働者は、住み込み労働 (live-in work) となることが多い。その場合、労働時間と非労働時間との区分は曖昧となり、労働時間は無制限に延長される可能性がある。こうして、移民労働者は半ば監禁状態 (custody) となり、人格的な管理が行使される。こうした関係は、前近代的あるいは前資本主義的であり、それ自体が「周辺性」の現れといってよい。

4　すでに言及したように、この労働者の移動はカンガニー (kangany) 制度として制度化された (Parmer, 1954; Jain, 2011; Stenson, 1980)。カンガニーは、村の有力者であり、自らの出身村から労働者をリクルートした。インド人労働者は、しば

しば家族を伴ってマレー半島に移動し、カンガニーによってその生活のすべてを支えてもらっていた。要するに、このシステムは温情主義的なシステムであった。

5　一般にも、対外直性投資の受け入れによる工業化の進展と移民労働者の流入とは正のリンクがあることが指摘されている (e.g., Ananta & Arifin, 2004; Tsai & Tsay, 2004)。

6　東南アジア地域は、マレーシアなどの工業化の進展を一因として、域内における労働力移動が活発になっている (e.g., Asis, 2004; Eilenberg, 2012; Hugo, 2004; Kaur, 2010; Kurus, 2004; Ramasamy, 2004a)。

7　もちろん、これは正式に確認された移民労働者の数である。これにほぼ匹敵する不法な移民労働者が滞在していると考えられている。

8　インドネシア人労働者は、建設部門において最多の移民労働者でもある (Narayanan & Lai, 2005)。彼らの多くは農村出身であり、建設労働についての経験も技能ももたない。そのため、彼らを雇用することによって、かえって建築物の質に悪影響が出るとも指摘されている。

9　例えば、こうした産業としてはレストランやカフェなどが多い。この点については、イーとユエン (Yee & Yuen, 2014) をも参照。

10　もちろん、多くの労働者は、マレーシアに繰り返し訪れている。

11　メダン協定は、不法移民の減少と、雇主や仲介業者による移民労働者への搾取を防止することを目的としていた。メダン協定によって、マレーシアが必要とする労働者のタイプと量に基づいて、インドネシア労働省が労働者を調達することになった。インドネシアは、渡航のための手続き書類を提供するとともに渡航税 (exit tax) を免除することを通じて、マレーシアへの入国を容易にしようとした。しかし、渡航までの時間の節約や移民が制度を理解しなかったために、雇主や移民によって手続きが無視されるようになってしまった。その結果、足掛け3年間でこの協定は廃止されてしまったのである (Kassim, 1997)。

12　バングラデシュからの移民労働者についていえば、不法移民の場合には、合法移民に比べてマレーシアへの移動に要する時間が長くかかるという。それというのも、ブローカーが、まさにそうした入国が不法であるために、あえてジャングルなどの危険なルートを通って移動するからであり、労働者たちは、蛇、虫、あるいはヒルなどに出くわすことになる (Ullah, 2013)。

13　書面によって契約が交わされる場合であっても、契約書が英語で書かれており、多くの場合、労働者たちには読むことができない。

14　イシダとハッサン (Ishida & Hassan, 2000) は、そうした誤った情報とそれに関連して期待される収入が得られないことによって、マレーシアにおける滞在期

間が長くなると主張している。それというのも、バングラデシュ労働者は滞在期間を延長してより多くの収入を獲得し、移動にかかった高額の費用を返済しようとするからである。イシダとハッサンは、もし賃金や労働条件に関する情報が正確であれば、バングラデシュ労働者がマレーシアに移動しようとする期待はそれほど高くならないし、移動費用もそれほど高額にならないとも主張している。

15 マレーシアにおいては、不熟練労働者は通常1年間の就労が許可される。滞在期間は、最大3年まで延長可能である。

16 このことは、実はブローカーが様々な工場や世帯と契約しており、労働者をそれらに派遣していることを意味している。そのため、移民労働者たちは事前に言われていた雇主とは異なるところで働くことが多くなる。例えば、仮に有名な多国籍企業の工場において働くことになっていても、実際にはローカル企業であることが多い。このような労働者のアウトソーシングあるいは下請けは、労働条件の悪化につながることが多いことも指摘されている (Aliran & Goodelectronics, 2013: chap.2)。さらに、こうした雇主の責任もはっきりせず、労働者にとって、しばしばだれが雇主なのかわからないことも多い (Robertson Jr., 2008)。

17 このように、移民労働者が直面する困難には、マレーシアから帰国後に体験する問題も含まれている。ルードニック (Rudnick, 2009) は、バングラデシュの女性移民労働者が帰国してから直面する困難に言及している。いうまでもなく、移民労働者たちはマレーシアにおける生活でも、住宅をめぐって困難に直面している (Kassim, 2013)。

18 例えば、最低賃金法が施行される以前についていえば、ペナンにおいて1世帯当たりの生活費が月1750RM (2001年) であったのに対して、基本給は550RMであった (Bormann et al., 2010)。

19 このように指摘される労働の実態が、単なる比喩を超えて妥当性をもつとすれば、移民労働者がとり結ぶ労使関係は、前資本主義的な関係によって代替されているとともに、まさに「周辺性」を体現することになろう。実質的な意味における強制労働は、人格的統制に媒介され、移動の自由を奪われた不自由労働にほかならない。

20 要するに、こうした問題を克服する運動は、人権を守ることを目的としている。社会運動が"人権"という概念を無反省に擁護し、この概念に内在する、例えばジェンダーに関する差別に関心をもたないことは、しばしば批判されているし (Elias, 2008; 2010)、人権擁護を唱道することの効果についてもコンティンジェントであるものの (Bloemraad, Voss, & Silva, 2014)、グローバルな社会運動におい

21 こうした関係が許容される背景には、移民労働者が農村から移動してくることも関連している。周辺ゾーン、とりわけその農村地域においては、資本主義的な関係は必ずしも遍在せず、前資本主義的な関係があまねくとり結ばれている。農村出身の移民労働者は、こうした関係に「親和性 (intimacy)」が大きいと考えられる。

22 もっとも、現実には多くの移民労働者から逃亡し、不法移民となっている。こうした労働者の生活は、移民の相互扶助的なネットワークによって維持されている。ネットワークについては、多くの研究がある (e.g., Bunmak, 2011)。

23 オング (Ong, 2006=2013: 130-132) は、FTZ、あるいはそこにおけるこうした状況をネオリベラリズムが生み出す「例外 (exception)」として把握している。つまり、FTZ においては「市民権 (citizenship)」が段階づけられた結果、ネオリベラリズムによって、恩恵がもたらされる人々がいる一方で、FTZ における労働者のように半ば「市民権」が制限されている人々も発生するというのである。もっとも、すでにⅥ章で述べたように、1980年代の後半以降、FTZ における労使関係にも変化がみられることは看過できないであろう。企業別組合の容認やそれに基づく MLO の結成などがそれである。

24 例えば、不熟練労働者に対する賦課金は、熟練労働者あるいは多国籍企業の従業員のような専門職に対する金額とは異なっている。ちなみに、不熟練労働者1人に対する賦課金は、2013年には年間 1200RM であった (Bormann et al., 2010)。

25 このことは、わずかな人数で労働組合を結成でき、団体交渉を申し入れることができる日本の制度と比較すれば、いっそう明らかとなろう。

26 なるほど、2013年になってようやく、マレーシアにおいても最低賃金が法的に定められた。しかし、Ⅴ章において分析したように、この法制化は必ずしも労働組合などの要請を受け入れて実行されたものではなく、国家が親労働的 (pro-labor) になったとは必ずしもいえない。この点に関連して、反労働的であったマハティールが再び首相を務める PH 政権が、労働問題に対してどのようなスタンスをとるかが注目されよう。

27 しかし、雇主の一部には、団体交渉における交渉単位を操作して、移民労働者と移民労働者が多く含まれている契約労働者 (contract worker) を交渉単位から外そうとする傾向があるという (Robertson Jr., 2008)。

28 1998年には、国内治安法 (ISA) に基づいて労働運動の活動家などが一斉に逮捕されるという事件が起こった (ララン作戦 (Operasi Lalang))。これを受けて、マレーシアにおける人権抑圧を告発・監視する NGO が結成され、活発に活動している。

マレーシア人民の力 (*Suara Rakyat Malaysia*, SUARAM) がそれであり、毎年人権状況についてレポートを刊行している (e.g., SUARAM, 2013)。

29　そのうち、フルタイムが 21 人、パートタイムが 7 人であるという。さらにこれに加えて、フルタイムのボランティアとインターンがそれぞれ 3 人採用されていた。これは、2016 年からコロラド大学とレバノンの NGO と連携して、TENAGANITA の活動の一環である難民救済を扱うプロジェクトを新たに立ち上げたためである。TENAGANITA は、主としてロヒンギャ (Rohingya) 救済の活動を行っている。ロヒンギャについては、ロー (Loh, 2015) も参照。

30　こうしたコミュニティは、さしあたりいわゆる移民エンクレイブ (enclave 飛び地) を形成している。クアラルンプールのシラン通り (Jalan Silang) においては、かつての華人やインド人からなるエンクレイブがバングラデシュ人のそれに転換してきているという。さらに、政策的な男女構成の割り当てによって、バングラデシュ人のエンクレイブは、男性の構成比率が高くなっているという (Muniandy, 2015: 93)。

31　2016 年 8 月に行ったインタビューでは、ジョンス・ホプキンス大学と提携して、トレーニングプログラムを作成し、それに基づいてトレーニング用ツールキットを開発したとのことである。

32　このように、かなり多数のリーダーが育成されている背景には、移民労働者は基本的にはやがて母国に帰国することが想定されるためである。帰国後に、こうしたリーダーが、自らの村などで新たな移民労働者となるリーダーを育成することが期待されているのである。

33　ちなみに、このセッションは、マラヤ大学で開催され、MTUC、CARAMAsia、あるいは PSM などの「賠償権連合 (right to redress coalition)」が運営している。ここには、女性の友の活動家も参加している。それぞれのテーマとしては、第 1 回がリクルート、第 2 回が逮捕と強制送還、第 3 回が健康問題、さらに第 4 回が家族問題である。セッションにおいて、議論した懸案については、そのつど政府にメモランダムを送付しているものの、回答は寄せられていないという。

34　さしあたり、不法な移民労働者を合法的な存在に変更する方法として、E-Card (enforcement card) が考案され、2017 年 2 月から配布された。このカードの有効期限は 2018 年であり、その間に当該の労働者は新しい雇主のもとで合法な存在になるための手続きを行う必要がある。その際には、新たな雇主は移民労働者の基本情報をすべて登録し直す必要がある。この費用は 600RM であり、5 つの産業 (建設、プランテーション、製造業、サービス、および農業) における再雇用が対象となっている。もっとも、この制度を利用した労働者数は期待をはるかに下回ってしまった。具体的には、40 万から 60 万人の労働者に配布する予

定であったものの、16 万人にとどまった。これは、雇主が手続きをしなかったことも大きい (https://www.thestar.com.my/news/nation/2017/07/01/absolutely-no-extension-fuming-immigration-boss-deadline-for-ecard-registration-stays/　2018 年 10 月 4 日アクセス)。

35　マレーシアには、中国などから移動してきた女性移民労働者がセックス産業で働いている。クアラルンプールにおけるブキ・ビンタン (Bukit Bintang) においては、夜になると 10 代の女子がお客をとらされる売買春が行われていることがよく知られている。こうした状況についての、エスノグラフィーとして、ムニアンディ (Muniandy, 2015) を参照。

36　インタビューによれば、この補助金獲得の理由は、マレーシアの人権状況が悪く、アメリカ合州国の基準では「二等国 (tier2)」に位置づけられていることが関連しているのではないかということだった。

37　2016 年 8 月に代表に対して著者がインタビューを行っているさなかにも、1 本の電話が入り、1 人の女性がオフィスに連れてこられた。この女性は、シェルターに収容されることになった。

38　マレーシアにおいては、移民労働者は子供を連れて入国することができない。しかし、しばしば不法移民にあっては、子供連れで移動してくることが知られている。女性の友におけるインタビューによれば、カンボジア移民女性のケースにおいては、こうした子供の就学をエージェントが担うことによって、大きな利益を上げているという。カンボジアからの女性移民労働者については、レオーネ (Leoné, 2012) も参照。

Ⅶ. 市民運動における労働運動の位置
——連携は可能か

1．はじめに

　述べてきたように、グローバル化とそれに伴う半周辺化の進展によって、マレーシアにおいては人々の欲求が多様化し、それを反映して様々な社会運動が生起している。しかし、半周辺において偏在することが想定される労働運動については、これまでの2章にわたって確認したように、期待されるほどには活性化してはいない。他方では、「ゆたかな」中間階級が成長するに伴って、様々なNGOsが生起し、それを背景として市民運動(civil activism)が活性化している。

　これまで検討してきたように、労働運動が様々なイシューを抱えていながら、それを充分に解決できていない背景には、権威主義的な政権のもとで作られた制度による制約があることはいうまでもない。いうまでもなく、そうした制度的制約は、労働運動それ自体が制度改革を成し遂げる可能性も制約してきた。例えば、労働組合は特定の政党と連携することは禁止されている。民主的な選挙が継続的に実施され、選挙権を有する市民としては、組合活動家も投票することができ、それを通じて特定の政党に支持を表明することは、もちろん制限されてはいない。しかし、労働組合が、組織として特定の政党に対する支持を表明することは禁じられている。さらには、労働組合の役員が、特定の政党の党員になることも禁止されているのである。

　したがって、こうした制約的制度を改変するためには、BN政権から政権を奪取し、そのうえで制度を改変することが求められよう。労働組合および

それが中心的に担う労働運動にとっては、こうした制約によって、さしあたって自らの政治的利害関心を政党との提携を通じて実現することはできないので、より広範な社会運動、例えば市民運動との連携を通じて、「政治的機会構造」を変化させていく戦略が求められるはずである。

こうした政治的影響力を行使しうる運動として、本章ではブルセ (BERSIH) 運動をとり上げ、この運動あるいは組織と労働運動との連携について検討してみたい。BERSIH は、マレー語で"きれいな (clean)"を意味する。この組織・運動が目指すものは、まさにその名の通り、「きれいな」選挙の実施にほかならない。すなわち、マレーシアにおいては、政治的独立以降、ほぼ一貫して選挙によって州および連邦レベルの議員が選出されてきたものの、それは選挙区の区分割り (delineation) とそこへの議席の配分にあたって、いつも不正が介在し、その結果 UMNO をはじめとする BN を構成する政党が議席獲得にあたって有利であったというわけだ。

こうした認識に基づいて、BERISH は 2007 年以降、一貫して選挙区の公正な再区分化 (redelineation) を要求し、不当な有権者配分 (gerrymandering) に抗議するとともに、有権者に対しては自覚的な投票をよび掛ける運動を展開してきた。2008 年および 2013 年の総選挙においては、こうした運動の成果として、BN 政権は大幅な議席減と得票率の減少を経験することになった[1]。この間、BERSIH は、全国から多数の人々を動員し、大規模な集会を開催してきた。その影響は、トランスナショナルなレベルにもおよび、海外に在住するマレーシア人たちも進んで BERSIH に連帯し、集会などを開催した。こうした一連の活動の成果の 1 つとして、ついに独立から 60 年余を経過してはじめて、第 14 回総選挙の結果、マレーシアにおいて政権交代が実現したのである。

こうした BERSIH 運動の成功の一因は、動員に参加した人々の社会的不満であったことはいうまでもなかろう。こうした人々は、多様なエスニシティと「プレカリアート (precariat)」とよびうるかもしれない、若年の不安定雇用におかれた労働者なども含まれていた。そうした意味では、あくまで選挙改革を求める市民運動というスタンスを取りながらも、BERSIH 運動には一定

の階級的基盤があったし、労働運動と連携する可能性があることを示唆するといえよう。それでは、労働運動はBERSIH運動においてどのような「位置」を占めているのであろうか。本章では、まずマレーシアにおける市民社会の成熟と市民運動の活性化を確認したうえで、実際にはBERSIH運動が「階級性」を背景にした運動であることを明らかにする。そのうえで、労働運動が自らの制約を克服し、階級的性格の社会運動を拡大していく可能性を、2つの運動の連携の現状と展望に読み取っていくことにしたい。

2. 市民社会の形成とNGOs

(1) 市民社会論の2つの系譜

　いわゆる市民社会 (civil society) の概念については、多くのバリアントが存在しよう。しかし、大きく分類するならば、2つの主要な系譜が存在する (e.g., Lee (ed.), 2004; Ramasamy, 2004b)。1つは、権威主義や国家の抑圧に関連して概念化されたものである。このタイプの概念は、権威主義国家に対抗する市民やNGOsの活動に焦点を当てたもので、多くの発展途上国や東ヨーロッパの旧社会主義国の現状に依拠している。換言すれば、この系譜は、周辺あるいは半周辺ゾーンに位置する社会に基づいて概念化されている[2]。

　そもそも、ヘーゲルが人倫 (Sittlichkeit) の一環として市民社会を概念化した際には、市民社会は家族と国家との関係において成立する概念であった。いうまでもなく、市民社会は家族においては処理できず、そこからあふれ出た欲求のシステムとして概念化されており、国家はそうした管理不可能な欲求を統合するものとして概念化されていた。このような意味では、市民社会は国家と対立することが想定されていたのである。

　もう1つの系譜は、いわゆる社会資本 (social capital) や市民による自発的な活動に関連したものである。この系譜においては、しばしば労働組合などの大規模な組織は、市民による自発的な活動を抑制し、社会資本の形成を狭い範囲に限定するものとして把握される傾向がある。いうまでもなく、この系譜が主として対象にしている社会は、中核ゾーンのそれである。

本章において検討する系譜は、いうまでもなく第1の系譜にほかならない。そのような意味において、マレーシアにおける市民社会形成とその成熟が議論の対象となろう。半周辺化の過程において、マレーシアでは市民社会の形成が進展したと考えられる。この一因は、30年以上にわたって継続してきたEOIによって、労働者階級においても物質的ゆたかさが実現したことによって、多くの市民は自らの利害関心を実現するために、NGOsを結成して自発的活動を行う余裕をもつにいたったことが想定されよう。さらに、国家は、経済発展を安定的に進めるためには、政治を安定させる必要があるので、多様な階級からの利害関心を受容する可能性もあろう。

　もともと、資本主義国家は、たとえ権威主義的な性格を保持していても、本来的にはあらゆる社会勢力がその利害関心を国家装置にインプットできる回路を開いている。これは、資本主義のもとでは、政治あるいは国家と、経済あるいは社会とが種差的な構造として分離しており[3]、政治的支配者の利害関心と、経済的イニシアティブあるいは資本家の利害関心とが、必ずしも一致しないことを意味する[4]。換言すれば、たとえ資本主義に対抗する場合でも、いかなる社会勢力も資本主義国家の装置を通じて、その利害関心を実現できるのである。

　半周辺ゾーンに位置する社会においては、周辺ゾーンのそれよりも、国家は社会勢力に対して開かれている可能性がある。よく知られているように、民主化という過程は、韓国において経験されたように、こうした傾向を促進するであろう[5]。こうした傾向は、市民社会の形成を促進し、市民運動を活性化させることも意味する。マレーシアにおいては、こうした傾向は確認されるであろうか。

(2) 市民社会とNGOs

　何度も指摘してきたように、マレーシアにおいては独立以来、1969年に「人種暴動」が発生して議会が中止された時期を除いて、首尾一貫して選挙によって議会政治が営まれてきた。しかし、マレーシア社会は、必ずしも完全には民主化されているとはいえない。しばしば指摘されているように、マレーシ

ア国家は今日にいたるまで権威主義的な性格を保持してきた。例えば、国内治安法 (ISA) は、権威主義的な性格の最も明確な指標となろう。さらに、マハティール首相が、1981年から2003年にわたって首相を担当し続けたことも、特定の個人に長期にわたって権力が集中していたという意味では、やはり権威主義的な性格を象徴することになろう。

しかし、早くも1970年代にはマレーシアにおいても様々な NGOs の活動が確認できるようになった。例えば、一般の民衆が様々な社会問題についての意識を高めることを目標にした NGO が、1977年にペナンにおいて結成されている。アリラン (Aliran) という名の NGO がそれである。このメンバーのほとんどは、知識人、学者、およびジャーナリストなどである (http://aliran.com/)[6]。アリランは、同名の月刊誌を刊行しており (現在はウェブジャーナルに変更されている)、様々なイシューを記事にとり上げている。例えば、エスニックな差別問題、ジェンダー、宗教、貧困、開発、移民、政治、腐敗 (汚職)、あるいは環境汚染などである。

1980年代以降も、人権、女性問題、移民、あるいは環境問題などの様々なイシューを扱う NGOs が結成され活発に活動してきたし、これらは、しばしばアド・ホックな連合 (coalition) を組織して社会運動を担ってきた (e.g., Loh, 2004; Weiss, 2003a; 2003b)。例えば、VI章でも言及した SUARAM は、人権問題を対象にするアドホックな NGO として極めて著名な存在となっており、様々な連合の指導的なメンバーとなっている[7]。

(3) REFORMASI 運動

1990年代になってはじめて、マレーシアにおいても様々な NGOs が政治に参加するようになった。マレー語で改革を意味するリフォーマシ (*Reformasi*, Reformation) という運動がそれである。REFORMASI 運動は、当時のマハティール首相と、彼の後継者と目されていたアンワル・イブラヒム (Anwar Ibrahim) 元副首相との確執に端を発している。そのような対立の直接の原因は、タイの通貨であるバーツ (Baht) の暴落に始まった、1997年のアジア経済危機への対処をめぐる対立に求められるといわれている。この経済危機の結果、東ア

ジアおよび東南アジア諸国の経済は大きな混乱に陥り、とりわけタイと韓国は大きな損害を被ったことが知られている。もちろん、マレーシアも例外ではなかった。

この危機に際して、国際通貨基金（International Monetary Fund, IMF）は混乱に陥った諸国に対して、様々な勧告を行った。マハティールとアンワルとの対立は、このIMF勧告を受け入れるかどうかの判断をめぐるものであった。IMFは、マレーシアに対して、物価とリンギのレートを安定させるために、緊縮政策と高金利を採用するように提言した。アンワルは、基本的にはIMFの提言を受け入れることに賛成したのに対して、あくまでナショナリストであったマハティールは、IMFの提言を西洋による侵攻として受け止めた。さらに、マハティールは、外国資本による、短期的な投機的取引を抑制するとともに、需要を刺激しようとし、マレーシア経済の回復とリンギの信用回復に努めたのである。

このような2人の対立は、1998年にはアンワルの公職追放（副首相解任）につながったと考えられている。さらに、公職追放後、アンワルは同性愛（sodomy）を理由に逮捕され[8]、そのうえ警察による取り調べの際に暴行されたことが公表された。アンワルは、もともと青年によるイスラム化運動[9]のリーダーであり、マレーシア・イスラム教徒青年運動（*Angkatan Balia Islam Malaysia*, ABIM, Muslim Youth Movement of Malaysia）というイスラム化運動組織の共同創立者であった。要するに、当時アンワルはマレーシアで最も人気がある政治家だったのである。

メディアによって暴行されたアンワルの姿が報道されると、民衆は政府に怒りを顕わにし、クアラルンプールなどでは大規模な抗議デモが行われた。こうしたデモの背景には、単にアンワルに対する暴行への怒りだけではなく、経済危機後から続く景気低迷、汚職[10]、およびBN政権の権威主義的性格に民衆が懸念を感じていることがあると指摘できよう。1998年の秋には、クアラルンプールをはじめとする大都市において、連日大規模なデモ行進が挙行された。多くのNGOs、労働組合、および政党は、政府を批判するための連合を結成した。この運動は、オルタナティブ同盟（*Barisan Alternatif*, Alternative

Front, BA) の結成に帰結し、1999 年の総選挙において政権交代を模索するにいたった。

当時の BA を構成していたのは、3 つの政党であった。すなわち、正義党 (*Keadilan*)、民主行動党 (DAP)、およびマレーシア汎イスラム党 (PAS) がそれらである。正義党は、その後人民正義党 (*Parti Keadilan Rakyat*, Peoples' Party of Justice, PKR) と名称変更し、アンワルの妻アジザ・ワン・イスマイル (Aziza Wan Ismail) が代表を務めていた。DAP と PAS については、すでにⅡ章において言及した。どちらも、マルチエスニックな政党を標榜してきた。

1999 年の総選挙の結果については、かろうじて BN が勝利を収めた。しかし、REFORMASI 運動は、いくつかの点において、マレーシア政治における画期的な出来事であったことには留意しなければならない (Khoo, 2004; 2005; Weiss, 2007)。第 1 に、この運動は、NGOs が本格的に政治に関与する事態をもたらした。このことは、国家に対立する市民社会が真に形成されたことを意味する。マレーシアにおける NGOs が、もともとイデオロギー的分裂、貨幣資源の不足、エスニックに差異化された利害関心などによって制約を受けていることを考えれば (Weiss, 2003a)、REFORMASI 運動は、まさにこうした NGOs が本格的な政治変動を企図した最初の試みであったといえよう。

さらに、REFORMASI 運動は、野党間の対立要因の 1 つとなってきた、エスニシティに関連した問題よりも階級に関連した問題をとり上げていた。述べてきたように、マレーシアにおける政治は、エスニシティに関連した問題によって特徴づけられ、主要な政党についても、エスニシティの利害関心を実現するために組織されていたのであった。それにもかかわらず、アンワル事件はマレー人のなかに怒りと敵意を生み出し、アジア経済危機はマレーシアにおけるあらゆるエスニシティにあまねく影響を与えたので、政治的なイシューはエスニシティから階級へと転換したといえよう[11]。

事実、BA は、従来の組織基盤を考慮すれば、エスニシティに基づく政党の連合としてみなされよう。しかし、そうした連合が可能になったということは、従来政党間の対立の原因となってきたイシューはそれほど重要なものではなくなったということを意味する。換言すれば、BN および BA の双方

ともに、エスニシティに基づく政党の連合であることによって、両者の関係は、かえって3つのエスニシティの契約関係をめぐるイシューによって規定されるのではなくなったということである。

なるほど、マレーシアにおいては、エスニシティに関連したイシューがなくなったというわけではない。事実、1999年の総選挙後には、DAPとPASとの対立によって、BAは解体してしまった。これは、PASがマレーシアにおいてイスラム国家を建設しようとしたからであり、*hudud*などのイスラム法に基づく刑法の制定を企図したからである[12]。しかし、個々のエスニックグループを超えた広範な連合を形成しようとする試みは、継続したのである。

加えて、REFORMASI運動は、マレー人のなかに深刻な分裂をもたらしたので(Khoo, 2004)、もはやUMNOはマレー人が選択する単一の政党ではなく、マレー人に対してもオルタナティブな政治が可能であることを示唆していたのである。事実、2004年の総選挙においては、BNが地滑り的な勝利を収め、連邦議会において3分の2以上の議席を再び獲得したものの[13]、2008年の総選挙においては、多くの議席を失うことになった[14]。

3．改革(REFORMASI)から浄化(BERSIH)へ

(1) 選挙制度とその欠陥

マレーシアにおいては、たとえ野党が選挙において多くの票を獲得したとしても、有権者から獲得した票に見合うかたちで、議席を獲得できるとは限らない。これは、選挙区の割り当てが適切ではなく、野党が獲得票に対応して議席を得ることができないからである。典型的には、マレー人が多数を占める農村に大きな議席を割り当てるかたちで、選挙区の区割りが行われており、華人やインド人が居住する都市部には議席の割り当てが少ないことが指摘されている。このことは、マレー人の政党であるUMNOが議席獲得にあたって極めて優位になることを意味している。要するに、BNにとって有利になるように恣意的な選挙区割り(gerrymandering)が行われているというわけだ。

さらに、過去の選挙においては、BNが選挙で勝利を得るために不正な手段が行われてきたと指摘されている。例えば、選挙権をもたないにもかかわらず、移民たちが有権者として登録され[15]、選挙に動員されているという。一部の人々には、投票用紙が複数枚配布されたという報告もある。BNに投票するように、買収されている人々もいる。要するに、マレーシアにおいては、選挙は腐敗にまみれているというわけだ。

したがって、「周辺性」の現れでもある、BN政権の権威主義と縁故主義とを克服するためには、まずマレーシアにおける選挙制度を改革する必要があり、その欠陥を是正するための抜本的な対策が取られる必要があろう。まさに、改革を志向する社会勢力は、自らの利害関心を国家にインプットし、それを政策へと転換させ、適切な選挙制度としてアウトプットさせる必要があるわけだ。

(2) BERSIH運動の端緒

BERSIH運動は、2007年に始まった。言及したように、BERSIHはマレー語で「きれい」を意味しており、この運動の目標は選挙制度を改革し、そのことを通じてマレーシアにおける政治変動を喚起することである。当初は、BERSIHはいくつかの政党とNGOsとのネットワーク的な組織であった。BERSIHは、2008年の総選挙に先立って、2007年11月に大規模な集会を開催している[16]。

2009年になると、BERSIHは実行委員会 (steering committee) を変更し、政党との関係を清算して、以後はNGOsだけによる運営となった。したがって、これ以後は、BERSIH2.0とよばれてきた。最初の議長は、アンビカ・セリーンバサン (Ambica Sereenvasan) という女性であり、もともとマレーシア法律家協会 (Bar Council) の代表だった人物である。BERSIH2.0は、同様に2011年7月と2012年4月に大規模な集会を開催した。後者の集会はBERSIH3.0[17]とよばれ、クアラルンプールだけではなく、ペナンやジョホール・バルにおいても開催された。この成果は、2013年における総選挙において、BNが得票率では50％を割り込む結果に結びついたといえよう。

(3) 組　織

　すでに明らかなように、BERSIH2.0 は選挙制度改革のために結成されたアド・ホックな組織である。BERSIH2.0 における全体に関わる意思決定は、3 か月ごとに開かれる実行委員会において行われる。2016 年 5 月現在、BERSIH2.0 はマレーシア全体で 94 の NGOs によって支えられており、その個々の NGOs が BERSIH スタッフの候補者を推薦することが認められていた。個々のスタッフのポストに関する選挙は、2 年ごとに行われることになっている。実行委員会のポストは、議長、副議長、会計、およびそのほか 2 名から構成されていた。

　さらに、サバ、サラワク、半島東部、半島西部、半島北部、および半島中央部の 6 つの地域委員会からそれぞれ 1 名ずつ、実行委員会のメンバーに参加して、拡大実行委員会も開催されている。これらの追加メンバーは、すべて副議長である。加えて、BERSIH2.0 は民間の資金だけによって運営されている。

(4) 日常活動

　いうまでもなく、BERSIH2.0 の活動目標は、マレーシアにおける選挙制度改革にほかならない。したがって、最も重要な活動は、恣意的な選挙区割りに対抗して、有権者を再配分することであり、選挙管理委員会 (election commission, EC)[18] に対して、選挙区の再区割り (re-delineation) を提示することにほかならない。原則として、マレーシアにおいては、EC が選挙区割りを実行する。しかし、もしも 100 人の有権者が選挙区割りに反対するならば、EC はそうした選挙区割りを再検討しなければならないことになっている。

　こうした事情を受けて、BERSIH2.0 は、選挙区割り実行・調査チーム (Delineation Action and Research Team, DART) を結成した。DART の目的は、全国的規模で有権者に選挙制度を周知し、BN 政権による不正区割りを知らしめることである。2016 年 3 月の時点で、DART はすでに東マレーシアを除いた選挙区の再区割りをすべて終了していた。さらに、DART の活動は、大規模な集会の成功に結実したのである。

インタビューによれば、DART は 10 人のメンバーから構成され、そのメンバーは 40 歳代ですべて野党の党員でもあるという。基本的に、BERSIH2.0 の活動が 20 歳代の若いボランティアによって担われていることを考えると、DART のメンバーは異質な性格をもっている。DART のメンバーは、選挙運動の経験が豊富な中年活動家であり、政党とのつながりを維持している。

こうした選挙改革を通じて、BERSIH2.0 は、政治改革それ自体を一層促進することを追求してきた。とりわけ、ナジブ・ラザク (Najib Razak) 前首相のスキャンダルが発覚した後は、そうした志向を強めてきた。ナジブ前首相は、1 マレーシア開発公社 (1 Malaysia Development Berhad, 1MDB)[19] から巨額の資金を自らの銀行口座に移管したことが疑われており、現在も捜査が行われている。

BERSIH2.0 は、このように腐敗が疑われる BN 政権に対して、10 項目からなる政治改革を実行するように要求した。すなわち、選挙改革、選挙管理委員会改革、総理大臣と金融大臣との分離[20]、議会改革、マレーシア反汚職委員会 (Malaysian Anti-Corruption Commission, MACC) を憲法が規定する団体にすること、法務長官 (Attorney-General) の役割を政府に法的助言を行うことに制限すること、「情報の自由法 (Freedom of Information Act)」の制定、あらゆる内閣構成員、副大臣、および政府と政府関連企業において高位を占める官吏に対して資産公開を行わせること、1948 年扇動法や 2015 年のテロリズム防止法などの弾圧法を廃止すること、独立警察苦情・失策委員会 (Independent Police Complaints and Misconduct Committee, IPCMC) を設立すること、の 10 項目である。

BERSIH2.0 は、上記のような 10 項目の改革に基づくシンプルな要求を実現するために[21]、2015 年 8 月 31 日（マレーシアの独立記念日）に大規模な集会 (BERSIH4) を挙行した。当日は、50 万人を超える人々が一様に BERSIH のロゴマークがプリントされた黄色の T シャツを着用して、34 時間にわたって、クアラルンプール、クチン (Kuching)、およびコタキナバル (Kata Kinabaru) において集会を継続した[22]。

こうした集会は、海外在住のマレーシア人にも影響を与え、マレーシア国内の集会参加者に共感して、彼（彼女）らもグローバル BERSIH を開催した。開催都市は、世界全体で 65 都市に及び、選挙制度改革とナジブ首相の辞任

図Ⅶ-1　BERSIH4 の様子

出所:BERSIH のウェブサイト
(http://www.bersih.org/bersih-4-the-time-has-come/　2018 年 10 月 9 日アクセス)

を要求したのである。要するに、マレーシアにおける、選挙改革と政治変革を志向する市民運動は、グローバルな規模で展開されたのである。

こうした大規模なイベントは、2018 年の総選挙に向けて、その後も行われた。2016 年の 10 月には、BERSIH5 が挙行されている。BERSIH5 の特徴は、BERSIH4 がどちらかといえば、大都市における大集会を特徴としていたのに対して、地方農村への運動の効果を徹底させようとしたことである。BERSIH4 においては、地方からもたくさんの人々がクアラルンプールなどの集会に参集したものの、それは農村における支持基盤が強い PAS による動員によるところが大きいと考えられている。

PAS は、2015 年当時野党連合である人民同盟 (*Pakatan Rakyat*, PR) に加わっていたため、こうした動員も可能であった。しかし、その後イスラム化をめぐる DAP などとの対立の結果、PAS は PR から離脱してしまった。さらに、PAS それ自体からも穏健派あるいは現実的改革派である AMANAH (マレー語で信頼の意) が分離し、野党連合は 2017 年にかけて、希望同盟 (*Pakatan Harapan*,

PH)に再編され、マハティール元首相も UMNO に敵対して、BERSATU という自らの政党を組織して、PH に与するにおよび、2018 年 5 月の総選挙では、PH による政権交代が実現したわけだ。

　BERSIH5 においては、PAS による動員力が失われたため、マレーシアの 6 つの州において、主要都市から「護送隊(convoy)」と称する情宣隊が、トーチをもって地方農村にいたるまで多くの地域を網羅的に訪問し、選挙制度改革と投票をよび掛けた[23]。ペナンなどの主要都市においては、「護送隊」が 1 週間にわたって滞在し、様々なイベントが開催された。最終的には、11 月にクアラルンプールに各「護送隊」が集結し、20 万人が集結する大規模な集会を開催した。こうしたイベント開催をレパートリーとする社会運動は、マレーシアにおいては新しいタイプの運動として注目されよう。

(5) 背　景

表Ⅶ-1　REFORMASI と BERSIH との比較

	REFORMASI	BERSIH
参加	政党、NGOs、労働組合	NGOs
主体	マルチエスニックな市民（新中間階級）	マルチエスニックな市民（新中間階級）
組織	ネットワーク (Brisan Alternatif)	連合
目標	政府の変革	クリーンで公正な選挙
背景	人権侵害、汚職、経済危機	汚職、格差拡大
意義	エスニシティ主導の政治の終焉、NGOs の政治参加	政治における NGOs の中心的役割

　以上のような BERSIH 運動には、どのような社会的背景があろうか。もちろん、第 1 にはマレーシア政治の腐敗が指摘できよう。さらに、BN 政権による司法権の独立侵害が指摘されよう。例えば、アンワル・イブラヒム元副首相は、1999 年に同性愛の罪によって、9 年間投獄されたものの、2004 年には最高裁によって無罪が決定され釈放されている。しかし、2014 年に、上訴審によって決定が覆された結果、彼は再び逮捕され、投獄されてしまった。この司法過程は、政府による陰謀であるとみなされてきた。西洋においては、

多くの政治家からは、アンワルの有罪判決は疑いの目をもってみられており、アメリカ合州国などにおいては、アンワルの釈放のための請願が行われた。

　加えて、当時のナジブ首相を含めた多くのスキャンダルが影響を与えていよう。こうした一部の有力政治家が私欲をむさぼる一方では、多くの民衆はグローバル化のもとで、エスニシティを横断する不平等の増大、貧困、あるいは物価上昇といった経済的困難に直面している。要するに、BERSIH 運動が出現した原因は、公共善を実現するために政治改革が強く希求されたことにあるといえよう。REFORMASI と BERSIH とを比較するならば、**表Ⅶ-1**を得ることができよう。

4．BERSIH 運動の「階級性」

　言及したように、BERSIH 運動の背景は政治的なものだけではない。そこには、経済的な原因も伏在している。BERSIH2.0 に関わる活動家の多くは、一様に BERISH 運動は、新中間階級によって主導されていると主張する。こうした新中間階級が半周辺化の過程において本格的に形成されたことは、いうまでもない。とりわけマレー人についていえば、新中間階級の規模を拡大したものは、新経済政策 (NEP) にほかならない (Embong, 2002)。したがって、マレー人新中間階級は、BN 政権から恩恵を受けており、それを支持することが想定されよう。しかし、BERSIH 運動の参加者には、多くのマレー人、とりわけ若者が含まれている。そもそも、BERSIH4 や BERSIH5 のような大規模な集会は、マレー人の参加者がいなければ、成り立たないであろう。それでは、BERSIH 運動に参加するマレー人たちは、どのような困難に対峙しているのであろうか。

(1) 経済状況

　マレーシア経済は、アジア経済危機以降、それほど良好な状況にあるとはいえない。例えば、賃金上昇は停滞しており、この点は国民所得に対する賃金の割合が停滞していることからも明らかになっている。2005 年以降、従

業員に対する補償の割合は、概ね30%ほどで推移しており、停滞しているのである（Bank Negara Malaysia, 2014: 24; Low, 2016）。さらに、労働生産性は、2005年から2010年にかけて10.4%上昇しているものの、同時期において実質賃金はわずか6.8%しか上昇していない（JILPT, 2014; Low, 2016）。

　加えて、1997年から2007年にかけて、ジニ係数は0.459から0.441に下がり、不平等の改善がみられるにもかかわらず、富裕層と貧困層との所得格差は拡大してきている（National Economic Advisory Council, 2010: 57-58）[24]。なるほど、V章で検討したように、ようやく2013年になって最低賃金が制定され、2016年にはその額も引き上げられた（半島部が月額1000RM、サバおよびサラワクの2州が月額920RM）[25]。しかし、この金額では一般の民衆でもまともな生活（decent life）をしていくにはかなり低いことが明らかだし、最低賃金が直接影響を与えるのは、労働者階級の生活であろう。それでは、新中間階級にとっては生活に支障はないのであろうか。

(2) 若者はプレカリアートか

　一般的にいえば、BN政権のもとではマレー人は間違いなく受益者であった。それにもかかわらず、マレー人たちも経済的困難に直面してきた（e.g., Chan, 2016）。例えば、マレー人の若者たちの多くは、彼（彼女）らに対する教育におけるアファーマティブ・アクションの結果、大学に進学しているものの、その大学での学歴に見合う職業をみつけることができていない。そうした状況の一因は、高等教育進学者の激増に求められる[26]。

　早くも2006年には、マレーシアにおいて、学歴に見合う職業についていない大卒者が、失業者も含めて7万6千人に達していたことが報じられている。そのため、政府はそのような状況にある大卒者を減らすために、公務員の増員を試みた。さらに、3万6千人の学歴に見合う職業に就けない大卒者は、非正規雇用として就労していたという（New Strait Times on July 12, 2006）。加えて、世界銀行（2014）によれば、15歳から24歳までの失業者が、マレーシアにおける失業者全体の60%を占めているという。

　こうしたマレーシアにおける若者の実情は、マレーシアが半周辺ゾーンに

位置していることに由来する可能性がある。新中間階級の多くの若者が、「ゆたかさ」の帰結として高等教育を受けられようになっているものの、マレーシアにおいては、こうした若者が就労するはずの、知識に基づく産業が充分に成長していないというわけだ。つまり、「中核性」の現れとしての「ゆたかさ」は享受されていても、依然として「周辺性」を体現する低賃金労働に依拠した産業が多く、高賃金に特徴づけられる知識産業は十分に発達していないのである。それゆえ、多くの大卒者たちは、学歴に見合う職業に就くために海外へ流出していく傾向がある。

さらに、多くの大卒者たちが非正規雇用にしか就いていないことを考えると、新中間階級は、形成されたばかりであるにもかかわらず、早くもその規模が縮小してきている可能性がある。ネオリベラリズムに基づく政策は、例外なく半周辺マレーシアにも浸透し、2012年には「契約労働者（contract worker）」[27]が許可されているので、こうした若者たちは、いわゆる「プレカリアート（precariat）」[28]（Standing, 2011）に帰属する可能性もあろう。

加えて、マレーシアにおいては、住宅価格が著しく高騰している。住宅価格は、年間所得の中間値の5.5倍に達するという（http://www.treasury.gov.my/index.php?option=com_content&view=article&id=2686:key-economic-indicator&catid=477:indikator-ekonomi-terkini&lang=en&highlight=WyJob3VzaW5nIiwicHJpY2VzIl0= 2016年6月7日アクセス）。このことは、急速な物価上昇を示していよう。的確な対策が取られなければ、マレー人を含むマレーシア人の多くの人々、とりわけ若者たちは、一生住宅を購入することができなくなる可能性もある。

このように、多くのマレーシア人たちが政府の経済政策に不満を抱いている可能性があることを考えると、こうした経済的困難は、BERSIH運動に影響を与えよう。要するに、もしも適切で公正な選挙が行われていたならば、2018年以前についても、総選挙において政権交代は実現して、新政権に対して、こうした問題の解決が委ねられていた可能性がある。もし、こうした推論が成り立つとすれば、市民運動でありながらも、BERSIH運動は経済的イシューに影響されている点でも「階級性（classness）」をもった利害関心によって特徴づけられているといえよう。

5．市民運動における労働の位置

　指摘したように、BERSIH 運動が担う「階級性」は、必ずしも労働者階級あるいは労働運動に関連したものではない。それはむしろ、新中間階級、すなわち半周辺化の過程で形成されてきたマレー人新中間階級に関連している。しかし、同じくグローバル化と軌を一にして進展してきた半周辺化のもとで、早くも新中間階級はその量的規模を縮小させる可能性があり、その一部は労働者階級あるいは「プレカリアート」へと転落する傾向を示しているといえよう。この点では、例えば労働組合も市民運動と連携する可能性があることを指摘できよう。

　それにもかかわらず、REFORMASI 運動とは異なり、BERSIH 運動においては、労働組合あるいは労働運動は、特定の位置を占めていない。こういったからといって、労働組合の活動家が、BERSIH2.0 が主催した集会などに全く参加していないというわけではない。事実、BERISH2.0 の活動家に対して行ったインタビューでは、わずか 2 人ではあるものの、BERSIH4 に参加した組合活動家もいたという。もっとも、必ずしも公式ではないものの、MTUC が BERSIH4 に連携していることは注目されよう。労働組合活動家へのインタビューによれば、MTUC が連携していれば、個々の組合は必ずしも同様な立場をあえて表明することはしないのだという。いずれにしても、労働組合は一般的に BERSIH 運動にそれほど熱心に関与しない傾向があったといえよう。

　それでは、なぜ労働運動は BERSIH などの市民運動と緊密に連携しようとしないのであろうか。これには、いくつかの原因が想定されよう。第 1 に、労働組合活動家は自らが課題とするイシューへの関心が大きく、それ以外の市民運動へ参加する余裕がないことを指摘できよう。言葉を換えていえば、労使関係をめぐる制度と雇主が労働組合に対して極めて敵対的なので、労働組合活動家は自らが直面するイシューだけを扱わざるをえないというわけだ。そのような意味では、労働組合はその他の運動との連携を閉ざしているので

ある。

　しかし、長期的にみれば、労働運動がBERSIH運動と連携することは事態を好転させる可能性がある。それというのも、すでに現実に起こったように、BERSIH運動を一因として政権交代が起こり、「政治的機会構造」が変化することによって、新政権（PH政権）のもとで労働運動の活性化に対する制約が除かれる可能性があるからである。換言すれば、PH政権がBN政権のもとで継続してきた非民主的で権威主義的な制度を改変し、労働運動を規制する制度と法とが改定あるいは廃絶される可能性が否定できないということだ[29]。

　そのような意味では、労働運動は、労働者的な利害関心を実現するために、市民運動と連携すべきであろう。そうした連携効果を実現するためには、労働運動のリーダーたちは、市民運動に伏在する「階級性」をもっと感じ取る必要があるし、労働運動を活性化させるための機会を積極的に利用していく必要はあろう。

6．まとめ

　本章では、マレーシアにおける労働運動と市民運動との関係について検討してきた。これまでの諸章において確認してきたように、半周辺マレーシアにおいては急速な工業化の結果、製造業の集積が進んだにもかかわらず、電子産業などの基幹産業においては、依然として専制的な労使関係が存続している。他方では、半周辺マレーシアにおいては、相対的な権威主義国家に対抗して市民社会が形成され、人権侵害、女性の権利拡大、環境保全、あるいは宗教問題などをめぐって、多くのNGOsが形成され、活動してきた。

　さらに、長期にわたるBN政権のもとで政治的腐敗が横行したことから、こうしたNGOsが連携して、選挙制度改革を志向するBERSIH2.0という連合組織が誕生した。BERSIH2.0は、大規模な集会や地方農村の動員を進め、BERSIH4という集会では、50万人が参加したのである。それほど多くの人々を動員した要因としては、政治的なものだけではなく、経済的なものも重要であると考えられる。すなわち、若者の高い失業率、高すぎる住宅価格、お

よび賃金上昇の停滞がそれである。要するに、BERSIH 運動は単に市民運動にとどまらず、「階級性」を体現する運動でもある。

なるほど、BERSIH 運動は労働者階級による運動ではなく、新中間階級を担い手とする運動かもしれない。しかし、新中間階級の多くの人々、とりわけ若者たちは労働者階級へと転落する可能性があろう。したがって、労働運動は自らの利害関心を閉鎖的に追求するよりもむしろ、市民運動との連帯を模索する方が妥当であろう。市民運動との相乗効果 (synergy effect) を実現するためには、労働運動のリーダーたちが市民運動に伏在する「階級性」への感受性を育む必要がある。

本章で検討したように、半周辺マレーシアにおいては、理論的想定とは異なり、労働運動よりもむしろ、新中間階級を主たる担い手とする市民運動が活性化している。次章においても、新中間階級を担い手とする、いわゆる「新しい社会運動」、具体的には環境保護運動について検討しよう。

注

1 とりわけ、2013年の総選挙においては、BN 政権は過半数の議席を確保したものの、得票率は 50% を下回る事態となっていた。
2 社会主義諸国が世界システムに組み込まれた存在とみなせるかどうかは、大きな議論となってきた。よく知られているように、ウォーラスティン (1979) は、社会主義とよばれてきたシステムも資本主義世界経済の一環であることを強調してきた。賃労働の存在を資本主義的社会関係あるいは資本主義システムのメルクマールとして把握するのであれば、社会主義というシステムは、資本主義たりえないし、資本主義のシステムである世界システムには組み込まれていないはずである。世界システムと社会主義との関係については、山田 (1998: X章) を参照。
3 この点は、封建制や社会主義とは異なっている。これらの社会においては、政治と経済とが種差的な構造として分離していない。例えば、封建領主は、私的に経済活動を確実に行うために (例えば、農奴・農民を搾取するために)、公的に政治権力を発動する。社会主義においては、経済は、政治あるいは国家によって完全に統制されているのである。言葉を換えていえば、政治と経済とが完全に一体であれば、それだけ政治と経済とを結びつける回路は必要なくなるので

4 このことは、資本主義国家が経済あるいは資本から相対的に自律している（relative autonomy）ことを意味している。もっとも、自律が成立しているからといって、資本主義国家が資本の利害関心に影響を受けないことを意味しない。相対的自律性のメカニズムについては、長年にわたって議論されてきた (e.g., Block, 1987; Carnoy, 1984; Evans, 1997)。

5 韓国においては、民主化が実現したあと、1987年には労働者による大規模な闘争が勃発し、労働組合の組織率は急速に上昇した。

6 ペナンには、マレーシア科学大学（*Universiti Sains Malaysia*, USM）というマレーシアにおいて最も威信が高い国立大学の1つが設置されており、アリランのメンバーには USM の教授が含まれている。

7 これまでの章においても言及したように、多くの NGOs が固有のイシューを対象にして組織されている。例えば「イスラム教の妹（Sisters in Islam）」は、イスラム教における女性の権利を、TENAGANITA は、移民および難民女性の権利を、*Himpnan Hijau* は、環境問題をそれぞれとり上げて運動を継続している。

8 イスラム教においては、同性愛は禁じられている。もっとも、アンワル元副首相が同性愛者であるかどうかは不明であり、もちろん現代の先進社会においては、同性愛だからといって公職を追放されはしない。

9 イスラム化運動については、Ⅱ章でも言及した。この運動は、マレー人青年による自らのアイデンティティの問い直しという性格があった。

10 こうした腐敗あるいは汚職は、Ⅱ章でも言及したように、1980年代以降のプライバタイゼーションに関連していることが多い。国営企業や公共事業を委託された企業家は、親類に政治家がいることが多いといわれる。こうした事業の委託などは、縁故主義（nepotism）とみなされ、汚職が伏在するとして非難されている。

11 さらに、1999年の総選挙においては、女性の参加が多かったことが指摘されている (Lai, 2004)。

12 この点は、野党が連携する際の最も大きな制約となってきたし、しばしば連合が分裂する要因となった。基本的に、イスラム教はマレー人に固有のイシューであることを考えると、イスラム国家の樹立を目指す PAS の政策は、マレー人だけを政策対象として志向していることになろう。それに対して、DAP は、もともと華人のイニシアティブによって運営されていたとはいっても、現在ではマルチエスニックであることを標榜する政党である。両者の対立は、階級とエスニシティとのどちらを主要なイシューとして位置づけるかというせめぎ合いの帰結といえよう。

13 カリド（Khalid, 2007）によれば、この結果はマハティールの後継者であり、当時の首相であったアブドゥラ・バダウィ（Abdullah Badawi）による「人格化された政治（personalized politics）」によるものであるという。彼は、自らの温厚な人格を利用し、野党が主張することを自らが実現できるかのように主張したという。要するに、1999年の総選挙では、BAのなかでも最も躍進したPASは、こうした戦略によって最も議席を喪失したのである。

14 マレーシアにおける政治研究は、総選挙の投票をめぐる研究が大きな比重を占めている。5年に1度実施されてきた総選挙の分析は、定期的に刊行されている（Gomez, 2007; Chin, 2007; Choong, 2007; Izzuddin, 2015; Kassim, 2015; Khor, 2015; Lee, 2015; López, 2007; Mohanmad, 2007; 2015; Osman, 2015; Pasuni, 2015; Puyok, 2015; Saravanamuttu, 2015; Ting, 2007）。

15 マレーシアにおいては、人々は、成人に達して以降、有権者として登録することによってはじめて選挙権を得ることができる。登録は1回だけでよいものの、登録しなければ、成人であっても選挙権を行使することはできない。

16 これと同時期には、様々な社会運動が開始され、Ⅱ章でとり上げたHINDRAFによる運動も始まっている（e.g., Khoo, 2007; 2010）。

17 極めて紛らわしいことに、ここでは集会を開催する組織あるいは連合と集会とが、ともにBERSIHとよばれている。これ以降、大規模な集会が開催される際には、そのつどBERSIHの名称が使われた。現時点では、2017年10月に行われたBERSIH5が最後の大集会となっている。

18 選挙管理委員会は、選挙区割りを行う権限を与えられている。この委員会は、憲法に基づいて1957年に設立された。その目的は、透明かつ公正な選挙過程の管理および実行であり、あらゆる政党に対して、公正選挙を保全することにほかならない。

19 この会社は、ナジブ前首相自らが設立した。その目標は、「高度に競争力があり、持続可能で包摂的な先進国になるように、マレーシアを鼓舞する際に政府を援助すること」（https://web.archive.org/web/20140506001136/http://www.1mdb.com.my/about-us/what-we-do　2018年9月16日アクセス）であるとされる。「1マレーシア」は、ナジブ政権の政治的スローガンであった。このスローガンは、本来行政組織の効率性を志向するものであった。

20 マハティール政権当時から、この2つのポストは同一の人物が担当してきた。

21 「クリーンな選挙」、「クリーンな政府」、「異議申し立ての権利」、「議会制民主主義の擁護」、および「経済の救済」という5つの要求がそれである。

22 このように多数の人々が集会に集まった原因としては、様々なNGOsや政党による動員のほかには、ソーシャル・メディア（Social Network Service）によ

る情報の拡散とそれによる自発的な参加が指摘されている。BERSIH2.0 のマネージャーへのインタビューによれば、この集会の前後には、フェイスブック（Facebook）の BERSIH2.0 のサイトに 300 万件を超えるアクセスがあったという。

23　この結果、NGOs と政党との結びつきが地方において強化されたという評価もある（2017 年 8 月 18 日における、Francis Loh への筆者によるインタビュー）。

24　こうした指標は、2010 年に公開された、ナジブ政権による新経済モデル（New Economic Model, NEM）に基づいている。NEM の目標は、ビジョン 2020 の実現、すなわち 2020 年までにマレーシアを先進国にすることである。

25　もっとも、VI 章で指摘したように、家事労働者は労働者として扱われないため、最低賃金の対象になっていない。そのほかにも、職務訓練を受けている人は、やはり最低賃金の対象にはならない。

26　マレーシア社会党（PSM）で行ったインタビューによれば、この原因の 1 つとして、大学の激増を指摘できるという。マレーシアにおいては、高等教育が産業化しており、ビルの 1 フロアだけをキャンパスと称するような、貧弱な設備の大学がたくさん作られている。こうした大学にかぎって学生から高額の授業料を取って、収益をあげることばかりを追求しているという。

27　「契約労働者」は、日本における派遣労働者に近い存在である。

28　「プレカリアート」は、その名の通り、一般の労働者と比べても、とりわけ雇用などが不安定な労働者を指しており、グローバル化とネオリベラリズムのもとで、新たに生み出された労働者にほかならない。こうしたタイプの労働者が、労働者階級と区別される種差的な階級かどうかについて、議論されている。

29　もちろん、V 章においても言及したように、PH 政権において首相になったマハティールその人が BN 政権における権威主義的政策を提示してきた張本人であるという事実は看過されるべきではない。多くの民衆が期待するように、PH 政権が様々な制度改革を実現できるかどうかは予断を許さないといえよう。

第3部
新しい社会運動

Ⅷ. 半周辺における環境保護運動
―― 反ライナス運動をめぐる問題の布置

1. はじめに

　生態系の保全や自然環境の保護を求める社会運動は、社会学においてもとりわけ20世紀の後半から注目されるようになった。1980年代に隆盛をみた、いわゆる新しい社会運動(NSMs)論においては、従来の労働運動に代表される物質的・量的な欲求充足を希求する運動とは異なり、質的な欲求充足を志向する社会運動の1つとして、環境保護運動(environmental movement)も位置づけられた。先進社会において成立した「ゆたかさ(affluence)」を1つの背景として、人々の意識が脱物資主義(postmaterialism)にシフトし(e.g., Inglehart, 1989=1993)、物質的な欲求に裏書きされた労働運動にとって代わり、NSMsが台頭してきたというわけだ。

　しかし、こうした議論をグローバルな視野からとらえなおしてみると、いささか異なった理解が求められるように思われる。いうまでもなく、言及したような社会変動は、グローバルな社会においては、必ずしもあまねく確認されるわけではなかろう。例えば、世界を3つのゾーンからなる階層的なシステムとして把握しようとする世界システム論(e.g., Wallerstein, 2004=2006; 山田, 2012)においては、先進社会は中核ゾーンに位置づけられる。ゾーンが異なるということは、社会のあり方が異なっていることを意味する。したがって、中核以外のゾーン、すなわち半周辺や周辺ゾーンにおいては、必ずしも脱物質主義に基づいて環境保護運動が営まれているとはかぎらない。そもそも、環境保護を追求する運動は、中核ゾーンに偏在する傾向があるとしても、

このゾーンだけで確認されるわけではない。

　本章における問題関心の１つは、世界システムの各ゾーンの特性を考慮に入れて、環境保護運動がもつ多様性をとらえることである。その際、事例となるのは、半周辺マレーシアにおいて展開されている反ライナス運動 (anti-Lynas movement) にほかならない。この作業を通じて、反システム運動 (ASMs) の１つとして位置づけられる環境保護運動の多様なあり方を明らかにしたい。そのうえで、事例としてとり上げる反ライナス運動を構成する多様な問題群を確認することを目標としたい。反ライナス運動は、オーストラリア企業ライナスによる、レア・アース (イットリウム yttrium など) の精錬工場の稼働に反対する運動にほかならない。

　加えて、Ⅶ章において概観したように、半周辺マレーシアにおいて近年活性化している新中間階級を担い手とする社会運動との共通性と差異とを明らかにすることになろう。検討してきた BERSIH 運動は、その参加者の多さから判断しても、マレー人による政権批判という性格をもっていた。それに対して、反ライナス運動はどのような担い手による運動なのであろうか。マレーシアにおいては、そのユニークな歴史的背景に由来する多民族社会が形成されるとともに、工業化の進展に伴って、様々な社会問題の発生と社会的欲求の噴出、さらにはそれらを背景とする社会運動が活性化している。本章の課題を検討するにあたって、まずマレーシア社会の"位置"とその特性をもう１度確認することにしよう。

2．半周辺マレーシアにおける環境保護運動

　マレーシアが新たに占めつつある、あるいはすでに占めていると思われる[1]半周辺という位置にはどのような特性があろうか。世界システム論においては、半周辺ゾーンは中核と周辺との２つのゾーンの中間に位置づけられ、双方のゾーンの特徴をあわせもつとされている。つまり、中核ゾーンの特性を「中核性」、周辺ゾーンの特性を「周辺性」としてそれぞれ把握するとすれば、半周辺ゾーンの特性である「半周辺性 (semiperipherality)」とは、「中核性」と「周

辺性」とをあわせもつことになろう²。

　それでは、環境保護運動に体現される「中核性」と「周辺性」とは、どのような特性として把握できるであろうか。そもそも、NSMsにおいて想定されていたように、エコロジーや環境保護にかかわる社会運動は、先進社会、すなわち中核ゾーンに特徴的な運動として把握される傾向があった。1970年代初めから継続してきた資本主義的工業化の帰結として、マレーシアにおいては賃金が上昇し、1人当たりGDPについても、世界の中位を占めるようになった。こうして、早くも1990年代には「ニュー・リッチ(New Rich)」³とよばれる「富裕層」が誕生してきたことも指摘された(Robinson & Goodman eds., 1996)。こうした物質的なゆたかさを背景にして、想定されてきた脱物質主義が醸成され、社会運動の意識的背景となることもありえよう⁴。いうまでもなく、こうした傾向が確認されるならば、それはまさに「中核性」を体現するものといえよう。

　しかし、環境保護運動は、物質的なゆたかさを背景として生起するばかりとはかぎらない。例えば、かつて1960年代までに日本においても隆盛をみた公害反対運動は、必ずしも物質的ゆたかさが充全に達成されたことを背景としていたとはいえないであろう。高度経済成長期の半ばでは、物質的ゆたかさの達成は未だに社会的目標であって完成されていたとはいえない。そうであるとすれば、当時の公害反対運動が脱物質主義を背景に組織されていたとはいい難い。むしろ、この運動は、被害の当事者である住民が自らの生活・生命を脅かされることに抗うものとして活性化したといえよう。

　周辺ゾーンに位置する社会においては、まさに産業における「周辺性」の現れとして、外国資本によって鉱物資源の採掘が行われるとともに⁵、しばしば権威主義的な政府による開発が行われてきた。こうした産業や開発のあり方は、しばしば住民たちの生活圏を侵害し、生存それ自体を脅かす傾向があった⁶。つまり、環境保護運動は、まさに当事者にとっては生存を賭けた異議申し立てであり、生活基盤を守るという意味では、むしろ極めて物質主義的な利害関心に根差した運動といってもよいであろう。

　以上、われわれはマレーシアが半周辺に位置しつつある社会であること、

さらにはそこにおける環境保護運動が半周辺としての特性をもつこと、すなわち、「中核性」と「周辺性」とをあわせもつ可能性があることを確認してきた。以下では、反ライナス運動に照準を合わせて、この論点を具体的に確認していこう[7]。

3. 反ライナス運動の展開

　言及したように、反ライナス運動は、オーストラリア企業のライナスがマレーシアのパハン (Pahang) 州グベン (Gebeng) において操業するレア・アース (イットリウムなどの17種類の金属) 精錬工場に対して、その操業停止を求める社会運動である。パソコンやスマートホンなどの部品に不可欠となっているレア・アースそれ自体は、放射性物質ではないものの、これを精錬する過程で発生する放射性物質トリウム (thorium)[8] などの廃棄物の管理が不適切な場合には、周辺の環境に影響を与え、住民に健康被害を引き起こす可能性がある。2011年以降、ライナス工場の本格稼働が日程に上るにつれて、この運動は本格化した。しかし、これ以前に、運動を活性化させることにつながる前史があった。

(1) 前　史[9]

　マレーシアにおいては、放射性物質による健康被害が発生した事例が過去にもあったのである。原因となったのは、三菱化成 (現在の三菱化学) が35%を出資して設立したエイジアン・レア・アース (Asian Rare Earth, ARE) という合弁会社によるレア・アースの精錬事業にほかならない。この企業は、その前身であるマレーシア・レア・アースの後を受けて、1979年にペラ (Perak) 州イポー (Ipoh) 近郊のブキメラ (Bukit Merah) 村に設立された。この企業は、1982年にテレビ・ブラウン管の発光体などに利用されるイットリウムというレア・アースをモザナイト (monazite) という鉱物から精錬する作業を開始したものの、その過程で副産物として放射性物質トリウムを産出することになった。しかし、工場はトリウムを貯蔵する施設を設置しなかったうえに、

なんら警告を行うこともなく、それを工場周辺の池や地表に野積みにしていたのだった。

　トリウムは放射性物質であり、アルファ線を放射することによって、それを浴びた人体に白血球などの異常を引き起こす可能性がある[10]。容易に予想されるように、こうした杜撰な処置の結果、ブキメラ村の住民には健康障害が確認され始めた。例えば、マレーシアにおける平均値に比べて、出産異常は3倍、白血病や癌の発生は40倍以上にそれぞれ達した。こうした状況を受けて、住民たちは抗議活動を展開し、1985年には工場の操業停止を求める訴訟をイポー高等裁判所に起こした。

　高等裁判所は操業停止を認め、ひとたび工場は停止されたものの、工場がトリウムの仮備蓄場を設置したために、マレーシア原子力許可委員会によって再び操業が許可された。ところが、この施設は極めて不完全なものであったために、住民は再び抗議行動を行った。裁判の結果、1992年にはイポーの高裁においては住民側が勝訴したものの、1993年には最高裁においては操業が合法的なものであると認められてしまった。

　もっとも、三菱化成は一連の事態を受けて1994年に撤退を表明し、事業それ自体も終結した。しかし、裁判所において合法性が認められたために、住民に対する補償などは不充分にしか行われず、工場の跡地についても三菱化成が管理を負担しているものの、徹底したかたちでは行われていない。そもそも、三菱化成は工場の操業と住民の健康被害との因果関係を認めないまま今日にいたっている。ここには、外国資本による企業活動が深刻な環境破壊を引き起こす可能性が明示されているといえよう。

(2) 経　緯[11]

①発　端

　オーストラリア企業ライナスは、1996年にレア・アースの採掘権を獲得したという（それ以前は、金の採掘を事業としていた）。当初、中国において活動を行っていたものの、中国政府が自国のレア・アース産業を保護するようになったため、マレーシアに拠点を移した。そもそも、オーストラリアにお

いては、環境規制が厳しく、レア・アースの精錬はできなかった[12]。つまり、ライナスは規制が緩やかな拠点として、マレーシアを選択したのである。ライナスがマレーシアに拠点を設置することを決定したのは、2006年である。当初の工場設立候補地は、トレンガヌ（Terengganu）州だったものの、反対運動によってパハン州に変更になったという。工場が建設されることが決定したのは、2008年11月であった。しかし、この決定にあたって、周辺の住民はその承認を求められることはなかった。

　工場の建設開始以降、その問題性はいち早く把握されてきたものの、当初は華人たちが購読するメディアでしか問題はとりあげられてこなかった。すなわち、例えばマレー語や英語を利用するメディアなどにおいては、ライナス問題は全く扱われていなかったのである。この背景には、華人の環境意識が高いことに加えて、前史において言及したブキメラ村において被害を受けた人々の多くが、華人であった事実が影響を与えている可能性がある。

　②展　開

　2011年という年は、いうまでもなく日本の東北地方沿岸で大規模な地震が発生した年である。さらに、それに起因する巨大な津波によって死傷者が多数出るとともに、津波によって冷却システムを破壊された、東京電力福島第一発電所の原子炉がメルトダウンを引き起こし、今日にいたるまで放射線被害が継続している。こうした東日本大震災の発生は、マレーシアにおけるライナス問題にも影響を与えている。すなわち、原発事故による放射線の深刻な問題が、ライナスの評価に影響を与えてきたわけだ。

　直接的には、2011年にニューヨーク・タイムズ（New York Times）社の記者がクアンタンを訪問し、工事の杜撰さを訴える内部告発を行った、工場建設に従事する技師を扱った記事を執筆した。これによって、この問題はクアンタンというローカルなレベルやマレーシアというナショナルなレベルを超えて、グローバルな問題として認識されるようになったといえよう。言葉を換えていえば、問題をとらえるフレームがグローバルに拡大するとともに、新たなフレームにおいては、環境、生命、あるいは健康を保全することが基本

的な価値として共有されるにいたったといえよう。この年に、パブリック・フォーラムが組織され、多くのアド・ホックなNGOsが結成され、それが運動に参加するようになった。

　反ライナス運動の展開において、いうまでもなく2011年から2012年にかけて、運動は最も活発だったといえよう。この背景には、2013年にマレーシアの総選挙 (general election) が予定されており、この問題が政治的な論点としてとり上げられたことも影響している。運動の規模は、マレーシア全体で10万人が参加しているともいわれた[13]。この2年間において、資金集め (fundraising) のためのディナーの開催、オーストラリアへの代表派遣とライナス本社への操業停止の要求（ライナスの株を購入し、株主総会に参加）、オーストラリアの学生活動家との交流、さらにライナスの鉱山があるオーストラリア西部でレア・アースを積みだす港湾労働者に危険性を訴えるといった活動が集中的に行われた。

　加えて、オーストラリアから代表が帰国した後も、すべての州においてライナス工場の危険性を訴える活動を行った。こうした反対運動を受けて、マレーシア政府は国際原子力機関 (International Atomic Energy Agency, IAEA) にライナス工場の安全性に関する調査を依頼せざるをえなくなった。その結果、工場の操業は2012年まで遅れることになった。

　これを受けて、2012年にはライナスの操業許可に反対する運動が展開された。ライナスによる精錬工場が操業を続けるには、操業、原料輸入、および廃棄物処理の3つの免許が必要である。2012年には、ライナスが原料輸入に関するライセンスを申請した際には、その発行に反対する活動が行われた。具体的には、申請書に関してパブリック・レビューとフィード・バックを要求し、実際に申請書が開示された。これに対して、専門家を動員して申請書を読んでもらい、1000を超えるコメントを得ることができたという。

　このコメントに基づいて、問題を指摘し、ライセンス認可を認めないように求め、IAEAから安全性に疑問を付す調査結果が提出されたものの[14]、結局認可されてしまった。こうした状況を受けて、14日間をかけたクアンタンからクアラルンプールまでの抗議行進が行われ、大規模な反対集会[15]も

図Ⅷ-1　ライナス工場からの排水

出所：著者撮影（2014年3月）

開催された。2012年4月には、認可の差し止めを求める訴訟を新たに起こしたものの、これも却下されてしまった。こうした状況を受けて、2013年にはシドニーにあったライナスの本社において、反ライナス運動の活動家が座り込みを行っている。さらに、ライナス工場前においても集会が開かれた。工場の操業に反対する100万人を超える署名も集められた。

③現　状

　ライナスの工場は、2012年9月に時限的な操業許可を獲得している[16]。この期限は、2014年9月までの2年間であった。ライナスとしては、2014年9月の時点で恒久的な操業許可を獲得したかったものの、反対運動の影響もあってか、それは認められなかった。結局、10か月間で廃棄物の恒久的貯蔵施設を建設することを条件にして、操業延長が認められている。しかし、ライナス工場は、リサイクル施設を建設することを主張し、廃棄物の恒久貯蔵施設の建設を拒否した。これに対して、運動団体は質問状を提出して、以下の3点について回答を求めた。すなわち、リサイクルの方法、廃棄物を

非放射性物質にする方法（つまり、放射線量を1時間当たり64ベクレルに下げる方法）、およびそうした方法にかかるコストの捻出方法の3つがそれである。しかし、現在にいたるまで、納得できる回答は得られていないという。

さらに、2014年6月には反ライナス運動に関与するNGOによって、工場周辺で操業に反対する大規模なデモが敢行され、参加者15名が逮捕されるにいたった。加えて、この間の変化として、ライナス工場の経営状態が著しく悪化していることが明らかになっている。当初、ライナスがマレーシアへの進出を計画していた時期には、レア・アースの価格が極めて高かったものの[17]、反対運動によって操業開始が遅れたことによって、計画よりも価格が低下してきている。そもそも、ライナス工場の取引先は2つしかなく、いずれも日本の企業あるいは機関である。

すなわち、1つは双日（Sojitz）株式会社であり、もう1つは石油天然ガス・金属鉱物資源機構（Japan Oil, Gas and Metals National Corporation, JOGMEC）である。双方とも、ライナスに対して融資も行っているものの、工場の稼働が遅れたことによってライナスの債務がかさんでおり、債務の返済期限延長に同意している。運動側は、日本を訪問してこれら2つの企業および機関に対して、ライナスとの取引を中止する要請を行っている。運動団体が最も恐れているのは、ライナスが経営破綻し撤退した後に、廃棄物だけが安全なかたちで保管・処理されることもなく放置されることである。現在、運動団体はライナス撤退後の事態をも射程に入れて、運動をさらに継続しようとしている。

(3) 組　織

以上のような経緯をたどって行われてきた反ライナス運動は、どのように担われているのであろうか。一般に、社会運動は、それ自体人々の組織化を伴い、組織によって担われる傾向がある。反ライナス運動を担う組織は、NGOsである。2011年に運動が実質的に開始された際には、多数のNGOsが運動に参集して「ライナスをとめろ！連合（Stop Lynas! Coalition, SLC）」が作られている。しかし、これはあくまで連携団体であり、運動を担う組織はそこに参集する個々のNGOsである。インタビューによれば、9つほどのNGOs

がSLCに結集しているものの、現在残っているものとしては5つである。SLCのほかにも、有力なNGOsが運動に関与している。以下、それぞれについて、簡単に概観しよう。

① Save Malaysia, Stop Lynas! (SMSL)
「マレーシアを救え、ライナスをとめろ!(SMSL)」は、運動の経緯を概観する際に言及したパブリック・フォーラムを主催した人物によって創始された[18]。この団体は、実は"企業"として登録されており、いわゆるNGOsあるいはNPOsとは異なる。しかし、これは運動団体の「知恵」であり、政府から厳しく監視されないためである。運動を実際に担う団体は、Perthubuhan Solidariti Hijau Kuantan (PSHK, Green Solidarity Organization Kuantan) というNGOである。このNGOの正式メンバーは15人ほどであり、運動を担う人々はほとんどがボランティアである。

正式メンバーには、役職も振り当てられており、議長 (chairperson)、副議長 (vice-chairperson)、会計 (treasurer)、および事務局長 (secretary) が決まっている。さらに、個別の課題に対応して、委員会が存在する。例えば交通 (transportation) (これはクアラルンプールなどに陳情に訪れる際のバスの手配などを行う)、資金調達 (fundraising)、調査 (fieldwork)、およびメディア対策 (writing articles) などの委員会がある。正式メンバーおよびボランティアには、多数の専門家 (法律家および医師など) が参加しているし、企業経営者なども活動に加わっている[19]。資金調達は行っているものの、基本的には自己資金によって運動に参加しているという。つまり、SMSLの参加者は相対的に富裕な資本家階級および新中間階級に属していることがうかがえる。

SMSLの運動スタイルは、基本的に専門的見地からのライナス工場への疑問点の提示と、それを根拠とした操業停止あるいは操業認可停止を訴える訴訟活動である。つまり、運動のレパートリー (repertoire) として、SMSLは裁判闘争を選択している。さらには、民衆に対する環境問題に関する啓蒙活動を重視し、様々なパンフレットなどを作成し、配布に努めている。

② Himpunan Hijau (HH)

　すでに言及したように、ヒンプナン・ヒジャウ (*Himpunan Hijau*) は、マレー語で「緑の会議 (green assembly)」[20]を意味する。主要なメンバーは、5人ほどであり、それ以外はボランティアあるいはシンパサイザーとして集会やデモンストレーションに参加しているようである。HH の議長、事務局長、および会計担当の3人は、もともと SMSL に参加していたものの、やがて SMSL から分離した。分離した理由は、彼（彼女）らの政治参加志向の強さに求められよう。すなわち、HH は政党と連携し、政治参加を通じてライナスの操業を停止させようとしているわけだ。

　HH は政党と連携するだけではなく、ライナスへの直接行動を行っている点でも特徴的である。言及したように、2014年6月にはライナス工場への直接抗議行動を敢行し、議長をはじめとして15名に及ぶ逮捕者を出している。会員制の組織を取っていないにもかかわらず、HH が多数の動員を可能にしている背景には、問題への共感者が多いだけではなく、民主行動党 (DAP)[21]などの野党勢力と連携していることが指摘されている。つまり、政治参加をレパートリーとすることによって、政党による動員を確保しているのである。HH の議長は、もともと DAP の党員であったといわれており、2014年には DAP から連邦議会の補欠選挙に立候補している（結果は落選している）。

　HH は、必ずしもライナスの操業に反対するためのアド・ホックな組織ではない。それは、広範な環境問題を扱おうとしている。例えば、やはりパハン州のラウブ (Raub) という村において、周辺にある金の精錬施設から廃棄物が同様に野ざらしにされていたことから、周辺住民に皮膚疾患が増加した際にも、HH は集会を開いて抗議している。そのような意味では、HH はより普遍的な環境問題への意識を背景とする組織といえよう。さらに、その主要メンバーはすべて華人にほかならない。

③ BADAR

　BADAR は、言及した SLC を構成する主要な NGOs の1つである。インタビューによれば、SLC を構成する NGOs はすべてマレー人の組織であ

る。そのなかでも、BADAR は最大の NGO であり、もともと PAS 内部に組織された委員会であった[22]。メンバーは、500 人にもおよび、そのすべてが PAS の党員にほかならない。そもそも、BADAR とは、マレー語のイニシャルであり、英語では Anti-Rare Earth Refinery Action Body（反レア・アース精錬活動団体）を意味する。もともと、PAS の委員会に過ぎなかったとはいっても、BADAR においては、あくまで 1 つの組織として議長、会計担当、および事務局長が割り当てられている。さらに、BADAR においては、3 つの委員会が組織されている。すなわち、宣伝（publicity）、動員（mobilization）、およびメディア対策（media）の 3 つの委員会がそれである。

　述べたように、BADAR は PAS から派生している。これまでの諸章において何度も言及してきたように、PAS はイスラム教に基づく国家（Islamic state）の樹立を目指す政党である。聞き取りによれば、イスラム教は自然環境の保全を重視する宗教であり、環境保護運動には親和的な政党であるという[23]。BADAR の活動は、基本的に SMSL などと歩調を合わせており、ライナスを監視するための作業グループを組織したうえで、裁判闘争に勝利することによって、ライナスを操業停止に追い込もうとしている。

　しかし、多くの NGO と同様に、BADAR はその活動にあたって、困難も抱えているという。具体的には、資金不足、政府の妨害[24]、および民衆の無理解がそれである。資金不足については、会員の寄付や啓蒙書の販売によって賄っているという。民衆への宣伝活動については、いくらかの効果もあるらしく、PAS の党員以外も BADAR のメンバーになる人が現れてきたという。反ライナス運動に対して、とりわけマレー人への理解が得られない背景には、BN 政府による農村地域への補助金（BR1M）支給を通じた利益分配とメディアによる制約が指摘されている。よく知られているように、マレーシアにおいては、テレビおよび新聞などの主要メディアがすべて政府関連の会社によって運営されている。したがって、政府に不都合な事案については、主要メディアにおいてはほとんど言及されることがない。そのため、ライナス工場の操業に伴う問題が認識されないのだという。

　以上、運動を担う 3 つの組織について概観してきた。これらの NGOs は、

構成員や運動のスタイルを異にしているものの、ライナス工場の操業を停止させるという目標を共有し、そのことを担保にして連帯している。このことは、個々のNGOsの対立を媒介にして、運動が分裂するという可能性が存在することも意味しよう。しかし、聞き取りによれば、NGOsが1つの組織に統一され、運動のスタイルも1つになってしまうと、政府にとっても対応がしやすくなる可能性があることから、現状の組織間連携が望ましいのだという。

(4) 主 体

それでは、以上のような組織に参集する人々はどのような特性をもつのであろうか。反ライナス運動を担う主体については、マレーシア社会の特性をふまえるならば、エスニシティと階級という2つのカテゴリーについて検討される必要があろう。まずエスニシティについては、すでに明らかなように、BADARのようなマレー人によるNGOsも組織されているものの、基本的には華人を主体として運動が担われているといえよう。さらに、すでに言及したように、そうした華人においても、多くの専門職を含む新中間階級がボランタリーに組織を作り、主として運動を担っているといえよう。

この背景には、華人新中間階級が、脱物質主義意識に示される「中核性」を担う可能性があることに加えて[25]、従来から政府の政策に対して批判的で

表Ⅷ-1 反ライナス運動の構図

主体	華人（都市における新中間階級）が中心
機会構造	ブキメラにおける前史、国政における総選挙、および福島原発事故
組織	NGOsによる緩やかな連携（Stop Lynas! Coalition）
イシューの扱い	限定的（specific/ad hoc）vs 無限定的（diffusive）
レパートリー	裁判闘争 vs 直接行動および政治参加
対象	ライナス、日本企業、および日本政府系機関
フレーム	ローカルからナショナルおよびトランスナショナルなレベルへの拡大
問題群	脱物質主義、エスニシティ、「周辺性」

あることも関連していよう。華人たちは、インターネットの独立系メディアにアクセスし、政府系メディアがとりあげない問題についても情報を入手し、批判意識をもっている。政府批判という点に関連していえば、反ライナス運動の発生・展開が2013年の総選挙と時期が相前後しており、華人たちの政府に批判的な意識を運動に動員できたことも、運動の活性化に大きく寄与したといえよう。

　これに対して、マレー人を組織するBADARは、あくまでPASから派生した組織であり、必ずしも自発的な結社とはいえない。しかも、聞き取り調査によれば、BADARに参加している人々は新中間階級というよりは、工場労働者が多いという（ライナスで働いている労働者[26]も含まれているという）。クアンタンにおいては、マレー半島東部の開発政策の一環として、都市郊外に工場地帯がつくられてきており[27]、マレー人労働者はここで働いている。これは、マレー人の居住地がライナスの工場に近いということも意味する。しかし、BADARなどのNGOsに関わる人々を除けば、マレー人たちはこの問題に対して高い関心をもっていないというわけだ。図式的にいえば、最も被害を受ける可能性が高い地元住民であるマレー人に代わって、都市に居住する華人が運動を担っているということになろう。

(5) 展　望

　2018年現在、反ライナス運動は長期化し、その運動は停滞してきているように思われる。ライナスの操業は継続し、停止される目途はたっていないうえに、提案されている放射性廃棄物の処理についても進展がない。こうした状況において、明らかに2011年当時と比べれば、集会なども開催されなくなり、人々の関心も低下してきている。翻っていえば、政権交代が初めて実現した2018年の総選挙においても、環境問題はほとんどイシューとはならなかった。この意味では、マレーシア社会全体において、現在、環境問題への意識はそれほど高くないともいえよう。

　2017年8月に行ったインタビューのなかで、SMSLのリーダーは、総選挙による政権交代に期待を寄せ、新政権のもとでライナスの操業を見直す動き

が出てくることに期待をもっていた。しかし、PH政権における首相が、とりわけ資本の利益を保護してきたマハティールであることは、そうした期待が実現することを楽観できないであろう。PH政権の一翼を担うDAPなどが、環境問題を積極的に政権の課題としてとり上げることができるかどうかによって、こうした期待の実現可能性も規定されるのではなかろうか（T氏からもたらされた情報では、2018年12月になってPH政権は、ライナス社に対して放射性廃棄物を国外に撤収することを要請したという。それができない場合には、2019年9月までのライセンスが更新されない可能性があるという）。

運動の長期化をうけて、反ライナス運動を担うNGOsは、運動の資料やデータなどを保存し、記録として残すことを目的とした「資料センター（resource center）」の開設を模索していた。とりわけ、SMSLのリーダーは、これに関してとりわけ熱心であるようにみえる。それというのも、おそらくは、SMSLが、ライナス問題に特化した、よりアド・ホックな組織であるからであろう。要するに、運動の目標が短期的に達成できず、運動が完結しない状況にあって、メンバーの関心を持続させ、運動を継続するために、「資料センター」の設立はぜひとも必要だというわけだ。

以上、われわれは反ライナス運動について、その前史、経緯、組織、主体、および展望について明らかにしてきた。社会運動の分析枠組を援用して（Tarrow, 1998=2006）、反ライナス運動をめぐる論点を整理するならば、表Ⅷ-1を得ることができよう。この作業を通じて明らかになった、反ライナス運動の「中核性」と「周辺性」、さらには新たな問題群について最後に確認しておこう。

4．まとめ

本章は、反ライナス運動を事例として、環境保護運動における地域特性を明らかにしようとしてきた。マレーシアは、1970年代から本格的に開始された工業化の蓄積をふまえ、グローバル化による多国籍企業の戦略変化を媒介にして、世界システムの周辺ゾーンから半周辺ゾーンへと上昇を遂げつつ

ある社会である。世界システムにおける半周辺ゾーンは、「中核性」と「周辺性」とをあわせもつゾーンにほかならない。さらに、環境保護運動は、NSMs 論においては、脱物質主義意識を背景とする運動としてとらえられ、世界システムの作動原理に抗う[28]反システム運動の１つとして、とりわけ中核ゾーンに偏在するものとして把握されることが多かった。

本章においては、マレーシアにおいて展開される反ライナス運動が、半周辺ゾーンにおいて生起していることから、そこには地域特性の１つとして「中核性」と「周辺性」とが顕在化していることを明らかにしようと試みてきた。まず、「中核性」としては、確かにこの運動が多数の専門家を含む新中間階級の運動として担われている点があげられよう。SMSL の活動において確認できるように、反ライナス運動には多数の医師や法律家が参加し、専門的な知識を資源として動員することによって、運動を支えていたのであった。

次いで、「周辺性」としては、この運動の発端がライナスという多国籍企業の工場建設に始まるという点に集約されよう。確かに、ライナスの活動はマレーシアにおいて採掘産業を営み、資源を収奪しようとしているわけではない。しかし、その操業は直接的に周辺住民の健康被害を引き起こす可能性があり、この問題に対抗する運動はなによりも生存権あるいは生活権を保全するために展開される可能性があろう。いわゆる多国籍企業による「公害輸出」というモティーフをもつ反ライナス運動の発端は、あくまで外国資本に資本主義発展を依存する点において、半周辺化するマレーシアにおける「周辺性」を顕在化させているといえよう。

しかし、反ライナス運動の問題群は、以上の指摘にとどまらない。以下では、「中核性」と「周辺性」に関連した問題群を確認して、次章以降において扱われるべき問題を明示しておこう。まず、「中核性」の現れに関連して、エスニシティによる媒介の意味と用いられる運動レパートリーの功罪について検討される必要があろう。つまり、指摘したように、反ライナス運動が新中間階級によって担われているとはいっても、それは華人というエスニシティ関係に媒介されていたのであった。ここには、新中間階級におけるマレー人と華人との差異が検討対象として留意されよう。

さらに、ひとしく華人を主体とする反ライナス運動も、それぞれのNGOs によって用いられるレパートリーには差異があることも留意に値しよう。SMSLにみられるように、裁判闘争をレパートリーにする場合もあれば、HHにみられるように、議会参加と直接行動をレパートリーとする場合もある。こうしたレパートリーを選好する際の差異とその功罪については、国家と市民社会との関係といった一般的な問題に加えて、マレーシアにおける政治のあり方の種差性を考慮に入れて検討される必要があろう。

　加えて、「周辺性」を発現させる根拠となっている多国籍企業による「公害輸出」についても、ライナスの顧客である日本企業・機関、およびライナスの操業を認可したマレーシア政府のそれぞれの利害関心を考慮に入れたうえで、あらためて検討される必要があろう。外国資本、とりわけ多国籍企業に工業化を委ねながら資本主義発展を進めてきたマレーシア社会においては、いまや半周辺ゾーンに上昇しようとするときにいたっても、その「周辺性」は多国籍企業とそれを誘致しようとする国家の政策によって体現されているのである。

　とかく利便性が指摘される携帯電話やスマートホンに必ず使用されるレア・アースの生産は、われわれの日常生活と不可分である。しかし、マレーシアにおけるライナスの事例は、安全性を確保したかたちで、その生産を行うことが難しいことを示唆している。換言すれば、われわれの快適な生活は、マレーシアの人々の健康を危険にさらしながら維持されているということになるかもしれない。反ライナス運動がトランスナショナルなレベルで展開されるにあたっては、日本企業および政府の戦略の分析に加えて、まさにNSMs論が指摘したように、その背景にあるわれわれにとってのアイデンティティの問い直しも求められている。

　しかし、第2部で検討した労働運動との連携については、BADARのメンバーには労働者も含まれているにもかかわらず、全く実現していない。これは、反ライナス運動の主導的な主体が労働者ではなく、労働組合がこの問題にコミットしていないことにも関連している。次章では、反ライナス運動が構成する問題群のなかで、とりわけ主体の問題に照準を当てて考察を進める

ことにしたい。

注

1 この点に関連して、山田（2006）においては、マレーシアが半周辺化することを展望するだけではなく、その制約についても指摘しておいた。
2 この点に関連して、Ⅰ章でも言及したように、山田（2006）においては、「半周辺性」と「周辺性」とを対置するかたちで議論を行っていた。指摘したように、「半周辺性」それ自体が「中核性」と「周辺性」という2つの特性をあわせもつことを意味する。この点を明確にするために、本稿においては、当該の周辺社会がもともともっていた「周辺性」に加えて、新たに「中核性」が発現する過程を半周辺化として把握することにしたい。
3 「ニュー・リッチ」に含まれる人々は、新興の現地資本家・経営者、新中間階級、あるいは賃金上昇の恩恵を受けた労働者などである。
4 マレーシアにおいて、環境意識に関する調査研究はそれほど多くないように思われる。中等教育の教師（理科と環境教育とのそれぞれ）を対象にした研究（Aminrad et al., 2013）や、男女の消費行動における環境意識の現れに関する研究（Zuraidah et al., 2012）などが散見される。いずれの知見においても、女性の方が男性よりも環境意識が高いことが確認されている。
5 世界システムの周辺ゾーンは、多くの場合、中核ゾーンに位置する社会から植民地支配を受けた経験がある。植民地は、支配国の利害関心に沿って産業が編成される傾向がある。古典的な国際分業において、中核ゾーンが工業製品を提供してきたとするならば、周辺ゾーンはそのための資源を提供することが求められたし、資源確保と工業製品の市場を確保するために、しばしば植民地化されたのである。多くの周辺社会においては、植民地からの独立後も、外国資本の支配を受け続けるとともに、採掘産業は重要な産業であり続けたといえよう。ちなみに、マレーシアにおいては、19世紀から錫鉱山の開発が華人資本およびイギリス資本によって行われてきた。錫鉱山は、すぐ後で言及するAREの問題が発生した、他ならぬイポーにあった。
6 例えば、発電や飲料水を確保することを目的として、大規模なダムが建設されることがある。現在、マレーシアにおいても、こうしたダム建設がサラワク州において進められている（序章参照）。この結果、河川に依存して生活してきた現地民が生活の糧を奪われるとともに、生活を基礎づける伝統ある文化も失われることが危惧されている。
7 序章においても指摘したように、マレーシアにおいては、様々な環境保護運動

が展開されている。例えば、主要なものとしては、ライナスが操業する同じくパハン州においては、金鉱山の開発に伴う環境破壊・健康被害に対する抗議運動、サラワク (Sarawak) 州においては、言及したダム建設反対運動、さらにはジョホール (Johor) 州においては、石油化学プラントの建設反対運動がそれぞれ行われている。これらの運動のなかで、運動の規模とその多様な問題群に注目して、ここでは反ライナス運動を検討することにしたい。

8 トリウムは、その半減期が14億年もある物質であり、大量に集積された場合にはかなりの放射線量を発することになる。

9 この部分の記述は、ペナン消費者連合 (Consumers Association of Penang) のウェブサイトに負っている。

10 したがって、日本においては、その保管や投棄については厳しい法規制が課せられており、国内における当該事業の遂行が事実上困難になっている。マレーシアにおいては、日本における法規制が実施されていなかったわけだ。

11 この部分の記述は、2013年8月から実施してきた活動家への聞き取り調査に依拠している。これまでに、2017年まで8月と3月の2回にわたって、言及するSMSLの新旧2人の議長および活動に参加しているメンバー、およびBADARの新旧2人の議長に繰り返し聞き取りを行ってきた。

12 そもそも、現在レア・アースの生産を行っているのは中国だけである。中国におけるレア・アース生産においても、内モンゴル地区の包頭市の事例にみられるように、放射性廃棄物による住民への健康被害が起こっていることが報道されている (https://www.epochtimes.jp/jp/2012/07/html/d49305.html 2018年10月9日アクセス)。翻っていえば、レア・アース生産は環境規制が弱い国で営まれる産業ということだ。アメリカ合州国においては、その国内に豊富なレア・アース資源を保有しながら、環境汚染を考慮して生産量を減らしてきている。この状況は、中国による生産の独占度と市場価格の変動によって変化することになろう。つまり、中国が貴重なレア・アース生産の90%を占める状況は他国にとってリスクとなるし、レア・アースが高価格で取引されれば、その生産を企図する企業が現れる可能性があるというわけだ。

13 活動家への聞き取りによる (2014年3月)。2012年7月には、マレーシアの20都市において、3万人以上が参加する決起集会が行われ、ライナス工場の操業に反対を表明する投票が行われた。

14 この点に関連して、和田 (2015) は、工場周辺の土中および水質検査の結果から、操業開始後の2013年の時点で、放射性物質が環境中に漏洩している可能性を指摘している。

15 この集会は、マレー語で「緑の会議 (green assembly)」を意味する *Himpunan Hijau*

という名前で開催された。参加者は、15000人といわれる。実は、これは運動に参加するNGOの名称でもある。同名の集会は、2013年にも2回開かれている。2013年は、総選挙の年に該当し、選挙改革を希求するBERSIH運動とリンクするかたちで集会が開かれている。

16　これについても、IAEAは廃物処理施設を整備することを提言していたにもかかわらず、未整備のまま時限ライセンスが発行されてしまった。

17　そもそも、当初の試算では、この工場だけで世界のレア・アース生産の20%を賄い、中国に対抗することが企図されていた。

18　この女性は、現在パハン州の州議会議員となり、SMSLの活動からは距離をおいている。

19　ちなみに、SMSLの現在の議長は定年退職した中学校教師であり、退職後の豊富な時間を運動に費やして強力なリーダーシップを発揮している。彼は、ライナス工場の危険性を訴えるために、オーストラリアをはじめとして様々な国々を訪問し、メディアにおいてSMSLの理念を主張している。反ライナス運動の活発な展開は、この人物(T氏)のリーダーシップに負うところが大きいといえよう。

20　すでに言及したように、いささか紛らわしいことに、SLCによる反ライナスの大規模な抗議集会も *Himpunan Hijau* とよばれている。

21　DAPは、華人が多数を占める有力野党の1つである。DAPは、汎マレーシア・イスラーム党(PAS)および人民正義党(PKR)とともに、2015年7月まで人民同盟(PR)を形成していた。華人が多数を占めるとはいっても、DAPは現在マルチエスニックな政党を標榜しており、インド人などの党員も多い。さらに、ペナン州では州議会の政権与党となっている。

22　パハン州議会の議席数は42である。そのなかで、2013年の総選挙において、PASは3議席、DAPは7議席、さらにPKRは2議席を獲得している。

23　付け加えていえば、PASはイスラム教の教義を忠実に世俗世界に実現しようとする傾向があり、それは先に言及したPRの分裂の原因となった。現在、PASはマレー人人口が多い農村地域、具体的にはマレー半島東部にあるクランタン(Kelantan)州で政権を掌握している。

24　具体的には、集会を開こうとしてもスタジアムなどの会場を貸してくれないことがあるという。

25　もっとも、この点に関連して、華人よりもマレー人の方が、環境意識が高いという調査研究も存在している(李, 2007)。この研究は、ジョホール州において行われたものであり、時期も反ライナス運動とは異なっている。エスニシティによる環境意識の差異については、より全国的な意識調査を実施する必要があ

ろう。

26 ライナス工場の雇用は、わずかに350人にとどまっているうえに、経営状態の悪化によって解雇が始まっている。つまり、従来多国籍企業に期待されてきた雇用の創出という役割は、ライナスについてはほとんど期待できないということだ。

27 1970年代から開始された工業化において、FTZsの多くが設置されたのは、マレー半島の西海岸であった。ペナン、クアラルンプール (Kuala Lumpur)、マラッカ (Malacca)、およびジョホール・バル (Johor Bharu) という主要な4つの集積地はすべて西海岸に位置する。西海岸には、シンガポールから続く高速道路がいち早く整備された。それに対して、東海岸は伝統的に農村地帯であり、工業化は遅れてきた。2000年代にはいって本格化された地域開発(「回廊開発」)政策においては、「東部回廊」は重工業の集積地として位置づけられてきた。この点については、X章も参照。

28 この点に関する詳細な検討については、山田 (2014: IX章) を参照。

IX. 環境保護運動における主体特性
――なぜ華人は主体化するのか

1. はじめに

　欲求充足や利害関心の実現を希求する集合行為である社会運動は、いうまでもなくその多様性によって特徴づけられるし、社会運動の研究はそのタイプを特定することに多くの労力を費やしてきたといえよう。社会運動の動因が人々の欲求充足や利害関心の実現に求められるならば、その背景となる欲求のあり方や利害関心の内実は、運動の担い手の様々な社会的属性や、運動が展開される社会のあり方などによって異なることも想定されよう。グローバルな資本主義を分析してきた世界システム論においては、世界システムを構成する不平等な階層的ゾーンのそれぞれに対応して、多様性によって特徴づけられる社会運動の諸々のタイプが偏在することが指摘されてきた（Arrighi, Hopkins & Wallerstein, 1989）。

　すなわち、反システム運動（ASMs）[1]と定義づけられた社会運動の代表的な3つのタイプは、同様に3つからなる個々の階層的ゾーンに対応して活性化する傾向があるというわけだ[2]。例えば、先進社会に該当する中核ゾーンにおいては、1980年代以降注目されてきた、いわゆる新しい社会運動（NSMs）が偏在する傾向が指摘されてきた。いうまでもなく、生態系の保全を追求するエコロジー運動や原子力発電に反対する運動などを含めた環境保護運動は、NSMsの1つにほかならない[3]。NSMsは、従来からそのユニークな特徴が注目されてきた。

　例えば、労働運動と対比するかたちで提示された特徴としては、主体とし

ては専門家などの新中間階級が多くかかわっており、組織としてはフラットでアド・ホックな特徴をもつとともに、その運営は民主的で形式はネットワーク的であることが指摘されていた。さらに、それぞれの組織は個別的なシングル・イシューしかとり上げないし、その成員の運動への関与の仕方は、全面的な自己投機 (engagement) というよりもむしろ部分的かつ限定的であるとされていた。加えて、運動が生起した背景は、古い社会運動、すなわち労働運動に対する批判と、主体の自己反省あるいはアイデンティティへの批判的自己言及[4]であるとされてきた。

このように、NSMsの特徴を確認するならば、あらためてそれが中核ゾーンに種差的な (specific) 社会運動であることがわかる。したがって、この社会運動がこのゾーンに偏在することも首肯されよう。しかし、どれほど偏在の事実が強調されても、経験的にはNSMsは中核ゾーンだけにおいて生起する社会運動ではなかろう。その他のゾーンにおいても、NSMsは生起していよう。とりわけ、これに関連して興味深いことは、半周辺ゾーンにおけるNSMsの特性であろう。

半周辺ゾーンは、中核ゾーンと周辺ゾーンとの中間に位置し、双方の特性をあわせもつゾーンとして定義されている。そうであるならば、半周辺ゾーンにおいても中核ゾーンと同様にNSMsが生起することが想定されよう。しかし、その際にみられる特性は中核ゾーンにおけるものと共通であろうか。すでに確認したように、半周辺ゾーンにおいては、1960年代から70年代において中核ゾーンにおいて特定された、NSMsが生起する背景は必ずしも存在しない。すなわち、例えば環境保護運動が生起する場合においても、そこには中核ゾーンとは異なる特性が想定されよう。そもそも、半周辺ゾーンは周辺ゾーンの性格もあわせもっていることを考えるならば、周辺的特性を背景にしたNSMsが生起する可能性も想定されよう[5]。

さらに、こうした地域的な特性をめぐる論点を追求するならば、世界システムというグローバルなレベルにおいて規定される特性に加えて、運動が生起する個々の国民社会のレベル、すなわちナショナルなレベルにおいて種差的に規定される特性を明らかにすることも新たな課題としてたち現れること

になろう。本章は、半周辺マレーシアにおいて活発に展開されている反ライナス運動を事例として、こうした課題を検討することを目的としている。反ライナス運動は、マレーシアのパハン (Pahang) 州にレア・アース (イットリウムなど) の精錬工場を設置しているオーストラリア企業ライナスの操業に反対する運動である (e.g., Pua & Velu, 2012; 山田, 2016)。レア・アースの精製過程で生成されてしまう放射性物質の処理が必ずしも充分に安全性を保証するものではないことから、その拡散による健康被害を危惧する人々によって、反対運動が展開されているわけだ。

マレーシアは、I章で概観したように、周辺から半周辺ゾーンへと上昇 (半周辺化) したと考えられる。半周辺化を通じて、マレーシアにおいては、とりわけ1980年代から90年代にかけて、「ニュー・リッチ」とよばれる富裕層や新中間階級も形成されてきた (山田, 2006)。この意味では、少なくとも主体については、マレーシア社会においてもNSMsが生起する条件は整ってきたといえよう。それを裏づけるように、マレーシアにおいても、女性解放運動などの、従来はNSMsとして把握される社会運動が活性化してきている。本章は、アンケート調査を通じて、反ライナス運動にみられる主体特性を考察することを目的としている。それは、中核ゾーンにおいて想定されてきた特性を再現するのであろうか。そのうえで、反ライナス運動において顕著な主体特性が、マレーシアにおけるNSMsの展開それ自体に与える影響も特定してみたい。

2．調査概要とデータの制約

まず、反ライナス運動の運動参加者に対して行った調査の概要について紹介しておこう。

(1) 概　要

この調査は、2015年2月から3月にかけて、英語で作成したアンケート用紙 (付録参照) を対象者に配布することによって実施された。方法としては、

実質的なリーダーとして、「マレーシアを救え、ライナスを止めろ！(SMSL)」というNGOに関わっているT氏[6]にアンケート調査を依頼し、電子メールに添付するかたちでアンケート (questionnaire) を送付し、質問内容について確認してもらったうえで調査を実施してもらった。

　当初、この調査の目的は、SMSLの活動を中心的に担う中核的メンバーに対する意識調査であった。アンケート調査に先立って行ったインタビュー調査において、中核的メンバーの人数は概ね明らかになっており（15人程度）、それから若干人数の上乗せが期待できるとしても、せいぜい20人から30人くらいの人々から回答が得られることを期待していただけであった。しかし、ここには「うれしい誤算」が存在した。すなわち、これまでの調査においてもT氏は極めて協力的であり、このアンケート調査においてもSMSLの中核的メンバーをはるかに超えて、196人から回答を集めてくれた（以下の分析においては、無回答は除いて集計している）。

　この原因は、SMSLはそもそもメンバーシップ制を採用しておらず、15人程度の少数の人員によって運営されるNGOとして存在しているため、極めて協力的なT氏が「気を回して」回答数を増やしてくれたことに求められよう。T氏は、とりわけ反ライナス運動に関与する過程において、広範なネットワークを構築している。今回の調査においても、こうしたネットワークによって回答者数を増やしていると思われる[7]。そもそも、反ライナス運動は複数のNGOsが連携するかたちで運動を行っている（例えば、マレー人による「ライナスを止めろ！連合 (SLC)」など）。

　それらのNGOsは、社会運動や政治へのかかわり方に関連して主義・主張を異にしているものの、ライナスの操業停止という共通目標の達成のために連携活動を営んでいるのであった。T氏は、こうした連携するNGOsや、集会などを開催する際に参加したり協力したりしてくれる参加者やボランティアにも質問紙を配布し、回答してくれるように要請してくれた[8]。

　この際、実際の回答にあたって、個々の回答者がどのように回答したかについては、不明である。例えば、T氏自らがアンケートを配布し、その場で回答してもらって回収した場合もあろうし、ネットワークを媒介にして、そ

の他のNGOsにおいてリーダーシップを行使しているような人々にアンケートを電子メールに添付するなどして送付し、そうした人々からさらにその他の人々にアンケートを配布してもらった場合もあろう。さらには、T氏自らが大学等に出向き、そこで活動する学生運動の活動家たちに回答を求めた場合もあるという。要するに、対面アンケートに近い形式もあれば、郵送法に近い形式もあったということだ。このことは、回収されたアンケートを一律に同一の調査の結果として処理することを困難にしている。

(2) 制　約

　つまり、言葉を換えていえば、こうした調査のあり方は、統一的な調査方法が採用されていないという点において、大きな難点あるいは制約を内包していることを意味する。さらには、結果としてかなり広範な反ライナス運動参加者から回答が得られているものの、回答者は運動参加者のすべてであるはずもなく、運動参加者を母集団とするサンプルでもないという問題も存在する。要するに、運動参加者における、回答者の代表性が確証されないというわけだ。

　この点に関連して、後に詳しく言及するように、得られたデータには回答者の属性に関するバイアスが顕著にみられる。まず、回答者には若年者が少ない。このことは、マレーシア社会における制度的制約も原因として関与している。先にも言及したように、T氏は反ライナス運動においてボランティアとして協力してくれる大学生たちへもアンケートを試みようとして、いくつかの大学キャンパスに赴いたものの、大学生たちはマレーシアにおける「大学法 (University Act)」[9]の適用を恐れるあまり、回答を拒否したという。しかし、翻っていえば、アンケート調査の回答者にはほとんど含まれていないものの、このことは、大学生などの若年者も反ライナス運動に参加している実態が示唆されることになろう。

　第2に、回答者にはエスニシティに関するバイアスがみられる。そもそも、T氏は華人であるため、従来からエスニックなコミュナリズム (communalism)が顕著なマレーシア社会においては、そのネットワークには華人が圧倒的に

多数を占めることになる。したがって、アンケート調査の回答者も華人が極めて多くなり、インド人やマレー人は少なくなっている。しかし、このことは、反ライナス運動、あるいはより一般化していえば、環境保護運動における中心的な主体が華人である一方で、インド人やマレー人もこのタイプの社会運動に参加していることを明示することになっていよう。

以上のような調査の概要とそこで得られたデータの制約を確認したうえで、調査から明らかになる主体特性について検討することにしよう。

3. 主体の特性——調査から示唆されるもの

以下では、アンケート調査を通じて明らかになる運動主体の特性について確認して行こう。

(1) 年齢・性別・エスニシティ

この点に関連しては、あくまで調査への回答者は中高年、男性、および華人が多数を占めるということが明らかとなる。例えば、61歳以上が30.6%を占めているうえに、40歳以下についてはわずかに13.8%しか占めていない。このことには、言及したような「大学法」による制約とT氏のネットワークの性格が反映されていると思われる。性別についても、男性が71.4%を占める。このことも、やはりT氏のネットワークが反映されているとともに、マレーシア社会において公共空間への女性の参加が一般的ではないことも影響しているかもしれない。

エスニシティについては、華人が実に81.1%を占めているのに対して、マレー人は9.7%であり、インド人は4.6%しかいない。これは、マレーシアにおけるエスニックな人口構成とは大きく乖離した結果となっている。このことは、社会運動の担い手において華人が多くを占めるという言説[10]と一致するとともに、マレー人やインド人の運動参加者も存在することを示している。ちなみに、T氏によれば、マレー人参加者の多くはBADARという汎マレーシア・イスラム党(PAS)[11]と連携する組織の構成員であるという。

このことは、社会運動においては、その基本的な利害関心を共有することを通じて、異なるエスニシティ間においても連携活動が成立していることを示しており、エスニシティ間の対立ばかりが強調されるマレーシア社会の一般的イメージを大きく逸脱するものとなっている。マレーシアにおいても、1990年代後半における REFORMASI 運動[12]以降、マルチエスニックな連携活動が顕著になってきているのである。

(2) 職　業

　職業については、どうであろうか。多様な職業に従事しているものの、回答者のなかで最も多くを占めるのは専門職である(54.1%)。次いで、管理職(executive)に就いている人が多くなっている(17.3%)。こうした結果をみる限りでは、新中間階級を主要な運動主体とする NSMs の特性は、半周辺社会マレーシアにおいても確認されるといえよう。筆者が行ったインタビュー調査においても、アクティブな運動参加者には医師や放射性物質に対する知識をもった研究者が多く含まれていた[13]。このアンケート調査からも、インタビュー調査の結果が裏書きされたといえよう。

表IX-1　エスニシティと職業

		職業									合計
		農民	ブルーカラー労働者	事務職	公務員	管理職	役員	専門職	無職	その他	
エスニシティ	マレー人	0	3	1	0	1	0	11	0	3	19
		0.0%	15.8%	5.3%	0.0%	5.3%	0.0%	57.9%	0.0%	15.8%	100.0%
	華人	4	17	4	1	30	3	82	9	9	159
		2.5%	10.7%	2.5%	0.6%	18.9%	1.9%	51.6%	5.7%	5.7%	100.0%
	インド人	0	0	0	0	2	0	5	2	0	9
		0.0%	0.0%	0.0%	0.0%	22.2%	0.0%	55.6%	22.2%	0.0%	100.0%
	その他	0	0	0	0	0	0	8	0	0	8
		0.0%	0.0%	0.0%	0.0%	0.0%	0.0%	100.0%	0.0%	0.0%	100.0%
	合計	4	20	5	1	33	3	106	11	12	195
		2.1%	10.3%	2.6%	0.5%	16.9%	1.5%	54.4%	5.6%	6.2%	100.0%

表IX-2　エスニシティと学歴

		学歴					合計
		高卒以下	専門学校卒	大卒	修士修了	博士修了	
エスニシティ	マレー人	4	1	12	2	0	19
		21.1%	5.3%	63.2%	10.5%	0.0%	100.0%
	華人	56	27	50	14	12	159
		35.2%	17.0%	31.4%	8.8%	7.5%	100.0%
	インド人	3	1	2	2	1	9
		33.3%	11.1%	22.2%	22.2%	11.1%	100.0%
	その他	0	0	2	3	3	8
		0.0%	0.0%	25.0%	37.5%	37.5%	100.0%
	合計	63	29	66	21	16	195
		32.3%	14.9%	33.8%	10.8%	8.2%	100.0%

　このことと関連して、学歴についても高学歴者の参加が多くなっている。学士 (bachelor) 取得者が 34.2%、修士 (master) 取得者が 10.7%、さらには博士号 (doctorate) をもっている人も 8.2% におよんでいる。他方では、高等学校卒業以下の学歴しかもたない人々も、32.1% である。つまり、反ライナス運動への参加者の学歴は、両極分解している印象を受ける。これに対応するように、農民 (peasant) やブルカラー労働者 (blue-collar worker) として働く人々も、参加者には含まれており、それぞれ 2% と 10.2% を構成している。

　さらに、運動参加者のエスニシティと職業との関係を明示するために、クロス表を作成してみると (**表IX-1**)、意外にも農民と回答している人は華人であることがわかる。これは、反ライナス運動の前史となったブキメラ (Bukit Merah) 村の住民が華人であったことを考慮すると、この村において活動する人かもしれない。この分析においては、エスニシティ間における職業の差異はほとんど見出せない。どのエスニシティについても、専門職が 50% 以上を占めている。ついで、やはりエスニシティと学歴とをクロスして分析してみると、やはりエスニシティ間で差異はほとんどみられず、どのエスニシティについても、大学卒以上が 50% 前後の割合を占めており、この運動が高学歴者によって担われていることが確認できる (**表IX-2**)。

(3) 組　織

　すでに言及したように、SMSLをはじめとするNGOsが反ライナス運動の核を構成しているものの、これらのNGOsの多くは会員制をとっていない。つまり、NGOsは運動を呼びかけ、集会やデモなどを行うことはあっても、多くの場合、会員を組織して動員しているわけではないのである。そのことを裏書きするように、参加理由についても圧倒的多数 (91.3%) が自発的に参加しており、何らかの組織による動員や強制によって運動に参加している人々の割合は、それぞれ2%にとどまっている。

(4) 関　与

　このことと関連して、参加者による運動への関与のあり方 (engagement) は、極めて活発 (very active) と回答した人が62.8%を占めるとともに、活発な関与を表明した人々は全体で78.1%に達する。しかし、単に運動を支持しているにとどまる人々も10.7%おり、関与の仕方には差異がみられる。関与の仕方と年齢および性別とをクロスしてみると、こちらも特定の年齢や性別との関係は顕著ではないように思われる (**表IX-3**)。

(5) 支持政党

　運動へのかかわり方と関連して、政党支持についてはどうであろうか。意外なことに、多くの回答者が反ライナス運動に積極的に関与しながらも、特定の政党を支持している人々はわずかに26.5%にとどまっている。換言すれば、ライナスの操業を止めるという自らの利害関心の実現のために、特定の政党を支持することを通じた政策的対応は追求されていないというわけだ。

　それでは、あえて政党を支持する場合には、具体的にどのような政党が支持されているのであろうか。ここでは、仮にも政府の誘致政策に反対している運動参加者をアンケートの対象としているために、野党ばかりを選択肢に設定して回答してもらっている。それでも、あらかじめ華人の回答者が多いことは予想されたので、BNに加わっている華人政党であるマレーシア華人協会 (Malaysian Chinese Association, MCA) は選択肢に加えた。結果的に、最も支

表IX-3 年齢・運動への関与度・性別

性別			関与度				合計
			極めて積極的	積極的	いくぶん積極的	支援だけ	
男性	年齢	20歳以下	1	0	0	0	1
			100.0%	0.0%	0.0%	0.0%	100.0%
		21-30	1	1	0	1	3
			33.3%	33.3%	0.0%	33.3%	100.0%
		31-40	8	4	0	0	12
			66.7%	11.1%	0.0%	0.0%	100.0%
		41-50	27	10	2	3	42
			64.3%	23.8%	4.8%	7.1%	100.0%
		51-60	23	6	6	2	37
			62.2%	16.2%	16.2%	5.4%	100.0%
		61歳以上	30	3	7	5	45
			66.7%	6.7%	15.6%	11.1%	100.0%
	合計		90	24	15	11	140
			64.3%	17.1%	10.7%	7.9%	100.0%
女性	年齢	20歳以下	0	0	0	1	1
			0.0%	0.0%	0.0%	100.0%	100.0%
		21-30	0	1	0	2	3
			0.0%	33.3%	0.0%	66.7%	100.0%
		31-40	5	1	1	0	7
			71.4%	14.3%	14.3%	0.0%	100.0%
		41-50	10	1	1	1	13
			76.9%	7.7%	7.7%	7.7%	100.0%
		51-60	7	2	4	3	16
			43.8%	12.5%	25.0%	18.8%	100.0%
		61歳以上	11	1	1	2	15
			73.3%	6.7%	6.7%	13.3%	100.0%
	合計		33	6	7	9	55
			60.0%	10.9%	12.7%	16.4%	100.0%

表IX-4　エスニシティと支持政党

		支持政党						合計
		MCA	Keadilan	DAP	PAS	その他	特になし	
エスニシティ	マレー人	0	3	0	9	0	1	13
		0.0%	23.1%	0.0%	69.2%	0.0%	7.7%	100.0%
	華人	13	16	5	0	2	5	41
		31.7%	39.0%	12.2%	0.0%	4.9%	12.2%	100.0%
	インド人	0	2	0	0	0	0	2
		0.0%	100.0%	0.0%	0.0%	0.0%	0.0%	100.0%
	合計	13	21	5	9	2	6	56
		23.2%	37.5%	8.9%	16.1%	3.6%	10.7%	100.0%

表IX-5　職業と支持政党

		支持政党						合計
		MCA	Keadilan	DAP	PAS	その他	特になし	
職業	農民	2	0	0	0	0	2	4
		15.4%	0.0%	0.0%	0.0%	0.0%	33.3%	7.1%
	ブルーカラー労働者	1	0	0	3	0	0	4
		7.7%	0.0%	0.0%	33.3%	0.0%	0.0%	5.4%
	事務職	0	3	0	0	0	0	3
		0.0%	14.3%	0.0%	0.0%	0.0%	0.0%	5.4%
	管理職	4	5	1	0	0	0	10
		30.8%	23.8%	20.0%	0.0%	0.0%	0.0%	17.9%
	役員	2	0	0	0	0	0	2
		15.4%	0.0%	0.0%	0.0%	0.0%	0.0%	7.1%
	専門職	2	8	3	6	2	2	23
		15.4%	38.1%	60.0%	66.7%	100.0%	33.3%	41.1%
	無職	1	2	0	0	0	0	3
		7.7%	9.5%	0.0%	0.0%	0.0%	0.0%	5.4%
	その他	1	3	1	0	0	2	7
		7.7%	14.3%	20.0%	0.0%	0.0%	33.3%	12.5%
合計		13	21	5	9	2	6	56
		100.0%	100.0%	100.0%	100.0%	100.0%	100.0%	100.0%

持者が多かった政党は、人民正義党（Keadilan, PKR）[14]であり、対象者全体の10.7%の人が支持していた。意外にも、次に支持が多かった政党はMCAであった。PASは4.6%、民主行動党（DAP）は2.6%の人々が支持していた（いずれも、対象者に占める割合）。

　こうした政党支持とエスニシティとの関係をクロス表によって把握するならば、容易に予想されるように、MCAの支持者は華人だけであり、PASの支持者はやはりマレー人だけであった（表IX-4）。マレー人における最も支持者が多い政党も、PASにほかならない。マルチエスニックをうたってはいても、DAPの支持者は華人だけであるのに対して、PKRの支持者はすべてのエスニシティにおよんでおり、華人の支持者が最も多かった（華人の39%）。

　職業と政党支持との関係をクロス表によって把握するならば、MCAの支持者は、想像されるように、企業の経営者あるいは管理職が多数を占めていた（表IX-5）。この点は、T氏へのインタビューを裏書きする。T氏によれば、SMSLのメンバーには企業経営者が含まれているとのことであった。こうした人々は、集会やデモ行進などの活動には必ずしも参加しないという。

　それというのも、これらの人々は、そうした行動が取引先に見咎められ、「過激な思想」の持ち主であると警戒されて取引関係にネガティブな影響を与える可能性を危惧しており、警察に逮捕されたりすることによって、経営それ自体に規制が加えられることを恐れているからであるという。それにもかかわらず、放射性物質の拡散による環境汚染と健康被害が発生する可能性を黙認できないために、アド・ホックな組織＝運動としてのSMSLに関与しているということであろう。

(6) 運動経験

　こうした環境保護運動にかかわっている人々は、過去にも社会運動に参加した経験があろうか。一般的には、過去に運動経験がある人は、社会運動への参加にあたって様々な制約[15]をのり越える傾向が大きくなる。回答をみると、何らかの社会運動に参加した経験がある人は38.8%であった。つまり、過半数の人々にとっては、反ライナス運動への参加が初めての運動参加経験

であることになる。それでは、経験者はどのような社会運動に参加していたのであろうか。最も多かった回答は、人権保護を目指す運動であった(27%)[16]。そのほかには、その他の環境保護運動(26.5%)、労働運動(11.7%)、女性運動(8.7%)、エスニック・マイノリティのための運動(8.7%)、あるいは移民のための運動(6.1%)などに参加経験があった。

(7) 環境意識

　運動参加者は、マレーシアにおける自然環境について、どのようにとらえているのであろうか。環境保護運動の参加者を対象にしていることから容易に予想されるように、圧倒的多数の参加者が「深刻なダメージを受けている(seriously damaged)」と考えている(84.2%)。

　以上、様々な制約をもつとはいえ、アンケート調査の結果から反ライナス運動の主体像を確認してきた。その結果をふまえても、やはり注目されることは、この運動の参加者の多くが華人であることであろう。それでは、なぜ華人が主たる主体として運動を担うことになっているのであろうか。以下では、この論点を考察していこう。

4．主体像の探求──華人はなぜ環境保護運動に参加するのか

(1) 反ライナス運動の主体像

　様々な制約を伴っているものの、紹介したアンケート調査に依拠すれば、以下のような反ライナス運動における中心的な主体像が浮かび上がる。すなわち、専門職や経営者を職業としている、中高年の華人がそれである。職業から判断されるように、これらの人々の学歴は高く、農民や労働者も運動に参加しているものの、高学歴をもった新中間階級が主要な主体であることになる。この点をみるかぎり、かつてのNSMs論が指摘した主体像が、反ライナス運動においても確認されよう。

　このことは、新中間階級の人々に特徴的な高学歴を背景とした高収入によって、アド・ホックなかたちで反ライナス運動に参加する経済的な余裕が

生まれており、年齢については中高年が多く、しばしば退職者が含まれていることによって、運動に参加する時間的な余裕もが生まれていることを示唆しよう。しかし、すでに確認したように、こうした階級的属性は主要なエスニシティについて、ほぼ共通に確認されている。エスニシティ間における差異は、ほとんど確認されない（表IX-2参照）。それでは、なぜ華人が運動の中心を担うことになっているのであろうか。この点について、検討してみよう。

(2) 主体としての華人

華人の新中間階級が、反ライナス運動における主体である背景について、社会運動に参加する主体が形成されるプロセスを考察しながら探ってみよう。

① "結果"としての主体化

中核ゾーンに位置する社会を対象にNSMs論などが主張したように、物質的なゆたかさを背景とする脱物質主義が環境保護運動の背景となっており、そうしたゆたかさを享受できる人々が新中間階級に帰属しているとするならば、マレーシアにおけるエスニックな階級構成において、新中間階級に多く帰属するエスニック・グループがこうした運動の中心になることが想定される。

しかし、指摘してきたように、マレーシアにおいては半周辺化が進展し、エスニシティ間において差異はあるものの[17]、あらゆるエスニシティにおいて新中間階級が拡大してきている。1980年代以降においては、マレー人においても都市への移住が進展し、新中間階級に帰属される人々が拡大してきた（e.g., Embong, 2002）。そのような意味では、マレー人が人口規模において勝ることを考えれば、華人ばかりが新中間階級に帰属されるわけではない。

それにもかかわらず、マレー人に比べて華人において脱物質主義的な意識が優越している根拠を見出すことができようか。仮にそれが可能であるとすれば、いまなおマレー人新中間階級が「第一世代」に属しており[18]、農民的な意識と農民からの社会的上昇を象徴する物質的な消費意識とに特徴づけられているのに対して、華人新中間階級は都市に居住してきた期間が長く、経

済的にもいっそうゆたかであることに、その根拠は求められよう[19]。言葉を換えていえば、華人新中間階級のほうが脱物質主義意識を担う社会的ポテンシャルがあるということだ。この結果、華人新中間階級が環境保護運動の主体として中心的な存在となっているとすれば、それはマレーシア社会における社会変動の"結果"としての主体化ということになろう。

②主体化の"原因"

そもそも、社会運動は欲求充足や利害関心の実現を希求する集合行為であった。人々が、社会的な問題について、自らの利害関心を実現しようと考えるとき、どんな回路が用意されているであろうか。こうした基本的な前提にたちかえって考察することを通じて、主体としての華人が形成される背景を探ってみよう。社会問題の解決が、社会制度の活用やその変更を必要とする場合には、利害関心の対象は国家となり、"政治"への回路を通じて、利害関心の国家へのインプットを追求することが選択されよう。この際、伝統的な政治手法においては、利害関心の国家へのインプットは、選挙を通じて自らの利害関心を実現してくれる政党の議席をできるだけ多く獲得することによって達成される。

こうした伝統的な政治手法を通じた、利害関心の国家へのインプットがすでに確立されている場合には、利害関心の実現を志向する人々は、自らが社会運動に参加するよりも政党支持を通じた回路を選択することになろう。例えば、利害関心の実現にあたって、それを実行してくれる政党がすでに政権を獲得しているような場合には、そうした傾向が大きくなる可能性が高い。それに対して、そうした政党が存在しない場合には、社会問題に直面する当事者は、自ら社会運動を組織したり、それに関与したりすることを選択する可能性が高くなろう。こうした一般的な考察をふまえて、反ライナス運動、あるいは社会運動全般における当事者とその利害関心実現のあり方を確認してみよう。

(3) だれが当事者なのか

いうまでもなく、反ライナス運動の当事者は、ライナス工場の周辺住民である。ライナスは、クアンタンの市街地から数10キロ離れたグベンという地区で操業している。そのため、放射性物質の拡散によって健康被害が発生するとすれば、第一の被害者は、都市住民よりも周辺の農民や漁民（マレー人）ということになろう。しかし、こうした人々は、ほとんど反ライナス運動に参加していないという。それというのも、こうした人々は政府系メディアによって情報統制を受けており、インターネットの独立系メディア[20]などにアクセスすることもないので、ライナスの操業を批判的に受けとめることがないからだという[21]。

それに代わって、まずはクアンタン周辺というローカルなレベルで反ライナス運動を組織している人々が、言及した属性をもつ華人たちである。この人々は、ライナス工場から相対的に離れたクアンタン市内に居住しており、そのような意味では当事者ではない。したがって、反ライナス運動は、少なくとも直接的な当事者ではない人々によって担われている運動にほかならない。換言すれば、ローカルなレベルにおいては、反ライナス運動は当事者不在によって特徴づけられるのである。

華人、とりわけその新中間階級に属する人々が、反ライナス運動を組織する背景については、すでに言及したように、少なくとも一般的には脱物質主義的な環境意識が高いことが想定されるうえに、独立系メディアにもアクセスしていることに求められよう。

(4) 回路あるいはレパートリー

それでは、"結果"として主体化している華人（新中間階級）たちは、どのようにしてその利害関心の実現を図るのであろうか。すでに確認したように、問題の解決を希求する際に社会制度の活用あるいはその改変を志向するのであれば、自治体を含めた国家に利害関心のインプットをはかる必要がある。反ライナス運動における直接的な対立者 (opponent) は、いうまでもなく多国籍企業ライナスである。しかし、ライナスを操業停止に追い込んだり、そも

そも操業の認可を撤回させたりするためには、国家によるそうした政策決定が有効となる可能性がある。

　国家に対して利害関心のインプットを行うにあたっては、まずは政党支持を通じた回路が存在するのだった。よく知られているように、マレーシアにおいては、政党はエスニシティを媒介として組織されている。つまり、従来主要な政党はすべてエスニック政党だったということだ。華人によって組織されている政党としては、先に言及したMCAをまず指摘できよう。MCAは、マレーシアとしての独立以前から、UMNOおよびマレーシア・インド人会議（Malaysian Indian Congress, MIC）とともに「同盟（Alliance）」を組織して政権を担ってきた[22]。近年の総選挙（2008年および2013年）においては、MCAはかなり議席を減らしており、その影響力の低下が著しくなっている[23]。

　さらに、すでに言及したように、MCAは政権与党である。したがって、MCAにライナスの操業停止（あるいはライセンス不認可）を求めても、利害関心の実現は期待できないであろう。それでは、野党に期待してはどうであろうか。2013年の選挙においては、主要な野党はBNに対抗して人民同盟（*Pakatan Rakyat*, People's Alliance, PR）を結成していた。言及したように、PRに加わっていたのは、DAP、PAS、およびPKRであった[24]。

　これら3つの政党は、BN傘下の政党とは異なり、1990年代末のREFORMASI運動のころから、それぞれマルチエスニックな政党であることを標榜してきている。しかし、それぞれの政党が依然として主たる支持母体としているのは、個々のエスニシティにほかならない。すなわち、DAPは華人が多数を占めるペナン州で政権を掌握していることからもうかがえるように、華人を主要な支持母体としてきた。PASは、「イスラム国家」の樹立を目指していることからも明らかなように、マレー人ムスリムの政党である。PKRは、アンワル元副首相夫人が党首を務めているように、やはりマレー人が主たる支持者を占めているといえよう。

　それでは、ライナスの操業を停止させたい華人たちは、PRを構成する野党に自らの利害関心の実現を期待することができるであろうか。表IX-5においても示されていたように、華人たちの相対的に多くが支持している政党

表IX-6　エスニシティ政党支持

		政党支持の有無		合計
		支持	不支持	
エスニシティ	マレー人	12	7	19
		63.2%	36.8%	100.0%
	華人	37	121	158
		23.4%	76.6%	100.0%
	インド人	2	7	9
		22.2%	77.8%	100.0%
	その他	1	7	8
		12.5%	87.5%	100.0%
合計		52	142	194
		26.8%	73.2%	100.0%

はPKRであった。しかし、PKRはBNの政策に批判的ではあっても[25]、環境問題を専らとりあげる政党ではない。さらに、DAPについては、従来から華人支持者が多いとされてきたものの、どちらかといえば労働者を支持母体としており、反ライナス運動あるいは環境保護運動全般の参加者（新中間階級）には馴染めないかもしれない。加えて、PASはムスリムの政党であり、華人にとって支持する政党にはなりえないであろう。

そもそも政党を支持している華人は少数派であり、実に76.6%の人々が支持政党はないと回答しているのであった（表IX-6）。このことは、華人たちの多くがその利害関心を実現する回路あるいはレパートリーとして、政党支持を通じたそれを選択していないことを意味する。確認したように、利害関心の国家へのインプットを行うために、政党支持という回路を選択しないのであれば、社会運動への参加を通じて自らそれを行う回路を選択することになろう。つまり、反ライナス運動あるいは環境保護運動に参加している主体に関して、その階級およびエスニシティに照らして、自らの利害関心の実現を委ねられる適当な政党は存在しないということである。華人新中間階級の脱物質主義的な利害関心を直接的に体現する政党が存在しないことが、それだけいっそう華人の社会運動参加を促しているのではなかろうか。

5．政治参加と社会運動——望ましいレパートリーはどちらか

　以上、新中間階級に帰属する華人たちが、反ライナス運動、あるいはより一般的に環境保護運動に参加する傾向が大きくなる背景について確認してきた。まず、1970年代以降の工業化過程において、華人においてはいち早く大規模に新中間階級が形成され、脱物質主義意識が高いことが想定されること、第2に、政府に対して批判的な華人新中間階級にあっては、その利害関心を実現してくれる適当な政党が必ずしも存在しないこと、がそれらである。

　しかし、当然のことながら、運動のレパートリーとしては、政党支持を通じた政治参加と社会運動への参加とは二律背反の事象ではない。さらにいえば、社会運動の参加者が政党支持を通じて支持政党の議席を増やしたり、自ら入党して議員となったりする場合もありえよう。しかし、山田（2016）においても指摘したように、しばしば反ライナス運動においては、主たる運動参加者である華人のなかにも、レパートリーの選択をめぐって異なる考え方がある。

　すなわち、言及してきたSMSLは、あくまで政党との関係には禁欲的であり、ライナスの操業を停止させるためのレパートリーとして、訴訟を通じた裁判闘争を選択している。それに対して、「緑の会議（*Himpunan Hijau*, HH）」は、より直接的で対決的な行動を採用するとともに、そのリーダーが2013年の補欠選挙[26]にDAPの候補者として立候補している。つまり、この場合には、政党との連携を強化することを通じて的確に利害関心を国家にインプットし、環境保護全般を政策的に強化しようとする志向が確認されよう。

　それでは、なぜSMSLは政党支持を表明したり、政党との連携を形成したりすることを試みないのであろうか。インタビューから推察するならば、第1にSMSLはあくまでライナス問題のためのアド・ホックな組織であり、それ以外の問題についてコミットする志向が小さいということが理由となろう。T氏へのインタビューによれば、個々の政党は党勢拡大のためにライナス問題を利用するものの、選挙の争点として消費するだけで、真摯に問題解決のための継続的なとり組みをしてくれるかどうかについてはわからないという。

換言すれば、それだけ政党に対する不信の念が強いということだ[27]。

翻っていえば、このことを背景にして、マレーシアにおいては環境保護という利害関心を常時インプットするための政党も組織されないことになっているのである。さらに、このことは、利害関心をインプットするために複数存在するはずの回路が1つに限定されてしまう可能性を示唆することになろう。加えて、レパートリーをめぐって主要なNGOs間で見解の相違があるということは、そうした回路が効率的に利用される可能性も阻まれるということだ。

なるほど、反ライナス運動における連携組織であるSLCが、緩やかなNGOsの連携組織として反ライナス運動に寄与しているとしても、環境問題の改善を追求するより統一的な組織の存在も他方では有効であろう。しかし、回路やレパートリーをめぐって、NGOs相互に潜在的な差異が存在するのであれば、そうした組織の結成はそもそも困難であろう。要するに、マレーシアにおいては強力な環境問題をイシューとする政党も運動団体も生まれえない状況が、図らずも生じてしまっているということになろう。

6. まとめ

本章においては、反ライナス運動への参加者に対するアンケート調査を手掛かりとして、この運動の主体像を検討してきた。様々な制約を伴いながらも、調査結果から明らかになる主要な主体は、華人の新中間階級に帰属する人々であった。この点においては、半周辺マレーシアにおいても「中核性」が発現し、成長した新中間階級によるNSMsの一環としての環境保護運動が展開されていることを確認できよう。それでは、どうして華人の新中間階級は主たる主体となりえたのであろうか。

ここには、マレーシアにおけるローカルおよびナショナルな特性が関与している。まず、ローカルな要因についていえば、ライナス工場が位置する地域が大都市ではなく、地方都市クアンタンの周辺地域に過ぎないという点を指摘できよう。本来であれば、主たる主体は、利害関心の当事者であるマ

レー人の農民および漁民であるはずである。しかし、こうした地域においては、政府系メディアによる情報統制などの強い影響によって、当事者であるはずの人々は運動に参加していない。

それに対して、華人の新中間階級は工業化の帰結として脱物資主義意識を育むとともに、政党への不信感に媒介されて、環境保護運動へ参加する傾向が大きくなっているのであった。この点は、マレーシアにおけるナショナルな特性として指摘できよう。しかし、翻っていえば、こうした華人新中間階級による運動参加を下支えする要因は、運動の拡大を制約する可能性ももち合わせている。それというのも、政党支持や政党との連携を忌避する傾向は、利害関心を実現するための有効な回路を閉ざしてしまうし、政党との連携をめぐってNGOs相互に意見の差異がある以上、より統一的な組織の形成を阻むことになるからである。

反ライナス運動における運動主体の分析は、図らずも半周辺マレーシア社会における環境保護運動の帰趨を占う要因を剔抉することにつながったといえよう。もっとも、「中核性」を背景にしたNSMとしての反ライナス運動が制約を受けるのは、なによりも半周辺マレーシアにおける「周辺性」にほかならないはずである。次章においては、この問題に立ち返って考察を進めよう。

注

1　反システム運動の概念に関して、とりわけその「反システム性」の含意については、山田（2014: IX章）を参照。
2　その他のタイプのASMsとしては、民族解放運動（national liberation movement）と労働運動があげられる。この2つの社会運動は、それぞれ周辺ゾーンと半周辺ゾーンに偏在することが想定されている。
3　いうまでもなく、NSMsには女性解放運動、人種・エスニシティをベースにした社会運動、あるいは反核平和運動などが含まれている。
4　換言すれば、NSMsの主体あるいは背景は、労働運動が対象としてこなかった人々（女性やマイノリティなど）であり、（たとえ無意識であったとしても）そうした人々を抑圧する側に立っていた人々であった。
5　周辺ゾーンの特性を背景にした社会運動が、そもそもNSMsとして把握することが可能であるかどうかについても検討に値しよう。さしあたって、こうした

周辺的特性としては、問題の源泉が多国籍企業である点に求められよう。多国籍企業ライナスによってレア・アース産業がマレーシアに移管されるという事態をめぐる問題群は、次章において検討したい。

6　Ｔ氏は、もともと華人中学校で教員をしていたものの、現在は退職している。この点では、Ｔ氏はもともと新中間階級に属している人物であった。

7　そのため、必ずしも回答者はクアンタン市およびその周辺の居住者とはかぎらない。このことは、反ライナス運動がクアンタン周辺の住民運動ではなく、ナショナルおよびトランスナショナルなスケールをもった運動であることを裏書きしている。

8　具体的に、どのような人々が回答してくれたのかについては、実のところＴ氏自身も頓着していないように見受けられる。換言すれば、Ｔ氏および彼が指導するSMSLにあっては、運動に関与する個々のNGOの考え方、構成員の特性、あるいは運動スタイルの差異よりも、反ライナスという共通の目標達成を志向していることが、運動に関与する際に優越的に考慮されているといえよう。要するに、様々な差異はあっても、ライナスの操業を止めることを求めていれば、関係をとり結ぶ「仲間」であるということだ。

9　「大学法」は、大学生の政治活動を禁止する法律であり、これに違反することは当然サンクションが想定される。

10　活動家に対するインタビューでは、頻繁にこうした言明を耳にする。華人が社会運動参加者において多数を占めるという事実については、このあとで検討したい。

11　前章で述べたように、BARDARはもともとPASの内部に設置された委員会であった。BARDARの関係者へのインタビューによれば、イスラム教の理念はエコロジカルな自然保護の思想と通底しているという。

12　この運動については、Ⅶ章で検討した。

13　そもそも、マレーシアにおける環境保護運動について調査を開始する際に、多様性をもった個別の運動の概要を説明してくれた人物は、ペナン島在住で皮膚科医をしているＰ氏（華人）であった。彼は、反ライナス運動の前史を構成するペラ（Perak）州のブキメラ村における放射性物質による健康障害の治療と、原因物質を放置した三菱化学に対する操業反対運動に参加した経験があった。こうした前史については、Ⅷ章および山田（2016）を参照。

14　人民正義党は、言及したアンワル元副首相への非道な扱いに抗議して、1990年代末に結成された政党である。党首は、アンワル夫人である。アンワルは、逮捕とともに議員資格を剥奪されたので、政府を批判する夫の意思を体現し、その意思に依拠した政策を実現するために組織された。1999年の総選挙におい

ては、一定数の議席を獲得した。現在、この政党は、Parti Keadilan Rakyat（PKR）に名称を変更している。

15　普通の市民あるいは個人が社会運動に参加することは、それほどたやすいことではない。それというのも、日常の仕事と生活にあてていた時間・労力を社会運動への参加に振り分けなければならないからである。つまり、個人にとって、社会運動への参加はかなりのコストを要することになる。このことを背景にして、いわゆる「ただ乗り（free rider）」問題も発生するわけだ。

16　マレーシアにおいては、その政府の権威主義的性格を背景として、様々な人権保護運動が展開されている。言及したアンワルへの非道な扱いに対する抗議運動（REFORMASI運動）も人権保護運動の側面をもっていた。

17　指摘されてきているように、インド人あるいはタミール人は、こうした工業化の「恩恵」に最も与かっていない人々である。

18　エンボン（Embong, 2002: 61-62; 127-148）によれば、「第一世代」のマレー人新中間階級は農村で育った人々であり、農村の親族との強い紐帯を維持しており、「伝統的な」意識に基づく生活スタイルを維持しているという。こうした人々は、都市に生活していても、多くの子供をもちたがり、その結果多産であることが多い。このことが、マレーシアの人口増加（自然増）を支えている。

19　1971年以降の新経済政策（New Economic Policy, NEP）は、このことを背景として、エスニックな経済格差を是正することを1つの目標にして、実施されてきたのであった。

20　例えば、インターネットの情報サイトとして、Malaysiakini（http://www.malaysiakini.com/）やMalaysian Insider（http://www.themalaysianinsider.com/）などが知られている。こうしたサイトには、政府を批判する記事も多数掲載される。

21　さらに、ライナスは工場の建設にあたって、周辺住民の子供向けにノートや筆記具などの文房具を配布し、住民感情の懐柔に努めてきた。2013年からは、政府によって、低所得者を対象とする、BR1Mという所得補助も行われ、これも住民意識に影響を与えているといわれる。

22　「同盟」は、1970年代にはさらに多くの小政党とも提携し、BNとして連立を拡大してきた。BNにおいても、つねに圧倒的な多数政党はUMNOであり、他の政党は相対的に小規模であり続けてきた。それにもかかわらず、連立政権が継続することによって、個々のエスニシティの利害関心が実現されてきたことには留意する必要があろう。例えば、イスラム教を国教としながら、信教の自由が保証されたり、マレー語ではなく、それぞれのエスニックな言語を利用した学校教育が容認されたりしてきたことは、その証左といえよう。

23　2015年の時点では、MCAは連邦議会に7議席しかもたず、一時は入閣も辞退

24 PRは、政権を掌握しているクランタン州においてイスラム法を実現しようとするPASとそれに反発するDAPとの対立が激しくなり、2015年に事実上解消されてしまった。

25 ちなみに、SMSLの最初の代表者(女性)は、現在PKRから選出されたパハン州議員となっている。しかし、彼女は華人ではなく、マレー人である。

26 この補欠選挙は、クアラルンプール近郊のカジャン(Kajan)地区において行われた。ちなみに、このリーダーはもともとサバ(Saba)州を活動の拠点にしている。結果は、落選に終わっている。

27 こうした傾向は、SMSLに限らず、様々な事例において共有されている認識かもしれない。宅地開発に伴い、立ち退きを迫られるインド人のプランテーション労働者(estate worker)からも、MICに対して同様のコメントがなされている(Willford, 2014: 62, 64)。エスニック・マイノリティによる、自らのエスニシティを代表する政党も含めた、政党一般への不信感は、独立以前からマレー人の政治的優越に抱いてきた反感とその原因を抜本的には取り除いてくれなかった政党への怒りを背景とするものかもしれない。

付　録

Questionnaire for the "Stop Lynas Save Malaysia"

Greeting

　I am Nobuyuki YAMADA, Professor of Komazawa University in Japan. I have been doing fieldwork on social movements in Malaysia since 2013. I am so interested in the anti-Lynas campaign. At this time I would like to ask some questions for participants in this campaign through this questionnaire. The result of this research will be only used for academic purpose and obtained data in this research will be statistically and anonymously handled. I will appreciate it if you so kindly cooperate with this research.

Contact

Nobuyuki YAMADA, Ph. D
Department of Sociology
Komazawa University
1-23-1 Komazawa, Setagaya

Tokyo, 154-8525, JAPAN
nyamada@komazawa-u.ac.jp

Questionnaires

Q1. Would you let me know your age? Choose one from the list of choices.

   1. under 20   2. 21-30   3. 31-40   4. 41-50   5. 51-60   6. over 61

Q2. Would you let me know your sex? Choose one from the list of choices.

   1. male   2. female

Q3. Would you let me know your occupation? Choose one from the list of choices.

   1. peasant   2. blue-collar Worker   3. clerk   4. public officer   5. executive
   6. executive officer
   7. professional (lawyer, medical doctor, technician, teacher, etc)   8. not working
   9. other (　　　　)

Q4. Would you let me know your academic career? Choose one from the list of choices.

   1. under high school   2. diploma   3. bachelor degree   4. master degree
   5. doctorate

Please turn over!

Q5. Would you let me know your ethnic background? Choose one from the list of choices.

   1. Malay   2. Chinese   3. Indian   4. other

Q6. To what extent are you engaged with the anti-Lynas campaign? Choose one from the list of choices.

   1. very active   2. active   3. somewhat active   4. only supportive

Q7. Why did you join the anti-Lynas campaign? Choose one from the list of choices.

   1. voluntarily   2. recommended by others   3. mobilized by your affiliation

4. forced by others

Q8. What do you think of the current environmental situation in Malaysia? Choose one from the list of choices.

    1. good   2. not so bad   3. somewhat damaged   4. seriously damaged

Q9. Is there any political party that you support? Choose one from the list of choices.

    1. yes   2. no

SQ9. If the answer for Q9 is yes, which party do you support? Or if the answer for Q9 is no, which party do you sympathize with? Choose one from the list of choices.

    1. UMNO 2. MCA 3. MIC 4. Keadilan 5. DAP 6. PAS 7. Other
    8. no specific party

Q10. Have you participated in other social movements? Or are you now participating in them? Choose one from the list of choices.

    1. yes   2. no

SQ10. If the answer for Q10 is yes, what kind of social movements have you joined or are you now joining? Choose all applicable choices of the list.

    1. the labor movement   2. women's movement
    3. social movements for migrants   4. social movements for human rights
    5. social movements for ethnic minorities   6. other green movements
    7. others (   )

Thank you for your cooperation!

X. 環境保護運動と「周辺性」
──多国籍企業とレア・アース産業

1．はじめに

　様々な意味において、発展途上の社会、すなわち世界システムの半周辺ゾーンや周辺ゾーンに位置する社会にとって、多国籍企業はその資本主義発展に重要な役割を担ってきた。一方で、かつての植民地時代においては、多くの社会が原料の供給地と工業製品の市場として位置づけられたため、進出した多国籍企業は例えば採掘産業に従事し、その結果工業化は進展しなかった。他方で、多国籍企業が半周辺ゾーンおよび周辺ゾーンにおいて、工業化に寄与してきたことも否定できない。何度も言及してきたように、1960年代の後半から開始されたEOIとNIDLの形成は、このことに関するなによりの証左となろう。このように、多国籍企業は、資本主義発展が外国資本によって主導される、発展途上の社会にとって「諸刃の剣」となってきたといえよう。さらに、たとえEOIが成功し、工業化が進展しても、多国籍企業が、場合によっては当該社会にネガティブな効果を及ぼす可能性があることは否定できない。それというのも、半周辺および周辺ゾーンに位置する社会の多くは、依然として多国籍企業あるいはグローバル資本によって、その経済を支配されているからである。

　半周辺化したマレーシアについても、同様のことが妥当しよう。Ⅷ章においても指摘したように、環境問題についても、そもそも多国籍企業による支配に由来する「周辺性」が確認できるのだった。オーストラリアに本拠を置く多国籍企業ライナスが、パハン州におけるグベンにおいてレア・アース（ス

カンディウムやイットリウム）の精錬工場を設置したことが、この問題の端緒であった。そもそも、レア・アースを含む鉱床は必ずしもマレーシアには豊富に存在していないにもかかわらず、なぜライナス社は精錬工場をマレーシアに設置したのであろうか。

　それというのも、本国のオーストラリアにおいては、そうした精錬を行うことは禁じられているためである。つまり、オーストラリアでは禁じられている工程が、マレーシアに移管されていることに留意する必要がある。レア・アース産業の実情を検討することを通じて、環境問題が体現する「周辺性」の所在を明らかにすることが、本章における課題である。

　本章では、まず発展途上の社会にとって「諸刃の剣」にほかならない多国籍企業が生み出しているコストについて、概念的な検討を行うことにしたい。すなわち、多国籍企業の「社会的費用（social costs）」を概念化する試みが、それである。この作業を通じて、「諸刃の剣」とはいっても、多国籍企業が、一貫してなんらかのかたちで周辺ゾーンの資本主義発展にとってコストを生み出してきたし、それが社会に転嫁されてきたことを明らかにしよう。

　次いで、本章ではレア・アース産業の実態を明らかにし、それが厳しい競争にさらされており、その結果、この産業が中核ゾーンの厳しい規制を回避しようとする傾向があることを確認したい。換言すれば、そうした競争の帰結として、汚染を伴う危険な工程は半周辺や周辺ゾーンの社会に配置転換される傾向があることを確認できよう。とりわけ、レア・アース産業における近年の収益性の低下は、この傾向に拍車をかけるかもしれない。こうした実情は、外国資本に発展を支配されているために発生しており、あたかも、それはかつて指摘された従属（dependency）という事態を想起させるものとなっているのである。半周辺マレーシアにおいて、環境問題の発生とそれに起因する環境保護運動とは、半周辺の属性としての「中核性」だけではなく、「周辺性」に媒介されたユニークな事象だといえよう。

2．多国籍企業の社会的費用

　発展途上の社会にとって、多国籍企業は「諸刃の剣」であった。ここでは、まず多国籍企業の功罪を社会的費用という概念に依拠して明らかにしておこう。多国籍企業による社会的費用については、多国籍企業による発展途上社会への関与の仕方に基づいて、いくつかの時期区分を指摘できるように思われる。そうした時期区分に沿って、社会的費用の内容を特定してみたい。まず、社会的費用について、一般的にその概念を規定しておこう。ある行為者がその活動に由来する費用を自ら負担することなく、他者や社会全体に転嫁している場合、そうした費用は外部化され、外部化された費用という意味での社会的費用が発生することなる。

　当初、多国籍企業は、中核ゾーンにおける、先進国相互の対外直接投資（foreign direct investment）[1]の活動として注目された。とりわけ、第2次世界大戦後において、ヨーロッパとアメリカ合州国とあいだでの相互投資が注目された。しかし、多国籍企業が様々な産業・地域において活動してきたことはいうまでもない。この点は、半周辺や周辺ゾーンにおいても多国籍企業が進出していたことにも確認できよう。

　古くは帝国主義とよばれた20世紀前半までの時代においては、半周辺あるいは周辺ゾーンに位置する社会の多くは、中核ゾーンに位置する列強によって植民地化された。今日にいたるまでの投資額からみれば、この時代の植民地における多国籍企業の進出はそれほど多くはなかろう。しかし、植民地時代においては、多国籍企業は、本国の工業に寄与する原料・資源の獲得や、食料などの農業産品の獲得をもっぱら目的として、周辺社会に進出していた。

　植民地政府の保護によって、多国籍企業は、しばしば植民地において、いわゆる単一作物栽培であるモノカルチャー（monoculture）を形成し、それ以外の産業はほとんど排除されてしまった。要するに、当該の社会は、産業における不均等発展、あるいは低開発を被ったということになろう。換言すれば、多国籍企業による産業形成によって、本来ならば可能であった産業のあり方、そうした産業に関与する人々、さらには産業の発展によって社会が享受できた

利得が失われたことを意味しよう。こうした事情は、多国籍企業の社会的費用がその他の産業の従事者あるいは当該社会の全体に賦課されたことになる[2]。

　植民地からの政治的独立後においては、多くの発展途上社会は、輸入代替工業化（ISI）というかたちでの工業化を模索するようになった。しかし、I章で確認したように、自生的資本による工業化は実現しなかった。結果的に、多国籍企業の進出を招来し、多国籍企業によって当該社会の生産と市場は支配されることになってしまった。換言すれば、自生的資本は多国籍企業にとって代わるまでには成長せず、潜在的にしても競争に敗れたのである。そのような意味では、自生的資本によって社会的費用が担われたのである。

　言及したように、1960年代後半以降になると、多くの発展途上社会は、工業化のパターンを変更し、輸出志向型工業化（EOI）を追求するようになった。EOIにおいては、多国籍企業が積極的に誘致された。多国籍企業の目的は、従順で低廉な労働力であり、それを保証する協調的な労使関係の確保であった。したがって、受け入れ社会の国家による政策としても、そうした労働力と労使関係を維持することが求められた。例えば、その結果、FTZなどにおいて労働者の権利は制限されたのであった。そのような意味では、多国籍企業の社会的費用は、なによりもFTZにおける労働者に転嫁されたといえよう[3]。

　こうした工業化の過程は、EOIにとどまりはしない。EOIはあくまで労働集約的な組み立て加工を工業化の主軸としており、資本集約的な装置産業や知識集約的なハイテク産業を基幹的なものとしてはいなかった。グローバル化のもとで、周辺ゾーンの一部が半周辺化し、世界システムの実質である国際分業も、EOIの帰結であった新国際分業（NIDL）からポスト新国際分業（post-NIDL）へと変化するとともに、半周辺化した社会においては、工業のあり方も変化することが想定されるのであった。

　I章で概観したように、マレーシアにおける第2次ISIやマルチメディア・スーパー・コリドー（MSC）構想の試みも、そうした一環といえよう。例えば、第2次ISIは重工業化にほかならない。これには、鉄鋼業、金属産業、化学産業、および自動車産業などが含まれよう。いうまでもなく、この過程においても、

産業を支配する資本は多国籍企業あるいはグローバル資本である[4]。

　さらに、こうした重工業においては、EOIにおける基幹産業とは異なり、適切な対策が講じられなければ、生産に伴う排出ガス、排水、あるいは廃棄物などが環境に放出され、環境破壊が進展しよう。すなわち、いわゆる産業公害が発生するというわけだ[5]。こうした場合には、多国籍企業の社会的費用は、社会、あるいはより特定していえば周辺住民が担うことになろう。以上の議論は、**表X-1** にまとめられよう。

表X-1. 周辺ゾーンにおける多国籍企業の社会的費用

時期	主たる負担者
植民地時代	全社会
ISI	自生的企業
EOI	労働者
第2次ISI	住民

　いうまでもなく、マレーシアに移管されたレア・アースの精錬工程は、第2次ISIの一環である。したがって、もしもこの工程の結果、健康障害が発生すれば、まさに多国籍企業による社会的費用が転嫁されたことになる。そのような産業がマレーシアに移管された原因は、どこに求められようか。

3．レア・アース産業の現状

(1) レア・アースとはなにか

　レア・アース産業の現状を検討するにあたって、もう1度レア・アースという物質について確認しておこう。レア・アースとはどのような物質で、レア・アース産業とはどのような特性があろうか。まず、レア・アースとは全部で17の物質からなることが知られている。もっとも、スカンディウムやイットリウムといったレア・アースは、必ずしもまれでも稀少でもなく、いわゆる貴金属よりもはるかに多く、土中に存在することが知られている。様々なレア・アースは、同じ鉱床に集積している傾向があることも知られている。

いうまでもなく、レア・アースは磁気工学ディスクや半導体などのハイテク機材に使用される極めて重要な物質であり、コンピューターや携帯電話などにもレア・アースが使用されている。そのような意味で、レア・アースは、われわれの日常生活のどこにでも存在する物質であるといえよう。レア・アースが通常ハイテク製品に用いられることを考えると、その需要が発生する社会は、主として先進社会、つまり中核ゾーンに位置している。すなわち、アメリカ合州国と日本がその多くを需要する国となっている[6]。中国もレア・アースの多くを消費していることが知られている[7]。

さらに、レア・アースは土中に存在するため、それは鉱床から採掘され精錬される必要がある。言及したように、この際、こうした鉱床にはウランやトリウムのような放射性物質が混在している。そのため、レア・アースそれ自体は放射性物質ではないものの、その採掘にあたって、その他の放射性物質も採掘し、集積を作ってしまうことになる。この点が、レア・アース生産における最大の難点である。

(2) レア・アース生産の現状

レア・アースそれ自体は世界中に遍在しているものの、現在、その生産はほとんど中国によって独占されている。例えば、2008年の時点において、レア・アースの全生産量は、12万4千トンであり、その96.8%が中国で生産されていた。その他の諸国が生産する量は、わずかに過ぎなかった。例えば、インドは2.2%、ブラジルが0.5%、マレーシアが0.3%、およびその他の諸国が0.2%であった（http://www.jogmec.go.jp/library/metal_005.html 2018年9月25日アクセス）。中国におけるレア・アースの埋蔵量が世界のおよそ30%くらいだと見積もられていることを考えると、アメリカ合州国やロシアなどのその他の埋蔵量が多いと想定されている諸国[8]がレア・アースの生産を試みようとしないことは注目に値する。

レア・アース生産に関わる諸国がほとんどない1つの理由は、その開発と生産には莫大なコストがかかるためである[9]。とりわけ、レア・アースの鉱床を発見し、開発するには極めて長い時間がかかる。さらに、レア・アース

が多くの製品にとって有用だとしても、その市場規模はとても小さく、価格変動も極めて大きい。今後、技術革新が進展すると、その他の物質がレア・アースにとって代わる可能性があるため、レア・アースに対する将来の需要量についても不確かなのである。その結果、マウンテン・パス (Mountain Pass) というかなりの埋蔵量が期待される鉱床がありながらも、アメリカ合州国は、2002年には生産から撤退してしまった。この撤退は、重大な帰結をもたらすことになった。

　例えば、中国が2010年にレア・アースの日本への輸出を制限したために、その価格は著しく高騰するという事態が発生した。しかし、そうした価格の急騰によって、多くの諸国がレア・アースの購入を手控え、その他の物質による代替を図ったため、今度は需要が減少するという事態を招いた。結果的に、2012年以来、価格が暴落することになり、その後も必ずしも高い水準に回復していない。こうした危機の発生によって、日本をはじめとする諸国では、同じような危機と、その一因である中国によるレア・アース生産の独占状況を打開する方途を模索し始めた。

　例えば、アメリカ合州国、カナダ、およびオーストラリアなどにおいては、再開発計画がスタートした。マウンテン・パスの鉱山も再開された。日本は、レア・アースの安定確保を図るために、中国以外からの供給を模索してきた。その一環として、日本は石油天然ガス・金属鉱物資源機構 (Japan Oil Gas and Metals Corporation, JOGMEC)[10] を通じて、ライナス社に250億ドルの資金援助を行い始めた。さらに、ライナス社は、日本においてレア・アースを取引している双日[11] と契約し、今後10年間で毎年8500トンのレア・アースを供給することを決定した。こうした事情から判断すると、ライナス社は日本政府と日本企業を主要な取引先としており、そのことを通じて存続できているといえよう。

(3) レア・アース生産に伴う環境問題

　すでに述べたように、レア・アースの生産に伴って、放射性物質の集積をもたらしてしまうのであった。したがって、レア・アースを生産するにあ

たっては、放射性物質に対する徹底した対策が求められる。しかし、多くの場合には、そうした放射性物質は処理されなければならないし、さもなければ、それらはその他の場所に廃棄されなければならない。

しかし、残念ながら、そのどちらも技術的に不可能であることが多い。こうした状況にもかかわらず、レア・アースの生産が実行されれば、放射性物質という副産物が残され、生産地域の周辺が汚染されることになろう。その結果、生産地の周辺に居住している労働者と住民に対して、健康被害がもたらされることになろう。多くの諸国においては、そのような被害を避けるために、厳格な環境保護法が制定されてきた。その結果、レア・アース生産の稼働コストは極めて高くなり、多くの企業は財政的な困難に直面することになったし、レア・アース生産それ自体から撤退することにもなったのである。かつてマウンテン・パス鉱山が閉鎖された理由の1つは、厳格な環境法とそれに伴うコストであった。

それにもかかわらず、中国は従来そうした環境保護のための厳格な法律を整備してこなかった。例えば、内モンゴル自治区に位置する包頭(パオトウ)は、中国において最も著名なレア・アース生産地であるものの、放射性物質による健康被害でも有名であった。適切な処理が施されずに、放射性物質は放置されており、放射性物質を含んだ汚染水が流れ込む池に集積することになる。要するに、レア・アース生産の副産物である放射性物質に対して的確な処理をしないために、労働者や住民に健康障害が広まったというわけだ。

翻っていえば、生産に規制が行われないことによって、レア・アース産業において、中国は第一の生産地たりえたといえよう。なるほど、2011年になって、中国はレア・アース生産を戦略的に統制するようになってきた。しかし、そうした統制もレア・アース生産に参入する企業を抑制することを通じて[12]、生産の効率化を目指すものである (谷口, 2012)。環境保護については、ようやく2012年になって制定されたのだった (谷口, 2012)。要するに、それまでは健康障害が拡大したということである[13]。中国において確認される、こうした状況は、もし的確な対策が取られなければ、マレーシアにおいて再現する可能性があろう。

4．マレーシアにおけるレア・アース産業

(1) LAMP の設立

　それでは、マレーシアにおけるレア・アース産業は、どのような状況にあろうか。マレーシアには、レア・アースの有望な鉱床は存在しない。それにもかかわらず、レア・アースの精錬工場がマレーシアに存在するのは、なぜであろうか。もちろん、もともとオーストラリアに本社を置いていたライナス社が、マレーシアに精錬工場を設置したからにほかならない。ライナス社は、1983年に設立された。当初、ライナス社は金の採掘も事業にしていたものの、レア・アースの生産に集中するようになった。ライナス社は、西オーストラリアに位置するウェルド(Weld)山の鉱床でレア・アースを採掘している。ウェルド山は、セリウム(cerium)とランタン(lantern)を豊富に含むことで知られる鉱山であるものの、そこには少量のトリウムも含まれている。

　ライナス社は、ウェルド鉱山において、鉱体(ore)の生産を行っている。ここでの作業は、採掘(extraction)、粉砕(cracking)、浮揚選鉱(floatation)、および濾過(filtration)からなる。これらの作業を通じて、生産される鉱体にはレア・アースが40％ほど含まれているという。生産された鉱体は、マレーシアに輸送され、分離(separation)と精錬(refinery)の作業が行われる。こうした工程がマレーシアに移管して行われる理由は、水、土地、およびとりわけ建設と工学に関する人的資源が不足しているからであるという。こうした要因も、生産コストが高くなる要因であると考えられよう。

　しかし、オーストラリアには水も土地も豊富であるし、マレーシアに比べても技術者が豊富にいることを考えると、工程の配置転換は後工程に付随する様々なコストが原因であると想定されよう。これらのコストに、人件費が含まれることはいうまでもない。しかし、精錬工場は資本集約的な装置から構成され、それほど多くの労働者を必要としない。したがって、こうした一連のコストのなかでも、放射性物質の処理が大きな割合を占めることが示唆されよう。もし、ライナス社がオーストラリアで操業し、レア・アースの精

錬を行うならば、放射性物質の処理施設と隔離設備を設置する必要があろう。

　もっとも、そうした設備を作ったとしても、レア・アースの副産物として産出されるトリウムは半減期が極めて長く、それは 14 億年にも及ぶ。したがって、そうした放射性物質をそれほど長期にわたって隔離・保管することはほとんど不可能なのである。さらに、トリウムを安全に処理して再利用する技術は、現在のところ全く確立していない[14]。こうした状況は、副産物としての放射性物質が安全に処理されずに、持続的に算出され続けていることを意味している。

　要するに、レア・アースを生産する企業は、こうした副産物の処理および管理に伴う費用を自ら負担していないというわけだ。すなわち、こうした企業は、この費用を社会、あるいは直接的には周辺住民に転嫁しているのである。放射性物質を処理・隔離するための、適切で安全で利用可能な技術が確立されていないことを考えると、こうした費用は社会化され外部化されている。オーストラリアでは、こうした費用の社会化・外部化は容認されていない。このことが、ライナス社が精錬工程をマレーシアに配置転換した理由であろう。こうして、2011 年にライナス社は、ライナス先端素材工場（Lynas Advanced Material Plant, LAMP）をパハン州グベンに設立したのである。

(2) LAMP の背景

　このような社会的費用が賦課されることを考慮すると、LAMP の建設と操業は、マレーシアにとってほとんど利益をもたらさないように思われる[15]。マレーシアが LAMP の誘致を進めた背景には、どんな事情があったのだろうか。

　第 1 に、それはマレーシアの開発戦略に関係していよう。2000 年代以降、マレーシアは、新たな地域開発戦略を追求してきた。この戦略においては、国土をいくつかの「回廊（corridor）」に分割し、それぞれの「回廊」は、個々の発展状況に対応させながら、固有の発展戦略を追求することになった。工業化の過程で従来かなりの開発が進められたのは、マレー半島の西海岸側であった。FTZ についても、その 4 つの集中的な設置地域、すなわちペナン、ミッ

ドバレー（Mid Valley クアラルンプール周辺）、マラッカ（Malacca）、およびジョホールバルはすべて半島の西海岸側に位置している。

　それに対して、半島のその他の地域とサバおよびサラワクの2州については、充分な工業化が進展してこなかった。そのため、回廊開発は、2006年以降国土の不均等発展を是正するために追求されてきた[16]。例えば、ジョホール州のスルタンの名をつけられた「イスカンダル開発地域」は、物流とその他のサービス産業の拠点となることが追求されてきた。それでは、東海岸地域はどうであろうか。「東海岸開発地域」は、重工業の集積地として規定された。これが、ライナス社がこの地域に誘致された一因である。要するに、レア・アース産業も、この地域の開発計画の一環であったというわけだ。

　しかし、何度も指摘しているように、レア・アースの精錬工程は放射性物質という副産物を伴うことになる。それにもかかわらず、LAMPが建設され、操業が開始されたということは、マレーシアにおける放射性物質の規制がオーストラリアよりも厳格ではなかったということである。このような意味で、ライナス社は、レア・アースの精錬工程をマレーシアに配置転換することによって、受益者となったものの、マレーシア、とりわけLAMP周辺の住民には利益はもたらされていない。この点は、環境問題だけではなく、雇用の創出という点についてもいえる。LAMPを建設する計画は、2008年にたてられた。当初は、パハン州ではなく、その隣のトレヌガヌ州において建設が計画されていたものの、同州のスルタンの反対によって、建設地はパハン州に変更になった。この結果、クアンタンを中心に、反ライナス運動が生起することになったことは、これまでの章において検討したとおりである。

5．まとめ

　本章では、半周辺マレーシアへのレア・アース生産の配置転換の意味について検討してきた。オーストラリアを本拠とするライナス社によって、レア・アース生産の副産物である放射性物質が放置され、その結果として住民への健康被害が発生する懸念から反ライナス運動が起こったのだった。翻ってい

えば、多国籍企業は発展途上の社会の発展に寄与してきた一方で、その子会社を通じて、一貫して社会的費用を受け入れ社会に転嫁してきたのであった。

　こうした状況は、多国籍企業によって経済が支配される事態、すなわち周辺ゾーンに位置する社会に顕著な事態が克服されないかぎり、継続する可能性がある。換言すれば、半周辺における「周辺性」の帰結が、NSMs の1つとしての環境保護運動の前提を形成しているのである。前章でも検討してきたように、反ライナス運動は、確かに脱物質主義的な意識に媒介され、新中間階級によって担われているように思われる。しかし、そもそもライナス社による工場設置と操業認可については、すでに反対運動が開始されていたにもかかわらず、周辺住民の意向を無視した権威主義的な政策決定によって断行されてきた[17]。この点に、半周辺における NSMs のユニークな特質が見出せよう。

注

1　対外直接投資は、利子率の差異によって投資が規定される証券投資 (portfolio investment) とは異なり、海外に会社支配を目的として行われる投資である。会社支配とは、端的には100％出資の子会社を設立することに代表されるものの、多くの場合"支配"の概念は操作的 (manipulative) であり、通常は25％程度の出資率でも会社支配が行使されているものとみなされる。

2　あらゆる競争において、そこには敗者が存在する。ここでは、そのような競争における敗者、あるいは不利益は、もしもそれに対して保証や援助が必要な場合には、社会的費用とみなせよう。

3　EOI の進展に伴う急速な工業化は、それに関連した都市化などに伴う全般的な開発をも進めることになろう。この点に関連して、熱帯地域に位置するマレーシアにおいては、森林伐採 (deforestation) が進展した (Wong, 1998)。このことは、森林に生活する人々（オラン・アスリ　*Olang Asli*）の生活基盤を奪うことになった。森林伐採に伴う問題は、ヤシのプランテーション開発とも関連して、現在ではボルネオ島の2州において顕著な問題となっている。こうした点を考慮すると、工業化の過程を通じて社会的費用を負担したものとして、様々な先住民 (indigenous people) を加える必要がある。

4　そのような意味では、自生的企業はここでも敗者となっている。したがって、多国籍企業の社会的費用は、そのかぎりで自生的企業にも転嫁されている。

5　最初のISIにおいても、こうした重工業が含まれていれば、同様の環境破壊が起こる可能性があろう。もっとも、マレーシアにおいては、1960年代におけるISIは、必ずしもいわゆる重工業ではなく、食品産業などが多かった。

6　2010年には、日本は世界のレア・アースの約20%を消費していたものの、その割合は低下してきている (http://www.jogmec.go.jp　2018年9月25日アクセス)。

7　後述するように、中国はレア・アースの最大の生産国である。しかし、生産にとどまらず、中国の消費量は世界全体の65%に達している (http://www.jogmec.go.jp　2018年9月25日アクセス)。

8　アメリカ合州国は、世界の埋蔵量の14.8%、ロシア、正確には独立国家共同体 (Commonwealth of Independent Countries) は、21.6%を占めると見積もられている (http://www.jogmec.go.jp　2018年9月25日アクセス)。

9　翻っていえば、中国が生産を独占している背景は、生産コストが安いことと、少なくとも従来は環境基準が低いことが指摘できよう。

10　JOGMECは、2002年7月に施行された石油天然ガス・金属資源公社に関する法律に基づいて、2004年2月に設立された。

11　双日は、いわゆる総合商社であり、日商岩井の後身企業にほかならない。

12　国営企業は、レア・アース生産に従事できるものの、民間の小企業には参入が禁じられた。こうした小企業が、しばしば環境破壊と健康被害を引き起こしてきたのである。

13　要するに、レア・アース産業を健全に発展させようとすれば、様々な費用が発生するということである。こうした費用は、社会的に転嫁されなければ、産業それ自体を閉塞させる可能性がある。

14　例えば、トリウムをウランに変換して利用するためには、いくつかのプロセスが必要になる。トリウム232は、中性子を獲得して、トリウム233に変化する。その後、トリウム233は、ベータ崩壊を通じてプロタクチニウム (protactinium) 233に変化する。さらに、プロタクチニウム233は、やはりベータ崩壊によって、ウラン233に変化するのである。この際、ベータ崩壊とは原子核から陽子を放出することであり、ベータ線の放射を伴う。要するに、トリウムを有効利用するためには、こうしたプロセスを人工的に引き起こす必要があるわけだ。

15　オーストラリアにおいては、1999年に制定された西オーストラリア核廃棄物保管 (禁止) 法 (Western Australia Nuclear Waste Storage Prohibition Act) によって、放射性物質を国内に持ち込むことは禁止されている。そのため、ライナス社は、マレーシア国内で産出された、副産物としての放射性物質をオーストラリアに持ち帰ることはできない。さしあたり、それはマレーシア国内で処理し、保管せざるをえないのである。

16 1996年になって初めて、「回廊」という概念は、マルチメディア・スーパー・コリドー (MSC) という計画として登場した。しかし、2001年に始まる第9次マレーシア計画においては、初めて本格的に「回廊」という概念が開発単位として位置づけられた。そこでは、5つの「回廊」あるいは「地域 (region)」が指定されていた。すなわち、イスカンダル開発地域 (Iskandar Development Region)、北部回廊経済地域 (Northern Corridor Economic Region)、東海岸経済地域 (East Coast Economic Region)、サラワクエネルギー再開発回廊 (Sarawak Corridor Energy Renewal)、およびサバ開発回廊 (Sabah Development Corridor) がそれらである。ちなみに、マレーシアにおいては、「計画 (plan)」とは、5年間の開発戦略を意味する。早くも政治的独立以前から、こうした5か年計画は開始されていた。

17 この点に関連して、IX章でも言及した、SMSLのリーダーであるT氏がマレーシア社会を「封建制 (feudalism)」として把握していたことは、興味深い。もちろん、この概念的把握の妥当性については留保が必要であろう。それというのも、もともと「封建制」というタームがイギリスによる植民地支配の過程で受容され、マレー社会のあり方を「遅れたもの」として把握する概念として使われたからである (富沢, 2003: 281)。しかし、そうした点は留保するとしても、このタームは、国家の権威主義的性格を的確にとらえられているように思われる。マレーシアの政治を「封建制」との関連でとらえる試みは、マールフ (Maaruf, 2014) も参照。

結びにかえて

　本書の終わりに、検討してきた課題を確認したうえで、明らかになったことをあらためて明示し、若干の考察を試みよう。本書は、グローバル化に対抗する反グローバリズムが様々な空間と領域において生起していることを確認することから議論を開始した。より一般的な文脈に即していえば、こうした反グローバリズムの社会運動は、世界システムというグローバルな資本の運動によって形成されるシステムを制約する反システム運動（ASMs）の一環としてとらえられるのであった。

　さらに、多様なかたちをとって現れるASMsは、大きく分類するならば、民族解放運動、労働運動、および新しい社会運動（NSMs）として把握できよう。グローバル化のもとでこうした3つのASMsがみせる様相について、本書は、特定の国民社会を対象にして検討することを課題としたのである。

1. 半周辺マレーシア

　この際、事例に設定した社会は、マレーシアである。マレーシアは、16世紀以降、ポルトガル、オランダ、およびイギリスから継続的に植民地化を被ってきた社会であり、とりわけイギリスによる植民地支配を通じて、特徴的なマルチエスニックな社会として形成されてきた。植民地化を通じて、マレーシアは世界システムの周辺ゾーンに組み込まれてきたことが想定される。

　1957年に政治的独立を達成した後は、マレーシアにおいても、他の旧植民地社会と同様に、資本主義的工業化が模索されてきた。とりわけ、1970

年代以降に開始された輸出志向型工業化(EOI)を通じて、マレーシア社会は著しく変貌した。都市化が進展し、産業基盤が集積し、労働者が形成され、1人当たりGDPも緩やかに上昇を続けてきた。さらに、1980年代の後半からは、グローバル化の進展による競争の激化に直面して、多国籍企業の戦略が変化することによって、マレーシアの位置が変化してきたことが想定される。すなわち、周辺ゾーンから半周辺ゾーンへの上昇がそれであり、こうした半周辺化が進んだ社会が、現在のマレーシアであるといえよう。

マレーシアにおいては、EOIが始まった当初とは産業のあり方が大きく変容しつつある。工業についても、単純な組立加工から自動化あるいは資本集約化をふまえた高付加価値の生産拠点に変わりつつあるし、重工業や知識集約的な産業の集積も継続している。このことは、グローバルなレベルでいえば、新国際分業(NIDL)からポスト新国際分業(post-NIDL)への転換としても把握できるのであった。

マレーシアが帰属しつつある半周辺という位置は、3つの階層的なゾーンから構成される世界システムの中間的なゾーンとされてきた。すなわち、中核ゾーンと周辺ゾーンとの中間が、半周辺ゾーンである。このゾーンの特徴は、その他の2つのゾーンの特徴を併せもつということである。中核ゾーンの特徴を「中核性」、周辺ゾーンの特徴を「周辺性」と規定するならば、半周辺ゾーンは「中核性」と「周辺性」とを有するということである。

周辺ゾーンの特徴は、なによりも賃金が安いということであり、「低賃金財」を供給していることである。したがって、「周辺性」とは、なによりも賃金が安いことであり、それに関連して、低賃金を持続させ、低賃金が持続することから派生する、経済・政治・イデオロギーにかかわる社会関係や諸制度として現れることになろう。それに対して、中核ゾーンの特徴は、なによりも賃金が高いことであり、「高賃金財」を供給することに求められよう。したがって、「中核性」とは、なによりも賃金が高いことであり、高賃金を持続させ、高賃金が持続することから派生する、経済・政治・イデオロギーにかかわる社会関係や諸制度として現れることになろう。

このように概念的に把握するならば、「中核性」と「周辺性」とをあわせも

つ半周辺ゾーンにおいては、2つの特徴が共存することになる。例えば、産業についていえば、一方では、低い技能と低賃金に依拠したセクターが存続しているのに対して、他方では高技能・高知識と高賃金に依拠したセクターが誕生しつつあるというわけだ。とりわけ、工業化の帰結として、「ゆたかさ」が一定程度実現すれば、単なる経済的利得の拡大を希求する物質主義的な意識だけではなく、多様な利害関心に裏書きされた社会運動が生起することが想定されよう。半周辺マレーシアは、グローバル化によって多国籍企業の新たな拠点として位置づけられ、「中核性」を体現するとともに、植民地時代から継承された伝統的な産業と労働のあり方に象徴される「周辺性」をも体現する社会として、ユニークな分析対象となろう。

2．半周辺と反システム運動

　資本主義としての世界システムの作動を制約する、3つのASMsは、世界システムを構成する3つのゾーンに偏在する傾向があると考えられる。植民地からの独立運動などに象徴される民族解放運動は、低賃金を正当化するエスニックな階級関係への異議申し立てとして、周辺ゾーンに偏在する傾向があろう。製造業の集積を背景に組織されてきた労働運動は、多国籍企業による生産の配置転換の結果、最も製造業が集積する半周辺ゾーンに偏在する傾向があろう。さらに、伝統的な労働運動への批判、アイデンティティの問い直し、あるいは脱物質主義などの意識に基づいて生起するNSMsは、やはり中核ゾーンに偏在する傾向が想定されよう。

　もっとも、3つのASMsがそれぞれ、3つのゾーンに偏在するといっても、一意的に各ゾーンに対応しているわけではない。いうまでもなく、半周辺ゾーンにおいては、「周辺性」と「中核性」とが共存しているので、それぞれの特徴に裏書きされるASMsがいずれも確認されよう。本書においては、これらのASMsについて、それぞれの事例を通じて検討を行ってきた。

　民族解放運動については、政治的独立以降60年を経過しているにもかかわらず、マレーシアにおいては植民地主義の影響が根強く残っていることが

明らかとなった。プランテーション労働者として移住させられたインド人たちが、植民地主義に抵抗するために運動を行っていた。それは、2007年をピークとするヒンドゥー教徒の権利行動隊（HINDRAF）による運動に代表されよう。政治的独立以降、経済的利得や政策による利得を獲得することによって、華人やマレー人が、多かれ少なかれマレーシア社会の受益者であったのに対して、インド人たちはそうした利得を享受することは少なかった。換言すれば、「周辺性」を担うものとして、インド人たちは伝統的な低賃金労働に従事し、政策的な保護の対象からも除外されてきたのである。

こうした社会的状況のもとで、BN政権による「イスラム化」政策を直接的な背景として、エスニシティとしてのインド人たちのルサンチマンが、HINDRAFによる運動に集約されたといえよう。インド人たちのルサンチマンは、政治的独立以降、プランテーション労働者やプランテーションから移住した都市におけるスクオッターとしての、彼（彼女）らの存在によって醸成されたものであろう。こうした労働者やスクオッターの利害関心を代弁する運動は、マレーシア社会党（PSM）によって担われてきた。プランテーション労働者やスクオッターとしてのインド人が、その存在を規定する社会のあり方に異議申し立てを行うことは、それ自体として植民地主義への告発であり、ポストコロニアルな企てだったとみなせよう。

しかし、HINDRAFによるイギリスの植民地政策に対する告発、さらにはエリザベス女王に対する損害賠償請求は、エスニシティとしてのインド人たちの運動が民族解放運動であることを端的に示唆するものである。もっとも、エスニシティをベースにするHINDRAFの運動についても、その内実についていえば、階級をベースにするPSMの運動と通底している。このことは、労働者階級による運動として、民族解放運動が展開する可能性を示唆していた。

それでは、労働者階級によるASMである労働運動は、民族解放運動に内在する「階級性」を回収し、より包括的な運動として展開できるのであろうか。半周辺ゾーンにおいては、韓国やブラジルにおいてみられたように、製造業の集積に伴って労働運動の活性化が想定される。しかし、マレーシアにおい

ては、必ずしも想定通りの状況は生まれていない。それというのも、マレーシアにおいては、権威主義的なBN政権によって、反労働的な (anti-labor) 政策が提示され、抑圧的な労使関係システムが編成されてきたからである。結果的に、低賃金を継続させる、その意味では「周辺性」を体現する制度の存続によって、マレーシアにおける労働運動は守勢を強いられ続けている。

確認したように、この点は、FTZに進出している多国籍企業、とりわけ基幹的な位置づけを与えられている電子産業において顕著である。近年における最低賃金の設定についても、労働運動によって主導されたものとはいえないし、金融セクターにおいて確認される対抗的な労働運動も例外的な要因によって可能になっているのであった。グローバル化のもとで、必要性が高まっている移民労働者を対象にした組織化や援助活動についても、包括的な制度の欠如が、「周辺性」を再生産する状況を生み出している。移民労働者がとり結んでいる関係は、「人身売買」として把握されるように、移民過程のほぼすべてを通じて極めて前資本主義的なものである。

要するに、マレーシアにおける労働運動は、BN政権が設定した制度的制約を改変することを通じて、その活性化が可能になるといえよう。そのためには、労働組合などの組織が政治に関与することが求められる。しかし、そのことも制度的には制約されているような状況なのであった。この点を打破する1つの方法としては、政治活動にコミットするその他の社会運動、例えば市民運動と連携することを通じて、政治的利害関心の実現を目指すことが考えられよう。

そのような意味では、政権交代を実現する背景となったBERSIH運動との連携は重要であったはずである。選挙制度改革を訴えることを通じて、BN政権の最大の支持基盤であるマレー人を含めた多くの民衆を動員したBERISH2.0は、NGOsの連合体からなる市民運動であり、政党との連携が制約されている労働組合にとっても、連携関係を構築することは相対的に容易であったと思われる。

さらに、BERISH運動を実質的に担っているマレー人新中間階級が直面する問題は「階級性」を体現しており、それを労働運動が回収することも可能

であった。しかし、現実にはそうした連携はほとんど試みられなかったため、PH政権のもとで労働組合の利害関心が実現される可能性は、マハティールが首相であることを差し引いても、不確かとなっている。

このように、半周辺マレーシアにおける労働運動は、「周辺性」に依然として大きく制約されているため、様々な勢力の「階級性」を回収し、半周辺において想定されるASMの主軸として活性化するにはいたっていないのであった。このことは、新中間階級によって担われたNSMsとの連携についてもいえよう。本書では、NSMsの一環である環境保護運動についてとり上げた。

本書が事例としたのは、オーストラリアを本国とするライナス社という多国籍企業に対する操業反対運動であった。ライナス社は、レア・アースの生産に従事する多国籍企業であり、マレーシアのパハン州クアンタン近郊にその精錬工場を設置した。レア・アースを精錬する過程においては、どうしても副産物として放射性物質を集積してしまう。そうした放射性物質は、的確な対処が行われなければ、周辺の住民に対して健康被害をもたらす可能性がある。こうしたリスクを伴うにもかかわらず、もともとレア・アースの鉱床が存在しないマレーシアにおいて、わざわざオーストラリアで採掘して製造した鉱材を移管してまで、なぜレア・アースの生産を行う必要があろうか。こうした認識に基づいて、ライナス社の精錬工場（LAMP）に対して、異議申し立てが行われたのである。

反ライナス運動は、エスニシティの差異を超えて、多くの民衆が参加してとり組まれてきた。しかし、その主導的な担い手は、新中間階級に属する専門家などであり、とりわけ華人がその中心であった。環境保護運動としての反ライナス運動が、極めて大規模な運動として展開されたことから判断すると、マレーシアにおいても脱物質主義という意識が拡大してきていることを窺えよう。そのような意味では、この運動はNSMsの一環として「中核性」を体現している。

それでは、華人たちは、環境問題に対してとりわけ鋭敏な感覚をもっているのであろうか。この点は、必ずしも確かではない。しかし、政治的異議申し立てのチャネルを充分なかたちではもっていない華人たちは、例えば既存

の政党を通じた、国家への利害関心のインプットを模索するのではなく、社会運動を行うことを通じて、それを模索しているように思われる。

　もっとも、NSM としての反ライナス運動も、多国籍企業ライナス社による社会的費用の転嫁という問題を背景としている。多国籍企業による経済支配とその影響という問題は、周辺ゾーンにおいて強調されてきた。そのような意味で、反ライナス運動は、「中核性」に特徴づけられているだけではなく、「周辺性」にも媒介された ASM にほかならないのである。

　以上、半周辺マレーシアにおいて、グローバル化のもとで進展する3つの ASMs について、得られた知見を確認してきた。これらの ASMs にはどのような特徴がみられたのであろうか。さらに、理論的想定との差異をあらためて確認してみよう。まず、3つの ASMs は、資本主義としての世界システムの作動に対して制約を試みる社会運動である以上、階級関係によって編成されていることが確認されよう。エスニシティとしてのインド人によって担われた民族解放運動についても、HINDRAF と PSM の双方がともに低賃金労働者の問題を課題としてとり上げているように、その「階級性」がたち現れていた。

　しかし、半周辺において偏在し、活性化が想定される労働運動は、その「階級性」を回収できていなかった。まさに「周辺性」に媒介された権威主義国家によって整備された諸制度によって、労働運動は大きく制約されていた。さらには、市民運動に伏在する「階級性」をも回収し、制約的・抑圧的制度を改変する試みも行われていなかった。市民運動との連携がほとんどみられないことは、その他の NSMs との関係についても同様であった。NSM としての反ライナス運動は、新中間階級による運動であり、そのような意味ではやはり「階級性」を体現している。しかし、それが労働運動との連携につながることは全くなかったといえよう。

　第2に、これらの3つの ASMs は、いずれもトランスナショナルな運動を志向していた。民族解放運動については、HINDRAF によるイギリスへの告発、労働運動については、とりわけ移民労働者の組織化と援助活動、さらに NSM については、ライナス社の本社への活動などに、その特徴は顕著に現

れていよう。まさに、グローバル化を背景にして、これら3つのASMsはさしあたりナショナルなレベルで生起した運動ではあっても、いずれもトランスナショナルな志向性を有しているのであった。

3．「変動の苗床」としての半周辺

　最後に、半周辺におけるASMsは、世界システムの変動にとって、どの様な意味をもつのであろうか。そもそも、半周辺ゾーンは、世界システムにおいてどのような機能を担うと考えられていたであろうか。この点から確認する必要がある。

　半周辺ゾーンが存在する理由は、さしあたり機能主義的な説明が提示されていた。すなわち、従属理論が提示したモデルのように、世界が2つだけのゾーンにわかれている場合、両者の差異が分かりやすく、ゾーン間の対立に帰結しやすいのに対して、中間的なゾーンが存在することによって、そうした差異が不明確になり、対立も回避されやすくなるというのである。その結果、世界システムが安定することになるというわけだ。

　しかし、こうした説明が当てはまるとすれば、中間的なゾーンである半周辺は、確認したように「中核性」と「周辺性」とが共存することによって、かえって中核ゾーンに偏在する対立と周辺ゾーンに偏在する対立とがともに存在することにもならないであろうか。前近代における世界システムを分析する試みにおいては、半周辺ゾーンの中間的な性格とそれに伴う不安定な社会状況が、世界システムそれ自体を変動させる要因になることも指摘されている（Chase-Dunn & Hall, 1997）。

　例えば、半周辺ゾーンにおいては、周辺ゾーンに比べて、相対的に食料などの生産力が高いために、一定程度人口の増加が見込まれよう。しかし、半周辺は中核ではないために、中核ゾーンで開発された技術を用いても、増えすぎた人口を扶養するだけの食糧生産は困難である。これには、半周辺が生態系として恵まれない地域に位置していることも影響している。その結果、半周辺ゾーンにおいては、人口流出の圧力が高まりやすい。したがって、半

周辺ゾーンに位置する国家の一部は、増え続ける人口を扶養するため、あえてリスクを冒しても新たな領土を獲得するために膨張志向をもつことになろう。

このとき、軍事的に優位な状況を作り出す兵器や国際状況に媒介されて、半周辺の一部の国家による中核ゾーンへの侵攻、さらには中核ゾーンの占拠といった事態が起こることがあるという。こうした背景をもって、中核をも支配するにいたる半周辺の国家を「侵攻国家（marcher state）」ということがある。こうして、半周辺ゾーンは世界システムにおける「変動の苗床（seedbed of change）」となり、システムそれ自体を動態化するというわけだ。

もちろん、近代以降の世界には主権国家による国家間システム（interstate system）が存在し、とりわけ第2次世界大戦後においては、他国に武力で侵攻することは決して容認されないルールがほぼ確立している。したがって、半周辺ゾーンに様々な対立が集中する傾向があったとしても、かつてのように「侵攻国家」が出現して、ただちに世界の政治秩序に影響を与えることにはならない。もっとも、政治的な秩序の変更に直接的に結びつかないとしても、ASMsはその反システム性によって世界システムの作動に影響を与えるはずである。

確認してきたように、マレーシアにおいては、現在のところ3つのASMsが連携して展開されることは想定しえない。さらに、東南アジアにおける小国に過ぎないマレーシアにおいて、新たに成立したPH政権のもとでそうした連携が可能になったとしても、グローバルな世界を変容させるだけの影響があるとも思えない。しかし、半周辺ゾーンは、様々な対立が集中するゾーンであり、3つのASMsは「階級性」を保持している点で共通である。それらが連携すれば、世界システムへの大きな制約となろう。アクティブな半周辺ゾーンを注視することは、世界システムの変動をとらえる1つの視座を提供してくれよう。

参考文献

Aeria, Andrew. 2005. "Globalization, Inequitable Development and Disenfranchisement in Sarawak." in Loh Kok Wah, Francis. & Joakim Öjenkdal. (eds.).

Aliran & Goodelctronics 2013. *Electrifying Matters: For Human Rights Defenders and Migrant Workers in the Electronic Industry*. Chiang Mai: Wanida Press.

Aminrad, Zarrintaj., Sharifah Zarina binti Seyed Zakaria, Abdul Samad Hadi, & Mahyar Sakari. 2012. "Survey on Environmental Awareness among Environmental Specialists and Secondary School Science Teachers in Malaysia." *Working Paper*. National University of Malaysia.

Ananta, Aris. & Evi Nurvidya Arifin. (eds.) 2004. *International Migration in Southeast Asia*. Singapore: Institute of Southeast Asian Studies.

―――― 2004. "Should Southeast Asian Boarders Be Opened?" in Ananta, Aris. & Evi Nurvidya Arifin. (eds.).

Anbalakan, K. 2008. "Socio-Economic Self-Help among Indians in Malaysia." in Kesavapany, K., A. Mani, & P. Ramasamy. (eds.).

Apostolis, Diamas Reinaid. (ed.) 2012. *Bersih 3.0 Rally*. Mauritius: DIC press.

Arrighi. Giovanni. 1990. "The Developmentalist Illusion: A Reconceptualization of the Semipephery." In Matin, William. G. (ed.) 11-42.

Arrighi, Giovanni. & Jessica Drangel. 1986. "The Stratification of the World-Economy: An Exploration of the Semiperipheral Zone." *Review*, Vol. 1, No. 1.

Arrighi, Giovanni., Terence Hopkins, & Immanuel Wallerstein. 1989. *Antisystemic Movements*. NY: Verso.

Asis, Maruja M. B. 2004. "Borders, Globalization and Irregular Migration." in Ananta, Aris. & Evi Nurvidya Arifin. (eds.).

Bank Negara Malaysia 2014. *Annual Report 2014*.

Beck, Ulrich. 1986. *Risikogesellschaft: Auf dem Weg in eine andere Moderne*. Furankfurt am Mein: Suhrkamp. 東廉・伊藤美登里訳 1998.『危険社会－新しい近代への道』法政大学出版局.

Belle, Carl Vadivella. 2008. "Forgotten Malaysians? Indians and Malaysian Society." in Rachuram, Parvati., Ajaya Kumar Sahoo., Brij Maharaj. & Dave Sangha. (eds.).

Bhopal, Mhinder. 1997. "Industrial Relations in Malaysia-Multinational Preferences and State Concessions in Dependent Development: A Case Study of the Electronics Industry." *Economic and Industrial Democracy*. Vol. 18. pp. 567-595.

Block, Fred L. 1987. *Revising State Theory: Essays in Politics and Postindustrialism*. Philadelphia: Temple University Press.

Bloemraad, Irene., Kim Voss, & Fabiana Silva. 2014. "Framing the Immigrant Movement as about Rights, Family, or Economics: Which Appeals Resonate and for Whom?" *Institute for Research on Labor and Employment (IRLE) Working Paper*. No. 112-14. University of California Berkeley.

Bormann, Sarah., Pathma Krishnan, & Monika E. Neuner. 2010. *Migration in a Digital Age: Migrant Workers in the Malaysian Electronics Industry: Case Studies on Jabil Circuit and Flextronics*. Berlin: WEED — World Economy, Ecology, and Development.

Bowie, Alasdair. 1991. *Crossing the Industrial Divide: State, Society, and the Politics of Economic Transformation in Malaysia*. NY: Columbia University Press.

Broadbent. K. and M. T. Ford. (eds.) 2008. *Women and Labour Organizing in Asia*. Abingdon: Routledge.

Brookfield, Harold. (ed.) 1994. *Transformation with Industrialization in Peninsula Malaysia*. NY: Oxford University Press.

Bunmak, Suttiporn. 2011. *Migrant Networks in Thailand and Malaysia: the Case of Irregular Nayu Workers in the Tom Yam Restaurants in Kuala Lumpur*. Saarbrücken: LAMBERT Academic Publishing.

Burawoy, Michael. 1985. *The Politics of Production*. NY: Verso.

Cangià, Flavia. 2014. "The Hindu Rights Action Force and the Definition of the 'Indian Community' in Malaysia." *Sociological Research*. Vol. 19, No. 4.

CARAM Asia (ed.) 2005. *State of Health of Migrants*.

Carnoy, Martin. 1984. *The State and Political Economy*. Princeton: Princeton University Press. 加藤哲郎・昼神洋文・黒沢維昭（訳）1992.『国家と政治理論』御茶の水書房.

Chan, Nicholas. 2016. "Let's Talk about that 'Middle-Class' Thing" *Aliran Online*.

Chase-Dunn, Christopher. & Thomas D. Hall. 1997. *Rise and Demise: Comparing World-Systems*. Boulder: Westview Press.

Chin, Christine B. N. 1998. *In Service and Servitude: Foreign Female Domestic Workers and the Malaysian "Modernity" Project*. NY: Columbia University Press.

Chin, James. 2015. "The 'Pek Moh' Factor and the Sarawak Parliamentary Seats." in Saravanamuttu, Johan., Lee Hock Guan. & Mohamed Nawab Mohamed Osman. (eds.).

Choong, Pui Yee. 2015. "The Case of Titiwangsa: Changing Features of Election Campaigns." in Saravanamuttu, Johan., Lee Hock Guan. & Mohamed Nawab Mohamed Osman. (eds.).

Colgan, Fiona. & Sue Ledwith (eds.) 2002. *Gender, Diversity and Trade Unions: International Perspectives*. NY: Routledge.

Consumers Association of Penang. "Chronology of Events in Bukit Merah Asian Rare Earth Development." http://www.consumer.org.my/index.php/development/environment/454-chronology-of-events-in-the-bukit-merah-asian-rare-earth-development. 2015年8月17日アクセス)

Cooke, Fadzilah Majid. 2003. "Non-Governmental Organizations in Sarawak." In Weiss, Meredith L. & Saliha Hassan. (eds.).

Crinis, Vicki D. 2008. "Malaysia: Women, Labour Activism, and Unions." in Broadbent, K. and M. T. Ford. (eds.).

―――― 2010. "Sweat or No Sweat: Foreign Workers in the Garment Industry in Malaysia." *Journal of Contemporary Asia*. Vol. 40, No. 4.

―――― 2014. "Continuities and Discontinuities: Malay Workers and Migrant Workers in the Manufacturing Industries." *Intersections: Gender and Security in Asia and Pacific*. Vol. 36. September.

Crossley, Nick. 2002. *Making Sense of Social Movements*. London: Open University Press. 西原和久・郭基煥・阿部純一郎訳 2009.『社会運動とは何か―理論の源流から反グローバリズム運動まで』新泉社.

Coruch, Harold. 1996. *Government and Society in Malaysia*. Ithaca: Cornell University Press.

Deyo, Frederic C. 1989. *Beneath the Miracle*. Berkeley: University of California Press.

―――― 2012. *Reforming Asian Labor Systems: Economic Tensions and Worker Dissent*. Ithaca: Cornell University Press.

Devadason, Evelyn S. & Chan Wai Meng. 2014. "A Critical Appraisal of Policies and Laws Regulating Migrant Workers in Malaysia." *Journal of Contemporary Asia*. Vol. 44, No.1.

Devaraj, Jeyakumar. 2007. "Why the Hindraf Approach Is Misguided?" *Aliran*. Vol. 27, No. 9.

―――― 2015. *An Alternative Vision for Malaysia*. Petaling Jaya: Strategic Information and Research Development Center.

Dillon, Rosemary. 1994. "Indian Squatters in Kuala Lumpur: People in Transition." in Brookfield, Harold. (ed.).

Eilenberg, Michael. 2012. "Territorial Sovereignty and Trafficking in the Indonesia-Malaysian Borderlands." in Ford, Michele. et al. (eds.).

Elias, Juanita. 2008. "Struggles over the Rights of Foreign Domestic Workers in Malaysia: the

Possibilities and Limitations of 'Rights Talk'." *Economy and Society*. Vol. 37, No. 2.

―――― 2010. "Transnational Migration, Gender, and Rights: Advocacy and Activism in the Malaysian Context." *International Migration*. Vol. 48, No. 6.

Embong, Abdul Rahman. & Tham Siew Yean. (eds.) 2011. *Malaysia at a Crossroads: Can We Make the Transition?* Kuala Lumpur: UKM Press.

Embong, Abdul Rahman. 2002. *State-led Modernization and the New Middle Class in Malaysia*. London: Palgrave.

―――― 2011. "State-Society Relations in Malaysia: Moving beyond the Crossraods." in Embong, Abdul Rahman. & Tham Siew Yean. (eds.).

Evans, Peter. 1979. *Dependent Development: The Alliance of Multinationals, State, and Local Capital in Brazil*. Princeton: Princeton University Press.

―――― 1997. *Embedded Autonomy: States and Industrial Transformation*. Princeton: Princeton University Press.

―――― 2005. "Counterhegemonic Globalization: Transnational Social Movements in the Contemporary Global Political Economy." in Janoski, Thomas. et al. (ed.) *The Handbook of Political Sociology: States, Civil Societies, and Globalization*. NY: Cambridge University Press.

Ford, Michael. 2004. "Organizing the Unorganizable: Unions, NGOs, and Indonesian Migrant Labour. " *International Migration*. Vol. 42. No. 5.

Ford, Michele., Lenore Lyons, & Willorn van Schendel. (eds.) 2012. *Labour Migration and Human Trafficking in Southeast Asia: Critical Perspective*. NY: Routledge.

Fröbel, Folker., Jürgen Heinrichs & Otto Kreye. 1980. *The New International Division of Labour: Structural Unemployment in Industrialised Countries and Industrialisation in Developing Countries*. Cambridge: Cambridge University Press.

Gomez, Edmund Terence. 1999. *Chinese Business in Malaysia: Accumulation, Accommodation and Ascendance*. Surrey: Curzon Press.

―――― 2007. "Introduction: Resistance to Change - Malay Politics in Malaysia." in Gomez, Edmund Terence. (ed.)

―――― 2016. "Development Models, Public Politics and New Inequalities in Malaysia." in Jayasooria, Denison. & K. S. Nathan. (eds.).

Gomez, Edmund Terence. (ed.) 2007. *Politics in Malaysia: The Malay Dimension*. NY: Routledge.

Gomez, Edmund Terence. & Jomo K. S. 1997. *Malaysia's Political Economy: Politics, Patronage and Profits*. Cambridge: Cambridge University Press.

Hassan, Saliha. & Carolina López. 2005. "Human Rights in Malaysia: Globalization, National Governance and Local Responses." in Loh Kok Wah, Francis. & Joakim Öjenkdal.

(eds.).

Hector, Charles. 2012. "Worker and Trade Union Rights in BN-Ruled Malaysia." *Aliran*. May.

Henley, J. 1983. "Corporate Strategy and Employment Relations in Multinational Corporations: Some Evidence from Kenya and Malaysia." in Thurley K. & Stephen Wood. (eds.). 111-130.

Heryanto, Ariel. & Sumit K. Mandel. 2005. *Challenging Authoritarianism in Southeast Asia: Comparing Indonesia and Malaysia*. NY: Routledge Curzon.

Hoston, Germaine A. 1986. *Marxism and the Crisis of Development in Prewar Japan*. Newark: Princeton University Press.

Hugo, Graeme. 2004. "International Migration in Southeast Asia since World War Ⅱ." in Ananta, Aris. & Evi Nurvidya Arifin. (eds.).

Huling, Alice. 2012. "Domestic Workers in Malaysia: Hidden Victims of Abuse and Forced Labor." *International Law and Politics*. Vol. 44. 629-680.

稲垣博史 2017.「不法労働者の取り締まりに舵を切るタイとマレーシア」『みずほインサイト』みずほ総合研究所.

Inglehart, Ronald. 1989. *Culture Shift in Advanced Industrial Society*. NJ: Princeton University Press. 村山皓・富沢克・武重雅文訳 1993.『カルチャーシフトと政治変動』東洋経済新報社.

Ishida, Akira. & M. D. Shahid Hassan. 2000. "Why Do Migrant Workers Intend to Extend Their Stay in Host Countries? : The Case of Bangladeshi Workers in Malaysia's Manufacturing Sector." *International Migration*. Vol. 38, No. 5.

Izzuddin, Mustafa. 2015. "A Jewel in the Barisan Nasional Crown: An Electoral Analysis of Four Parliamentary Seats in Johor." in Saravanamuttu, Johan., Lee Hock Guan. & Mohamed Nawab Mohamed Osman. (eds.).

Jain, Ravindra K. 2011. *Indian Transmigrants: Malaysian and Comparative Essays*. Petaling Jaya: Strategic Information and Research Development Center.

――― 2016. "Contemporary Malaysian Indians: A Scenario of Despair and Hope." in Jayasooria, Denison. & K. S. Nathan. (eds.).

Jayasooria, Denison. & K. S. Nathan. (eds.). 2016. *Contemporary Malaysian Indians: History, Issues, Challenges and Prospects*. Institute of Ethnic Studies, National University of Malaysia (UKM).

Jesudason, James J. 1989. *Ethnicity and the Economy: The State, Chinese Business, and Multinationals in Malaysia*. Oxford: Oxford University Press.

Jomo, Kwame Sundaram. 1986. *A Question of Class: Capital, the State, and Uneven Development in Malaya*. London: Oxford University Press.

―――― 1990. *Growth and Structural Change in the Malaysian Economy*. NY: Macmillan.

Jomo, Kwame Sundaram (ed.) 1993. *Industrialising Malaysia: Policy, Performance, Prospects*. London: Routledge.

―――― (ed.) 1995. *Privatizing Malaysia: Rents, Rhetoric, Realities*. NY: Westview Press.

Jomo, Kwame Sundaram. & Wee, Chong Hui. 2014. *Malaysia@50: Economic Development, Distribution, Disparities*. Petaling Jaya: Strategic Information and Research Development Center.

Kahn, Joel. S. 1996. "Growth, Economic Transformation, Culture, and the Middle-Classes in Malaysia." in Robison, Richard. & David S. G. Goodman. (eds.).

Kananatu, Thaatchaayini. 2016. "A Socio-Legal Study of the Indian Minority in Malaysia." in Jayasooria, Denison. & K. S. Nathan. (eds.).

Kaur, Amarjit. 2010. "Labour Migration in Southeast Asia: Migration Policies, Labour Exploitation and Regulation." *Journal of the Asia Pacific Economics*. Vol. 15, No. 1.

―――― 2017. *Hindraf and the Malaysian Indian Community*. Silverfish Pro.

Kassim, Azizah. 1997. "The Unwelcome Guests: Indonesian Immigrants and Malaysian Public Responses." *Southeast Asian Studies*. Vol. 13, No. 3.

―――― 2011. "Transnational Migration and the Contestation for Urban Space: Emerging Problems and Possible Solutions?" in Embong, Abdul Rahman. & Tham Siew Yean. (eds.).

Kassim, Yang Razali. 2015. "New Politics or Old Politics in New Clothing?" in Saravanamuttu, Johan., Lee Hock Guan. & Mohamed Nawab Mohamed Osman. (eds.).

Keck, Margaret E. & Kathryn Sikkink. 1998. *Activists beyond Borders: Advocacy Networks in International Politics*. Ithaca: Cornell University Press.

Kesavapany, K., A. Mani, & P. Ramasamy. (eds.) 2008. *Rising India and Indian Communities in East Asia*. Singapore: Institute of Southeast Asian Studies.

Khalid, Khaduah MD. 2007. "Voting for Change? Islam and Personalized Politics in the 2004 General Election." in Gomez, Edmund Terence. (ed.).

Khalid, Muhammed Abdul. 2016. "Inclusive Development and Malaysian Indians." in Jayasooria, Denison. & K. S. Nathan. (eds.).

Khong, How Ling. & Jomo, K. S. 2010. *Labour Market Segmentation in Malaysian Services*. Singapore: National University of Singapore Press.

Khoo Boo Teik. 1995. *Paradoxes of Mahathirism: An Intellectual Biography of Mahathir Mohamad*. Oxford: Oxford University Press.

―――― 2002. "Nationalism, Capitalism, and 'Asian Values'." in Loh Kok Wah, Francis. & Khoo Boo Teik. 51-73.

―――― 2004. *Beyond Mahathir: Malaysian Politics and its Discontents*. London: Zed Books.

―――― 2005. "Globalization, Capital Controls and Reformasi: Crises and Contestations over Governance." in Loh Kok Wah, Francis. & Joakim Öjenkdal. (eds.)

―――― 2007. "Rage against the Machine: Or How Reformasi May Be Set to Rock Again." *Aliran*. Vol. 27, No. 9.

―――― 2010. "Social Movements and the Crisis of Neoliberalism in Malaysia and Thailand." *Institute of Developing Economies Discussion Paper*. No. 238.

Khor, Yu Leng. 2015. "The Political Economy of FELDA Seats: UMNO's Malay Rural Fortress in GE13." in Saravanamuttu, Johan., Lee Hock Guan. & Mohamed Nawab Mohamed Osman. (eds.).

Kiang, Lin Mui. 2016. "Millennium Development Goals and the Indian Community: Focus on the Bottom of 40 Percent." in Jayasooria, Denison. & K. S. Nathan. (eds.).

Kok, Jeanine. 2013. *Organizing Migrant Domestic Workers: The Challenges for a Trade Union in Malaysia*. Master Thesis. University of Utrecht.

Kumar, Naresh., Miguel Martinez Lucio, & Raduan Che Rose. 2013. "Workplace Industrial Relations in a Developing Environment: Barriers to Renewal within Unions in Malaysia." *Asian Pacific Journal of Human Resources*. No. 51.

Kurus, Bilson. 2004. "Regional Migrant Workers Flows: Outlook for Malaysia." in Ananta, Aris. & Evi Nurvidya Arifin. (eds.).

Kuruvilla, Sarosh. 1995. "Economic Development Strategies, Industrial Relations Policies and Workplace IR/HR Practices in Southeast Asia." In Wever, Kirsten. S. & Lowell Turner. (eds.) pp. 115-150.

―――― 1996. "Linkages between Industrialization Strategies and Industrial Relations/Human Resource Policies." *Industrial and Labor Relations Review*. Vol. 49, No. 4.

Lakatosh. Imre. 1970. "Falsification and the Methodology of Scientific Research Programmes." in Lakatosh, Imre and Alan Musgrave (eds.), 149-186.

Lakatosh, Imre. & Alan Musgrave. (eds.) 1970. *Criticism and the Growth of Knowledge*. Cambridge: Cambridge University Press.

Lai, Suat Yan. 2004. "Participation of the Women's Movement in Malaysia: the 1999 General Election." in Lee, Hock Guan (ed.).

Lee, Heng Guie. 2012. "Minimum Wage Policy: Curse or Cure?" *Economic Update*. May.

Lee, Hock Guan (ed.). 2004. *Civil Society in Southeast Asia*. Singapore: ISEAS Publications.

Lee, Hock Guan. 2015. "Mal-apportionment and the Electoral Authoritarian Regime in Malaysia." in Saravanamuttu, Johan., Lee Hock Guan. & Mohamed Nawab Mohamed Osman. (eds.).

Lee, Hwok-Aun. 2012. "Affirmative Action in Malaysia: Education and Employment Outcomes since the 1990s." *Journal of Contemporary Asia*. Vol. 42, No. 2.

李継尭 2007.「マレーシアの環境保全に対する意識調査」『地域政策研究』(高崎経済大学地域政策学会) 第 10 巻第 1 号 , 71-88.

Lee, Poh Ping. 2011. "Malaysia at a Crossroads after the Fading of the Japan Model: Is the China Model an Alternative?" in Embong, Abdul Rahman. & Tham Siew Yean. (eds.).

Lenin, V. I. 1907『帝国主義論』大月文庫.

Leoné, Elizabeth A. 2012. "Cambodian Domestic Workers in Malaysia: Challenges in Labor Migration Policy and Potential Mechanism for Protection." Prepared for the International Organization for Migration.

Loh, Angeline. 2016. "Undocumented Legal Ghosts." *Aliran Online*.

Loh Kok Wah, Francis. 2004. "NGOs and Social Movements in Southeast Asia." in Polet, François and CETRI (eds.)

――― 2005. "Globalization, Development and Democratization in Southeast Asia." in Loh Kok Wah, Francis. & Joakim Öjenkdal. (eds.).

――― 2010. "Whither the Labour and the Labour Movement in Malaysia?" paper presented at the 7th International Malaysian Studies Conference.

――― 2015. "The Rohingya: Who Are They? Why Are They in Malaysia?" *Aliran online*.

Loh Kok Wah, Francis & Khoo Boo Teik. 2002. *Democracy in Malaysia: Discourses and Practices*. London: Curzon.

Loh Kok Wah, Francis. & Joakim Öjenkdal. (eds.) 2004. *Southeast Asian Response to Globalization: Restructuring Governance and Deeping Democracy*. Singapore: NIAS Press.

López C., Carolina. 2007. "Globalisation, State and G/Local Human Rights Actors: Contestations between Institutions and Civil Society." in Gomez, Edmund Terence (ed.).

Low Swee Heong. 2016. "Malaysia a High-Income Nation by 2020-or Stuck in Middle-Income Trap?" *Aliran Online*.

Maaruf, Shaharuddin. 2014. *Malay Ideas on Development: From Feudal Lord to Capitalist*. Petaling Jaya: Strategic Information and Research Center.

Mahalingam, M. 2015. "Indian Ethinc Civil Society Movement in Malaysia: the Case of Hindu Rights Action Force (HINDRAF)." *Research Monograph Series*. Global Research Forum on Diaspora and Transnationalism.

Marimuthu, Mahalingam. 2016. "The Political Economy of Contemporary Malaysian Indians: Demands for an Inclusive, Multi-Ethnic New Economic Model?" in Jayasooria, Denison. & K. S. Nathan. (eds.).

Marimuthu, T. 2016. "The Malaysian Indian Community: Continuing Concerns." in Jayasooria,

Denison. & K. S. Nathan. (eds.).

Martin, William G. (ed.) 1990. *Semiperipheral States in the World-Economy*. NY: Greenwood Press.

Martinez. Patricia. 2004. "Islam, Constitutional Democracy, and the Islamic State in Malaysia." in Lee, Hock Guan (ed.).

Menon, Narayana. & Chris Leggett. 1996. "The NUPW in the Nineties: Plantation Workers in Malaysia." *Indian Journal of Industrial Relations*. Vol. 32, No.1.

Milkman, Ruth., Ellen Reese, & Bentita Roth. 1998. "The Macrosociology of Paid Domestic Labor." *Work and Occupation*. Vol, 25, No. 4.

Mohamad, Marzuki. 2007. "Legal Coercion, Legal Meanings and UMNO's Legitimacy." in Gomez, Edmund Terence. (ed.).

Mohamad, Maznah. 2015. "Fragmented but Captured: Malay Voters and the FELDA Factor in GE13." in Saravanamuttu, Johan., Lee Hock Guan. & Mohamed Nawab Mohamed Osman. (eds.).

Muniandy, Parthiban. 2015. *Politics of the Temporary: An Ethnography of Migrant Life in Malaysia*. Petaling Jaya: Strategic Information and Research Development Center.

Nagarajan, S. 2008. "Indians in Malaysia: towards Vision 2020." in Kesavapany, K., A. Mani, & P. Ramasamy. (eds.).

Nagarajan, S. & Andrew Willford. 2014. "The Last Plantation in Kuala Lumpur." in Yeoh Seng Guan (ed.).

Nagarajan, S. & K. Arumugam. 2012. *Violence against an Ethnic Minority: Kampung Medan, 2001.*, Kuala Lumpur: Suaram

Narayanan, Suresh. & Lai Yew-Wah. 2005. "The Causes and Consequences of Immigrant Labour in the Construction Sector in Malaysia." *International Migration*. Vol. 43, No. 5.

National Economic Advisory Council, 2010. *New Economic Model for Malaysia Part1*.

Ng, Cecilia. 2011. *Gender and Rights: Analysis for Action*. Good Governance and Gender Equality Society, Penang.

Noor, Mansor Mohd. 2016. "Growing Socio-Economic Marginalisation of the Indian Poor: Implications for Politics and Governance." in Jayasooria, Denison. & K. S. Nathan. (eds.).

Ong, Aihwa. 1987. *Spirits of Resistance and Capitalist Discipline: Factory Women in Malaysia*. NY: State University of New York Press.

─── 2006. *Neoliberalism as Exception*. NY: Duke University Press. 加藤敦典・新ケ江章友・高橋幸子訳 2013.『≪アジア≫、例外としての新自由主義』作品社.

Osman, Mohamed Nawab Mohamed. 2015. "Whither Malaysia: Re-thinking the Future of Malaysian Politics." in Saravanamuttu, Johan., Lee Hock Guan. & Mohamed Nawab

Mohamed Osman. (eds.).

Parmer, J. Norman. 1954. *Colonial Labor Policy and Administration: A History of Labor in the Rubber Plantation Industry in Malaya, c. 1910-1941*. Augustine Publisher.

Parti Sosialis Malaysia. 2006. *Mobilising for Change: A Profile of Parti Sosialis Malaysia*

——— 2010. *Socialism Back on Track: Socialism in the 21st Century: The Malaysian Chapter.*

Pasuni, Afif bin. 2015. "Terengganu and Kelantan: The Separation and Convergence of Blurred Identities." in Saravanamuttu, Johan., Lee Hock Guan. & Mohamed Nawab Mohamed Osman. (eds.).

Peertz, David. & Patricia Todd. 2001. "Otherwise You're on Your Own: Unions and Bargaining in Malaysian Banking." *International Journal of Manpower*. Vol. 22, No. 4, 333-348.

Phoon Li Juan @ Roovasini. 2016. "Civic and Political Participation of Malaysian Indian Youth: A Micro Study on the Level of Interest and Involvement." in Jayasooria, Denison. & K. S. Nathan. (eds.).

Phua, Kai-Lit. & Saraswati S. Velu. 2012. "Lynas Corporation's Rare Earth Extraction Plant in Gebeng, Malaysia: A Case Report on the Ongoing Saga of People Power versus Sate-Backed Corporate Power." *Journal of Environmental Engineering and Ecological Science*. Vol. 1, No. 2.

Polet, François. and CETRI. (eds.) 2004. *Globalizing Resistance: the State of Struggles*. London: Pluto Press.

Puyok, Arnold. 2015. "The Appeal and Future of the 'Borneo Agenda' in Sabah." in Saravanamuttu, Johan., Lee Hock Guan. & Mohamed Nawab Mohamed Osman. (eds.).

Rachuram, Parvati., Ajaya Kumar Sahoo., Brij Maharaj. & Dave Sangha. (eds.) 2008. *Tracing an Indian Diaspora: Contexts, Memories, Representations*. New Dehli: Sage.

Ragayah, Haji Mat Zin 2011. "Sharing Pie: Towards a More Equitable Malaysian Society." in Embong, Abdul Rahman. & Tham Siew Yean. (eds.).

Rahaman, Mahfuzur., Md. Shah Jalal Uddin, & Mohamed Albaity. 2014. "Socio-Economic Conditions of Bangladeshi Workers in Malaysia." *Journal of Basic and Applied Scientific Research*. Vol. 4, No. 3.

Rai, Rajesh. 2008. " 'Positioning' the Indian Diaspora: the South-East Asian Experience." in Rachuram, Parvati., Ajaya Kumar Sahoo., Brij Maharaj. & Dave Sangha. (eds.).

Ramachandran, Selvakumaran. & Bala Shanmugam. 1995. "Plights of Plantation Workers in Malaysia: Defeated by Definitions." *Asian Survey*. Vol. 35, No. 4.

Ramakrishna, Sundari. 2003. "The Environmental Movement in Malaysia." in Weiss, Meredith L. & Saliha Hassan. (eds.)

Ramanathan, Rama. 2016. "Demographic Data and the Indian Community: Pointers from Malaysian National Statistical Data." in Jayasooria, Denison. & K. S. Nathan. (eds.).

Ramasamy, P. 1994. *Plantation Labour, Unions, Capital, and the State in Peninsular Malaysia*. NY: Oxford University Press.

———2004a. "International Migration and Conflict: Foreign Labour in Malaysia." in Ananta, Aris. & Evi Nurvidya Arifin. (eds.).

———2004b. "Civil Society in Malaysia: An Arena of Contestations?" in Lee, Hock Guan (ed.).

Rasiah, Rajah. 1993. "Free Trade Zones and Industrial Development in Malaysia." in Jomo, Kwame Sundaran, (ed.) 118-146.

Rasiah, Rajah., Vicki Crinis, and Hwok-Aun Lee. 2015. "Industrialization and Labour in Malaysia." *Journal of the Asia Pacific Economy*, Vol .20, No.1.

Rengasamey, Pushpavalli. 2016. "Historical Development of the South Indian Labour Fund, 1907-1999." in Jayasooria, Denison. & K. S. Nathan. (eds.).

Rigg, Jonathan. 2016. *Challenging Southeast Asian Development: The Shadow of Success*. NY: Routledge.

Robertson Jr, Phillip S. 2008. *Migrant Workers in Malaysia: Issues, Concerns, and Points for Action*. Fair Labor Association

Robison, Richard. & David S. G. Goodman. (eds.) 1996. *The New Rich in Asia: Mobile Phones, McDonald's and Middle-Class Revolution*. NY: Routledge.

Rowley, Chris. & Mhinder Bhopal. 2005. "The Role of Ethnicity in Employee Relations: The Case of Malaysia." *Asia Pacific Journal of Human Resources*. Vol. 43, No. 3

———2006. "The Ethnic Factor in State-Labour Relations: The Case of Malaysia." *Capital and Class*. No. 30.

Rudnick, Anja. 2009. *Working Gendered Boundaries: Temporary Migration Experiences of Bangladeshi Women in the Malaysian Export Industry from a Multi-sited Perspective*. Amsterdam: University of Amsterdam Press.

Saravanamuttu, Johan. 2015. "Power Sharing Politics and the Electoral Impasse in GE13." in Saravanamuttu, Johan., Lee Hock Guan. & Mohamed Nawab Mohamed Osman. (eds.).

Saravanamuttu, Johan., Lee Hock Guan. & Mohamed Nawab Mohamed Osman. (eds.) 2015. *Coalitions in Collision: Malaysia's 13th General Elections*. Petaling Jaya: SIRD Center and ISEAS.

Sassen, Saskia. 1988. *The International Mobility of Capital and Labour*. NY: Cambridge University Press.

Selvaratnam, Doris Padmini. 2016. "Malaysian Indians in the Informal Sector: Issues, Challenges and Recommendations." in Jayasooria, Denison. & K. S. Nathan. (eds.).

Silver, Beverly 2003. *Forces of Labor: Worker's Movements and Globalization since 1870*. NY: Cambridge University Press.

Siwar, Chamhuri. 2016. "Urban Poverty and Inequality in Malaysia: Empowerment of Malaysian Indians through the Neighbourhood-Based Social Service Programme." in Jayasooria, Denison. & K. S. Nathan. (eds.).

Smith, Jackie. & Dawn Wiest. 2012. *Social Movements in the World-System: The Politics of Crisis and Transformation*. NY: Russell Sage Foundation.

SOMO 2013. *Outsourcing Labour: Migrant Labour Rights in Malaysia's Electronics Industry*.

Stenson, Michael. 1980. *Class, Race and Colonialism in West Malaysia: The Indian Case*. Sydney: University of British Columbia Press.

Suara Rakyat Malaysia. 2013. *Malaysia Human Rights Report 2013: Civil and Political Rights*. Petaling Jaya: SUARAM.

Subramaniam, N. Siva. & M. Thanasagaran. 2016. "Citizenship Rights: Issues of Documented and Undocumented Malaysian Indians: Report on the Findings of the Special Implementation Task Force." in Jayasooria, Denison. & K. S. Nathan. (eds.).

Tajuddin, Azian. 2012. *Malaysia in the World Economy (1824-2011): Capitalism, Ethnic Division, and "Managed" Democracy*. Plymouth: Lexington Books.

谷口能敬 2012.「レアアースをめぐる中国の戦略と日本の対応」http://www.jogmec.go.jp

Tarrow, Sidney. 1998=2006. *Power in Movement: Social Movements and Contentious Politics*. NY: Cambridge University Press. 大畑裕嗣（監訳）『社会運動の力―集合行為の比較社会学』彩流社.

TENAGANITA. 2012. *Domestic Workers' Campaign Toolkit*.

Thurley, Keith. & Stephen Wood. (eds.) 1983. *Industrial Relations and Management Strategy*. Cambridge: Cambridge University Press.

Ting, Helen. 2007. "Gender Discourse in Malay Politics: Old Wine in New Bottle?" in Gomez, Edmund Terence. (ed.)

────── 2011. "Institutional Reforms and Bi-Party Political System: Beyond Expedient Multiculturalism." in Embong, Abdul Rahman. & Tham Siew Yean. (eds.).

Tod, Patricia. & Mhinder Bhopal. 2002. "Trade Unions, Segmentation, and Diversity: the Organising Dilemmas in Malaysia." in Colgan, Fiona. & Sue Ledwith (eds.) pp. 73-94.

富沢寿勇 2003.『王権儀礼と国家―現代マレー社会における政治文化の範型』東京大学出版会.

Tong, Liew Chin. 2007. "PAS Politics: Defining an Islamic State." in Gomez, Edmund Terence. (ed.)

Trezzini, Bruno. 2001. "Embedded State Autonomy and Legitimacy: Placing together the Malaysian Development Puzzle." *Economy and Society*, Vol. 30. No.3.

Tsai, Pan-Long. & Ching-Lung Tsay. 2004. "Foreign Direct Investment and International Labour Migration in Economic Development: Indonesia, Malaysia, Philippines and Thailand." in Ananta, Aris. & Evi Nurvidya Arifin. (eds.).

Ullah, AKM Ahsan. 2013. "Theoretical Rhetoric about Migration Networks: A Case of a Journey of Bangladeshi Workers to Malaysia." *International Migration*. Vol. 51, No.3.

宇野弘蔵 1934.『経済政策論』弘文堂.

Vithinlingam, A. 2016. "Religious Freedom and the Indian Community in Malaysia." in Jayasooria, Denison. & K. S. Nathan. (eds.).

Verité. 2012. *The Electronics Sector in Malaysia: A Case Study in Migrant Workers' Risk of Forced Labor*. White Paper.

Verma, Vidhu. 2004. *Malaysia: State and Civil Society in Transition*. Petaling Jaya: Lynne Rienner Publishers.

Wad, Peter. 2012. "Revitalizing the Malaysian Trade Union Movement: The Case of the Electronics Industry." *Journal of Industrial Relations*. Vol. 54, No. 4.

和田善彦 2015.「マレーシアでのレアアース資源精錬過程による環境問題－エイジアンレアアース（ARE）事件の現況とライナス社問題」『環境情報科学』第43巻第4号.

Wallerstein, Immanuel. 1974. *The Modern World-System: Capitalist Agriculture and the Origins of the European World-Economy in the Sixteenth Century*. NY: Academic Press. 川北稔訳 1981a-1981b.『近代世界システムⅠ・Ⅱ』岩波書店.

――― 1979. *The Capitalist World-Economy*. NY: Cambridge University Press. 藤瀬浩司ほか訳 1987.『資本主義世界経済Ⅰ・Ⅱ』名古屋大学出版会.

――― 1980. *The Modern World-System II: Mercantilism and the Consolidation of the European World-Economy, 1600-1750*. NY: Academic Press. 川北稔訳 1993.『近代世界システム 1600-1750―重商主義と『ヨーロッパ世界経済』の凝集』名古屋大学出版会.

――― 1988. "The Ideological Tensions of Capitalism: Universalism versus Racism and Sexism." In Smith, Joan., Jane Collins, Terence K. Hopkins, & Akbar Muhammad, (eds.) 1988. *Racism, Sexism, and the World-System*. NY: Greenwood Press.

――― 1989. *The Modern World-System III: The Second Era of Great Expansion of the Capitalist World-Economy, 1730-1840s*. NY: Academic Press. 川北稔訳 1997.『近代世界システム 1730-1840s―大西洋革命の時代』名古屋大学出版会.

――― 2004. *World-Systems Analysis: An Introduction*. Connecticut: Duke University Press. 山下範久訳 2006.『入門・世界システム分析』藤原書店.

2011. *The Modern World-System IV: The Triumph of Centrist Liberalism*. Berkeley: University of California Press.

Weiss, Meredith L. 2003a. "Malaysian NGOs: History, Legal Framework, and Characteristics." In Weiss, Meredith L. & Saliha Hassan. (eds.).

　　　　　2003b. "The Malaysian Human Rights Movement." In Weiss, Meredith L. & Saliha Hassan. (eds.).

　　　　　2006. *Protest and Possibilities: Civil Society and Coalitions for Political Change in Malaysia*. Stanford: Stanford University Press.

Weiss, Meredith L. & Saliha Hassan. (eds.) 2003. *Social Movements in Malaysia: From Moral Communities to NGOs*. NY: Routledge Curzon.

Wever, Kirsten. S. & Lowell Turner. (eds.) 1995. *The Comparative Political Economy of Industrial Relations*. Madison: Industrial Relations Research Association.

Wheelwright, E. L. 1965. *Industrialization in Malaysia*. Melbourne: Melbourne University Press.

Willford, Andrew C. 2008. "Ethnic Clashes, Squatters, and Historicity in Malaysia." in Kesavapany, K., A. Mani, & P. Ramasamy. (eds.).

　　　　　2014. *Tamils and the Haunting of Justice: History and Recognition in Malaysia's Plantations*. Singapore: University of Hawaii Press.

Wong, Leong. 1998. "The State, Economic Growth and Environment in Malaysia." *Working Paper*. Monash University Faculty of Business and Economics.

World Bank. 2014. *Malaysia Economic Monitor: Boosting Trade Competitiveness*.

Wright, Erik. 2000. "Working-Class Power, Capitalist-Class Interests, and Class Compromise." *American Journal of Sociology*, Vol. 105, No. 4, 957–1002.

山田信行 1996.『労使関係の歴史社会学－多元的資本主義発展論の試み』ミネルヴァ書房.

　　　　　1998.『階級・国家・世界システム－産業と変動のマクロ社会学』ミネルヴァ書房.

　　　　　2006.『世界システムの新世紀－グローバル化とマレーシア』東信堂.

　　　　　2012.『世界システムという考え方－批判的入門』世界思想社.

　　　　　2014.『社会運動ユニオニズム－グローバル化と労働運動の再生』ミネルヴァ書房.

　　　　　2015.「ポストコローニアルを生きるものたち－HINDRAFによる民族解放運動」『駒澤社会学研究』第47号.

　　　　　2016.「環境保護運動における地域特性－マレーシアにおける反ライナス運動をめぐる問題の布置」『駒澤社会学研究』第48号.

　　　　　2017a.「半周辺マレーシアにおける周辺性－インド人による民族解放運動

の社会的背景」『駒澤社会学研究』第 49 号.

――― 2017b.「専制的労使関係と労働運動―マレーシアにおける労働争議を事例として」『駒澤大学文学部紀要』第 75 号.

――― 2018.「半周辺と社会主義―マレーシア社会党のジレンマ」『駒澤社会学研究』第 50 号.

Yamada, Nobuyuki. 2014. "Why So Weak? : The Social Conditions of Labor Insurgency in Malaysia." Paper Presented at the 18th World Congress of Sociology in the International Sociological Association in Yokohama.

――― 2015. "Migrant Workers as a Peripherality: Advocacy and Organizing Activities in Malaysia." Presented at 17th World Congress of the International Labor and Employment Relations Association in Cape Town, South Africa.

――― 2016. "The Position of the Labor Movement in Civil Activism: The *Classness* of the BERSIH Movement in Malaysia" presented at the Third International Sociological Association (ISA) Forum of Sociology in Vienna, Austria.

――― 2018a. "Transnational Corporations and the Rare Earth Industry: A Case of Anti-Lynas Movement in Semiperipheral Malaysia." Presented at the 19th World Congress of Sociology in the International Sociological Association in Toronto, Canada.

――― 2018b. "Why So Strong?: the Social Background of Union Bargaining Power in Malaysia." Presented at 18th World Congress of the International Labor and Employment Relations Association in Seoul, South Korea.

Yee, Yeo Sing. & Joyce Leu Fong Yuen. 2014. "The Recruitment of Migrant Workers in the Food Service Industry in Malaysia: A Study of Old Town White Coffee and Pappa Rich Kopitan." *International Journal of Business, Economics and Management*. Vol. 1. No. 10. 291-304.

Yeoh Seng Guan (ed.). 2014. *The Other Kuala Lumpur: Living in the Shadows of a Globalising Southeast Asian City*. NY: Routledge.

Zuraidah, Ramly., Hashim Nor Hashima, Kalthom Wan Yahya, & Siti Aishah Mohamad. 2012. "Environmental Conscious Behavior among Male and Female Malaysian Consumers." *OIDA International Journal of Sustainable Development*. Vol. 4, No. 8.

あとがき

　本書は、2014年以降に発表した、マレーシアを事例とする調査研究にかかわる原稿に加筆・修正・削除を施し、一書に編集したものである。本書のもとになった論文を列挙しておこう。

序章　「グローバル化と社会的排除に抗う社会運動―反グローバリズムの諸相」『社会学評論』第65巻第2号，156-163頁，2015年．
Ⅰ．書き下ろし
Ⅱ．「ポスト・コロニアルを生きるものたち―HINDRAFによる民族解放運動」『駒澤社会学研究』第47号，1-27頁，2015年．
Ⅲ．「半周辺マレーシアにおける周辺性―インド人による民族解放運動の社会的背景」『駒澤社会学研究』第49号，1-27頁，2017年．
Ⅳ．「半周辺と社会主義―マレーシア社会党のジレンマ」『駒澤社会学研究』第50号，61-81頁，2018年．
Ⅴ．"Why So Weak?: The Social Conditions of Labor Insurgency in Malaysia." Presented at the International Sociological Association 18th World Congress in Yokohama, 2014.
　「専制的労使関係と労働運動―マレーシアにおける労働争議を事例として」『駒澤大学文学部紀要』第75号，135-152頁，2017年．
　"Why So Strong?: The Social Background of Union Bargaining Power in Malaysia." Presented at the 18th International Labor and Employment Relations Association in Seoul, 2018.
Ⅵ．"Migrants as a Peripherality: Advocacy and Organizing Activities in Malaysia." Presented at the 17th International Labor and Employment Relations Association World Congress in Cape Town (Plenary Session), 2015.

Ⅶ． "The Position of Labor in Civil Activism: The Labor Movement and the Classness of the BERSIH Movement in Malaysia" presented at the Third ISA Forum of Sociology in Vienna, 2016.
Ⅷ．「環境保護運動における地域特性─マレーシアにおける反ライナス運動をめぐる問題の布置」『駒澤社会学研究』第 48 号，15-37 頁，2016 年．
Ⅸ．未発表
Ⅹ． "Transnational Corporations and the Rare Earth Industry: A Case of Anti-Lynas Movement in Semiperipheral Malaysia" presented at the 19th International Sociological Association World Congress in Toronto, 2018.

結びにかえて　書き下ろし

　本書は、アメリカ合州国を事例とした社会運動ユニオニズムに関する研究をふまえて、再び発展途上国のマレーシアを事例にして、2006 年に上梓した著作においては必ずしも充分に言及されていなかった、労働運動をはじめとする社会運動を分析・検討しようとする試みである。つまり、本書は、グローバル化の影響と反グローバリズムの現れとしての社会運動について、半周辺化したマレーシアを事例にして、さしあたりはナショナルなレベルにおいて把握しようとした試みである。マレーシアという事例の選定や行論には、筆者が一貫して追求している「労使関係の歴史社会学」がモティーフとして組み込まれていることはいうまでもない。

　本書の研究は、2013 年 8 月にスタートし、2014 年度から 2017 年度までは、日本学術振興会科学研究費補助金（基盤研究 (C)）「グローバル化と反システム運動の動向─半周辺社会マレーシアを事例とする調査研究」を取得して行われた。本書において大きな部分を占める現地調査については、いつものように多くの研究者および活動家のみなさまにお世話になった。今回の研究においては、なによりも当時 (2013 年)、アジア経済研究所に在籍されていた Khoo Boo Teik 氏に感謝の言葉を申し上げなければならない。マレーシア政治に関する著名な研究者である Khoo 氏は、特に面識がなかった著者からの突然のインタビュー依頼を快諾してくださり、多くの研究者および活動家を

紹介してくださった。これが、今回の調査研究のスタートであり、その後の調査は、当初紹介された方々からのさらなる紹介によって継続することが可能になった。

　調査の過程で協力していただいた方々は、多数にのぼるものの、とりわけ以下の方々からの協力が大きかった。まず、研究者としては、Chin-Huat Wong、Francis Loh、および Lee Hwok-Ann の各氏である。活動家としては、Andansura Rabu、Bruno Periera、Glorene Amala Das、Gopal Kishnam、Irene Xavier、Joseph Solomon、Khim Pa、Kiameng Boon、Mandeep Singh、S. Aruchelvan、Sin Yew、Sivaranjani Mackiham、Tan Bun Teet、および Waytha Moorthy の各氏に感謝したい。これらの人々は、調査の過程で複数回にわたるインタビューを引き受けていただいただけでなく、極めて重要な情報を提供してくださった。

　熱帯における調査は、15分程度屋外を移動するだけで、熱中症の危険に見舞われる。灼熱（とはいっても、近年の日本における夏の気温はマレーシアよりも高い）のなかで調査を行う困難もさることながら、今回の調査においては、アメリカ合州国における調査と比べても、大きな困難を伴った。例えば、一般の労働者に対しては、必ずしも英語をコミュニケーション手段として用いることができないために、ほとんど彼（彼女）らにはインタビューを行うことができなかった。本書がそうした制約を伴った研究であることは、あらかじめ断っておきたい。

　社会運動は、基本的にはその主体を当事者とする社会問題解決の試みにほかならない。グローバル化のもとで様々な社会問題を引き起こしているのは、資本主義というシステムである。本書を完成させた後、筆者の関心は資本主義をめぐる問題、とりわけその移行の問題にシフトしている。資本主義への移行とポスト資本主義への移行の双方をめぐる問題が、それである。グローバル化が進展する現在、様々な問題を引き起こしつつも、資本主義は世界における普遍的システムとしてたち現れているようにみえる。果たして、資本主義は人類にとって最終的なシステムなのか、資本主義への移行は必然であったのか、さらには、資本主義はその他のシステム（ポスト資本主義）へと

移行しうるのかなど、様々な問題があらためて問われることになろう。

　こうした問題群に取り組むにあたって、さしあたり日本を事例にして、農村社会学や産業社会学の古典的研究を再検討しながら、資本主義への移行とその内実についてとらえ直す作業を始めてみたい。この研究は、モラルエコノミーの再検討や、ポスト資本主義とそれへの移行論と並行して進められることになろう。

　末筆ながら、本書の出版をご快諾くださった東信堂の下田勝司氏にも感謝したい。マレーシア関係の図書を刊行していただくのは、これで2回目である。さらに、本書の刊行にあたって、平成30年度駒澤大学特別刊行助成金による補助を受けた。合わせて、お礼を申し上げたい。

2019年1月

山田　信行

索　引

数字・アルファベット

1MDB　191
AMANAH　52, 192
ARE　207
ASM(s)　11-18, 20, 23, 25, 54, 55, 73, 77, 80-82, 97, 124, 130, 205, 225, 245, 265, 267, 268, 270-273
BA　120, 187, 188
BADAR　214-216, 217, 220, 222, 230
BARDAR　246
BERSATU　193
BERSIH（運動）　22, 52, 70, 77, 148, 149, 155, 182, 183, 189-194, 196-199, 201, 202, 205, 223, 269
BN　22, 42, 45, 52, 59, 64, 68, 70, 77-80, 95, 108, 120, 132, 133, 148, 169, 182, 186-190, 194, 195, 198, 199, 202, 233, 242, 247, 268, 269
BRICS　24
DAP　42, 77, 109, 187, 188, 192, 200, 214, 223, 236, 241-243, 248
EIEUWR　136-141, 145, 146, 153, 167
EOI　15, 32-34, 36, 37, 49, 64, 84, 125, 126, 128, 134, 151, 154, 157, 160, 167, 175, 184, 251, 254, 255, 262, 266
FTZ(s)　32-34, 49, 50, 64, 84, 132, 134-136, 156, 160, 163, 166, 169, 170, 178, 224, 254, 269
HH　200, 214, 243
HINDRAF　21, 67-73, 79-81, 95-97, 100, 101, 201, 268, 271
ISA　69, 70, 78, 79, 107, 126, 127, 178, 185
ISI　15, 28-30, 32, 43, 48, 49, 63, 83, 125, 151, 254, 263
LAMP　261
MCA　42, 76, 77, 233, 236, 241, 247
MCP　59, 76, 106, 107
MIC　42, 60, 61, 76, 77, 100, 241
MLO　154, 178
MSC　50, 126, 254, 264
MTUC　111, 127, 129, 131, 132, 135, 149, 154, 156, 167, 179, 197
NAFTA　7
NEP　32, 34, 35, 42, 49, 64, 66, 84, 98, 100, 194, 247
NIDL　9, 37, 84, 98, 128, 157, 251, 254, 266
NSM(s)　12-15, 19, 52, 81, 82, 204, 206, 219, 220, 225-227, 237, 238, 244, 245, 262, 265, 267, 270, 271
NUBE　142-147, 154
NUPW　60, 85, 92, 99, 100, 150, 151, 174
PAS　42, 44, 45, 52, 187, 188, 192, 200, 215, 223, 230, 236, 241, 246, 248
PH　51, 73, 158, 175, 178, 192, 193, 198, 202, 218, 270, 273
PKR　42, 187, 223, 236, 241, 247, 248
PMFTU　61
post-NIDL　37, 84, 98, 129, 157, 254, 266
PR　52, 192, 223, 241, 248
PSM　21, 72, 94-97, 100, 101, 103, 107-114, 117, 118, 120, 121, 168, 179, 202, 268, 271
REFORMASI（運動）　185, 187, 188, 194, 197, 231, 241, 247
SLC　212, 213, 223, 228, 244
SMSL　213, 217, 219, 222, 223, 228, 233, 236, 243, 248, 264
SMU　11, 26, 150
SUARAM　119, 170, 179, 185
UMNO　41, 44, 45, 47, 59, 77, 108, 119, 120, 133, 188, 193, 241, 247

あ

アジア的価値（Asian value）　20, 44, 46, 47
新しい社会運動　→　NSMs
アファーマティブ・アクション　48, 64, 65, 84, 100
アリラン（Aliran）　79, 185, 200
アンカー企業　34

い

イスラム化（Islamization）　20, 45, 46, 48, 68, 71, 169, 186, 200, 268
イスラム教　17, 19, 41, 44-46, 71, 77, 200, 215, 246, 247
イスラム教の姉妹（Sisters in Islam）　26
イスラム教の妹（Sisters in Islam）　200

イスラム国家（Islamic state） 44-46, 68, 200, 241
インド人（タミール人） 19, 21, 30, 31, 41, 55, 58, 60-63, 66-68, 70-76, 78- 83, 85, 87-92, 94-96, 99, 100, 113, 116, 121, 142, 159, 169, 170, 230, 247, 268, 271

え

エイジアン・レア・アース　→　ARE
エステート（estate） 28, 57, 79, 83, 110, 159
エスニシティ 6, 9, 11-13, 17, 19, 21, 30-32, 35, 41, 42, 49, 55, 56, 58, 60, 61, 65, 75, 77, 78, 80-82, 90, 95, 96, 98, 101, 104, 105, 108, 112, 114, 120, 182, 187, 188, 194, 200, 216, 229, 231, 241, 247, 248, 268, 271

お

オラン・アスリ 110, 111, 114, 116, 120, 262
オルタナティブ戦線　→　BA
オルタナティブ同盟 186

か

改革（Reformasi） 77
外国資本 16, 29, 125, 206, 208, 221, 251
開発国家 43
回廊開発 261
華人 19, 30, 31, 35, 41-44, 50, 55, 56, 58, 59, 62, 63, 65, 66, 73-77, 82, 83, 125, 170, 200, 216, 217, 219, 229-232, 236-246, 268, 270
カンガニー 57, 74, 75, 85, 175
環境保護運動 204-207, 219, 225, 226, 230, 236-239, 242-246, 252, 270

き

企業別組合 47, 127, 129, 130, 135, 136, 144, 151, 153, 178
希望同盟　→　PH
銀行従業員全国組合　→　NUBE

く

クアンタン 19, 209, 210, 240, 246, 261, 270
グローバル化 3-11, 14-17, 25, 36-39, 47, 50, 54, 73, 81, 83, 84, 102, 116, 124, 128, 129, 157, 162, 166, 168, 181, 194, 202, 254, 265-267, 269, 272

グローバル資本 4-12, 47, 81, 124, 255

こ

高賃金財 24, 39, 266
国内治安法　→　ISA
国民開発政策（National Development Policy） 76
国民車 34, 84, 126
国民信頼党　→　AMANAH
国民戦線　→　BN
個人化 6
国家間システム 25, 273
雇用法 130, 165

さ

最低賃金（制・法） 111, 130-133, 150, 152, 177

し

ジェンダー 6, 9-12, 177
ジェントリフィケーション 9
自生的資本（家、企業） 29, 30, 66, 125, 126, 254, 262
資本主義世界経済 12, 25, 199
市民運動 22, 148-150, 181-183, 197-199, 271
社会運動ユニオニズム　→　SUM
社会主義 102, 103, 106, 108, 110, 113, 114, 116, 117, 183, 199
社会的費用（social costs） 252-255, 262
周辺社会 49, 105
周辺性 15, 22-25, 38, 47, 48, 54, 55, 72, 73, 80, 82, 97, 99, 103-105, 109, 113, 114, 116-119, 133, 141, 156-158, 166, 174, 175, 177, 189, 196, 205-207, 219-221, 245, 252, 262, 266, 267, 269- 272
周辺（ゾーン） 5, 9-13, 16, 28, 29, 32, 33, 37-39, 48, 54, 73, 80, 81, 98, 103, 118, 119, 134, 157, 159, 175, 178, 183, 184, 204, 206, 221, 226, 227, 245, 251, 253, 265-267, 272
従属（dependency） 252
従属理論 23, 272
自由貿易区　→　FTZ
自由貿易区法 83
女性の友 169
新経済モデル（New Economic Model, NEM） 131, 202
新経済政策　→　NEP
侵攻国家（marcher state） 273

新国際分業　→　NIDL
人種暴動　30, 31, 42, 43, 63, 65, 83, 91, 184
人身売買（human trafficking）163-165, 171, 174, 269
人民正義党　→　PKR
人民同盟　→　PR

す

スクォッター　88, 99, 100, 110, 268
ステートレス・ピープル（stateless people）71, 96

せ

生産の配置転換　5, 15, 33, 49, 124, 125
政治的機会構造　125, 148, 155, 182, 198
生存維持経済　81
西部地域電子産業従業員組合　→　EIEUWR
世界システム　5, 11-15, 24, 27, 28, 37-39, 50, 54, 55, 72-74, 80-82, 103, 104, 118, 119, 124, 199, 204, 205, 219, 225, 226, 251, 254, 265, 267, 271-273
世界社会フォーラム　11
世界貿易機関（WTO）7, 11
セクシズム　6, 14
全国組合　127, 135, 151
前資本主義的（社会）関係　16, 104, 118, 163, 164, 177, 178

た

大学法（University Act）229, 230, 246
第2次 ISI　126, 254, 255
第2次輸入代替工業化　34
多国籍企業　4, 5, 20, 23, 25, 29, 33, 36-38, 49, 50, 54, 64, 66, 84, 125, 126, 130, 146, 152, 157, 162, 164, 166, 170, 219, 251- 255, 266
脱工業化　15, 51, 150
脱物質主義（意識）15, 52, 204, 216, 219, 238, 240, 243, 245, 262, 267, 270
団体法　127

ち

地域組合（regional union）135, 136
中核性　15, 23-25, 38, 39, 47, 54, 73, 82, 115-119, 156-158, 196, 205-207, 216, 219, 221, 245, 252, 266, 267, 270- 272
中核（ゾーン）5, 8, 9, 11-16, 23, 28, 29, 32, 38, 39, 54, 81, 98, 104-106, 118, 119, 175, 183, 204, 206, 221, 225-227, 253, 256, 266, 267, 272, 273

て

低開発　156
帝国主義　58, 104, 105, 118
低賃金財　24, 39, 98, 157, 266
テナガニータ（TENAGANITA）170-173, 179, 200

と

統一マレー人民族組織　→　UMNO
同盟　31, 42, 59, 61, 65, 75, 76, 83, 241

な

ナショナリズム　44, 47, 48, 60

に

ニュー・リッチ　206, 227

ね

ネオリベラリズム　6, 9, 11, 12, 35, 98, 115, 152, 178, 196, 202

は

パイオニア産業　152
排除型社会　8
包頭（パオトウ）222, 258
反グローバル化　10
反グローバリズム　10-12, 14, 16, 17, 71, 265
汎マレーシア・イスラム党　→　PAS
半周辺（ゾーン）14-16, 20, 22, 23, 25, 32, 33, 38, 40, 51, 54, 72, 73, 78, 80-82, 97, 105, 114-119, 121, 124, 125, 156, 159, 166, 174, 183, 184, 195, 196, 198, 199, 204, 206, 218-220, 226, 227, 231, 244, 245, 251-253, 262, 266-268, 270, 272, 273
半周辺化　9, 18, 21, 36, 38, 39, 47, 50, 80, 83-85, 88, 97, 113, 130, 157, 169, 181, 184, 194, 197, 219, 221, 251
半周辺性（semiperipherality）24, 51, 205
反システム運動　→　ASMs
汎マラヤ労働組合連合　60

反ライナス運動　19, 23, 205, 207, 210, 212, 216,-219, 222, 227, 229, 230, 232, 233, 236-240, 243-246, 261, 262, 271

ひ

ビジョン2020（Wawasan 2020）　51, 132, 158, 202
ヒンドゥー教徒の権利行動隊　→　HINDRAF
ヒンプナン・ヒジャウ　214

ふ

フォード主義　32, 49
ブキメラ　208, 232
不等価交換　39, 51, 104
ブミプトラ（Bumiputra）政策　48, 64
プライバタイゼーション（privatization）　35, 64, 65, 84, 98, 121, 200
プランテーション　21, 28, 34, 60, 66, 67, 71, 75, 78, 81, 83, 85-91, 93, 94, 97, 99, 100, 110, 113, 116, 169, 170, 248, 262, 268
プランテーション労働者全国組合　→　NUPW
ブルセ　→　BERISH
フレーミング　178
プレカリアート（precariat）　182, 196, 197, 202
プロデュア（PERODUA）　34, 84
プロトン（PROTON）　34, 84

へ

変動の苗床（seedbed of change）　273

ほ

封建制　199
包摂型社会　8
北米自由貿易協定　→　NAFTA
ポストコロー二アリズム　55
ポスト新国際分業　→　post-NIDL

ま

マハティール主義（Mahathirism）　47, 48
マラヤ華人協会　59
マラヤ共産党　→　MCP
マラヤ連合　41, 58, 75
マラヤ連邦　31, 41, 59, 75, 119

マルチメディア・スーパー・コリドー　→　MSC
マレーシア・インド人会議　→　MIC
マレーシア華人協会　→　MCA
マレーシア社会党　→　PSM
マレーシア人民の声　→　SUARAM
マレーシア労働組合会議　→　MTUC
マレーシア労働組織　→　MLO
マレーシアを救え、ライナスをとめろ！　→　SMSL
マレー人　19, 30-32, 35, 41-45, 47-49, 56, 58, 61-66, 68, 73-78, 80, 82-84, 88, 91, 100, 108, 142, 159, 188, 195, 196, 200, 205, 215-217, 219, 230, 238, 240, 241, 244, 248, 268, 269
マレー人保護法　57, 61

み

緑の会議　→　HH
民主活動党　77
民主行動党　→　DAP
民族解放運動　12, 13, 15, 18, 20, 21, 55, 65, 67, 72-74, 77, 80-82, 95, 97, 105, 106, 116, 117, 245, 265, 267, 268

め

メダン協定　161, 176

も

モノカルチャー　253

ゆ

輸出志向型工業化　→　EOI
輸出志向型工業化戦略　66
ユニオン運動　10
輸入代替工業化　→　ISI

ら

ライナス　20, 205, 207, 209-213, 215, 216, 219, 220, 233, 240, 241, 244, 247, 251, 252, 257, 259, 261-263, 270, 271
ライナス先端素材工場（Lynas Advanced Material Plant, LAMP）　260
ライナスを止めろ！連合　→　SLC
ララン作戦（Operasi Lalang）　119, 178

り

利権（rent） 35, 77, 121

る

ルック・イースト（Look East）政策 46, 129, 151

れ

レア・アース 8, 20, 23, 205, 207-209, 212, 220, 222, 223, 227, 246, 251, 252, 255-261, 263, 270
レイシズム 6, 13, 14, 80

ろ

労使関係法 126, 164
労働運動 12, 13, 15, 18, 21, 22, 81, 82, 98, 111, 118, 124-127, 130, 133, 147-150, 158, 165, 181-183, 197-199, 204, 225, 237, 245, 265, 267-269, 271
労働組合法 126, 127, 140, 151, 153, 164, 172

わ

1マレーシア開発公社 → 1MDB

人　名

アブドゥラ（・バダウィ） 68, 79, 201
アンワル（・イブラヒム） 42, 77, 185-187, 193, 194, 200, 241, 246, 247
ウォーラスティン、イマニュエル 24, 118, 199
サッセン、サスキア 9
ナジブ（・ラザク） 78, 131, 132, 191, 201
ベック、ウルリッヒ 6
マハティール（・モハマド） 43, 45-47, 51, 68, 76, 77, 185, 186, 193, 201, 270
リー・クアンユー 46

著　者

山田　信行（やまだ　のぶゆき）

1960年生まれ、駒澤大学文学部教授
専攻：労使関係、世界システム
東京大学教養学部卒、東京大学大学院社会学研究科博士課程修了、博士（社会学）

主要著作

『労使関係の歴史社会学―多元的資本主義発展論の試み』（ミネルヴァ書房、1996年）
『階級・国家・世界システム―産業と変動のマクロ社会学』（ミネルヴァ書房、1998年）
『現代社会学における歴史と批判（上）―グローバル化の社会学』（共編著）（東信堂、2003年）
『世界システムの新世紀―グローバル化とマレーシア』（東信堂、2006年）
『世界システムという考え方―批判的入門』（世界思想社、2012年）
『社会運動ユニオニズム―グローバル化と労働運動の再生』（ミネルヴァ書房、2014年）

Globalization and Social Movements:

Antisystemic Movements in Semiperipheral Malaysia

グローバル化と社会運動――半周辺マレーシアにおける反システム運動――

2019年2月28日　　初　版第1刷発行　　　　　　　　　　　　〔検印省略〕
　　　　　　　　　　　　　　　　　　　　　　定価はカバーに表示してあります。

著者Ⓒ山田信行／発行者　下田勝司　　　　　　　　　　印刷・製本／中央精版印刷

東京都文京区向丘1-20-6　　郵便振替 00110-6-37828
〒113-0023　TEL (03) 3818-5521　FAX (03) 3818-5514　　　発行所　株式会社　東信堂
Published by TOSHINDO PUBLISHING CO., LTD.
1-20-6, Mukougaoka, Bunkyo-ku, Tokyo, 113-0023, Japan
E-mail: tk203444@fsinet.or.jp　http://www.toshindo-pub.com

ISBN978-4-7989-1544-9 C3036　Ⓒ Yamada, Nobuyuki

東信堂

北欧サーミの復権と現状【先住民族の社会学1】——ノルウェー・スウェーデン・フィンランドを対象にして	小内 透編著	三九〇〇円
現代アイヌの生活と地域住民【先住民族の社会学2】——札幌市・むかわ町・新ひだか町・伊達市・白糠町を対象にして	小内 透編著	三九〇〇円
白老における「アイヌ民族」の変容——イオマンテにみる神官機能の系譜	西谷内博美	二八〇〇円
開発援助の介入論——インドの河川浄化政策に見る国境と文化を越える困難	西谷内博美	四六〇〇円
資源問題の正義——コンゴの紛争資源問題と消費者の責任	華井和代	三九〇〇円
海外日本人社会とメディア・ネットワーク——バリ日本人社会を事例として	松今吉本野原直真昭樹編著	四六〇〇円
移動の時代を生きる——人・権力・コミュニティ 国際社会学ブックレット1	吉原直樹監修 大原西原和久編	三二〇〇円
国際社会学の射程——日韓の事例と多文化主義再考 国際社会学ブックレット2	芝西原真里編訳	一二〇〇円
国際移動と移民政策——社会学をめぐるグローバル・ダイアログ	吉原直樹仁編 有山本かほ久編著	一〇〇〇円
トランスナショナリズムと社会のイノベーション——越境する国際社会学とコスモポリタン的志向 国際社会学ブックレット3	西原和久	一三〇〇円
グローバル化と社会運動——半周マレーシアにおける反システム運動	山田信行	二八〇〇円
世界システムの新世紀——グローバル化とマレーシア	山田信行	三六〇〇円
「むつ小川原開発・核燃料サイクル施設問題」研究資料集	舩茅飯山橋野島伸恒晴俊子俊編著	一八〇〇〇円
新版 新潟水俣病問題——加害と被害の社会学	飯島伸子・舩橋晴俊編	三八〇〇円
新潟水俣病をめぐる制度・表象・地域	関 礼子	五六〇〇円
新潟水俣病問題の受容と克服	堀田恭子	四八〇〇円
公害・環境問題の放置構造と解決過程	藤渡川辺畑島伸まな一賢子み著	三八〇〇円
公害被害放置の社会学——イタイイタイ病・カドミウム問題の歴史と現在	藤川賢・渡辺伸一・堀畑まみ著	三六〇〇円
金属伝説で日本を読む	井上孝夫	三二〇〇円
白神山地と青秋林道——理論と方法の社会学	井上孝夫	三二〇〇円
現代環境問題論——再定置のために 地域開発と環境	井上孝夫	二三〇〇円

〒113-0023 東京都文京区向丘1-20-6
TEL 03-3818-5521 FAX03-3818-5514 振替 00110-6-37828
Email tk203444@fsinet.or.jp URL:http://www.toshindo-pub.com/

※定価：表示価格（本体）＋税

東信堂

放射能汚染はなぜくりかえされるのか——地域の経験をつなぐ	藤川賢・除本理史編著	二〇〇〇円
原発災害と地元コミュニティ——福島県川内村奮闘記	鳥越皓之編著	三六〇〇円
東京は世界最悪の災害危険都市——日本の主要都市の自然災害リスク	水谷武司	二〇〇〇円
故郷喪失と再生への時間——新潟県への原発避難と支援の社会学	松井克浩	三二〇〇円
被災と避難の社会学	関礼子編著	二四〇〇円
多層性とダイナミズム——沖縄・石垣島の社会学	高木恒一編著	二四〇〇円
豊田とトヨタ——産業グローバル化先進地域の現在	山口博史・丹辺宣彦・岡村徹也編著	四六〇〇円
社会階層と集団形成の変容——集合行為と「物象化」のメカニズム	丹辺宣彦	六五〇〇円
世界の都市社会計画——グローバル時代の都市社会計画	橋本和孝・吉原直樹・藤田弘夫編著	二三〇〇円
都市社会計画の思想と展開	橋本和孝・吉原直樹編著	二三〇〇円
現代大都市社会論——分極化する都市?	園部雅久	三八〇〇円
【現代社会学叢書より】（アーバン・ソーシャル・プランニングを考える・全2巻）		
インナーシティのコミュニティ形成——神戸市真野住民のまちづくり	今野裕昭	五四〇〇円
【地域社会学講座 全3巻】		
地域社会学の視座と方法	似田貝香門監修	二五〇〇円
グローバリゼーション／ポスト・モダンと地域社会	古城利明監修	二五〇〇円
地域社会の政策とガバナンス	岩崎信彦・矢澤澄子監修	二七〇〇円
【シリーズ防災を考える・全6巻】		
防災の社会学〔第二版〕——防災コミュニティの社会設計へ向けて	吉原直樹編	三八〇〇円
防災の心理学——ほんとうの安心とは何か	仁平義明編	三二〇〇円
防災の法と仕組み	生田長人編	三二〇〇円
防災教育の展開	今村文彦編	三二〇〇円
防災と都市・地域計画	増田聡編	続刊
防災の歴史と文化	平川新編	続刊

〒113-0023 東京都文京区向丘1-20-6
TEL 03-3818-5521 FAX 03-3818-5514 振替 00110-6-37828
Email tk203444@fsinet.or.jp URL:http://www.toshindo-pub.com/

※定価：表示価格（本体）＋税

東信堂

〈シリーズ 社会学のアクチュアリティ：批判と創造 全12巻〉

クリティークとしての社会学	現代を批判的に見る眼	宇都宮京子 編	一八〇〇円
都市社会とリスク	豊かな生活をもとめて	西原和久 編	二〇〇〇円
言説分析の可能性	社会学的方法の迷宮から	池岡義孝 編	二〇〇〇円
グローバル化とアジア社会	ポストコロニアルの地平	吉原直樹 編	二三〇〇円
公共政策の社会学	社会的現実との格闘	三重野卓 編	二三〇〇円
社会学のアリーナ	21世紀社会を読み解く	厚東洋輔 編	二二〇〇円
モダニティと空間の物語	社会学のフロンティア	斉藤日出治 編	二六〇〇円
戦後日本社会学のリアリティ	せめぎあうパラダイム	西原和久・池岡義孝 編	二六〇〇円

〈地域社会学講座 全3巻〉

地域社会学の視座と方法	矢澤澄子 監修	二七〇〇円
グローバリゼーション／ポスト・モダンと地域社会	岩崎信彦 監修	二五〇〇円
地域社会の政策とガバナンス	古城利明 監修	二五〇〇円

〈シリーズ世界の社会学・日本の社会学〉

タルコット・パーソンズ	最後の近代主義者	中野秀一郎	一八〇〇円
ゲオルグ・ジンメル	現代分化社会における個人と社会	居安正	一八〇〇円
ジョージ・H・ミード	社会的自我論の展開	船津衛	一八〇〇円
アラン・トゥーレーヌ	現代社会のゆくえと新しい社会運動	杉山光信	一八〇〇円
アルフレッド・シュッツ	主観的空間と社会的空間	森元孝	一八〇〇円
エミール・デュルケム	社会の道徳的再建と社会学	中島道男	一八〇〇円
レイモン・アロン	危機の時代の参謀家	岩城完之	一八〇〇円
フェルディナンド・テンニエス	時代を診断するゲゼルシャフトとゲマインシャフト	吉田浩	一八〇〇円
カール・マンハイム	亡命者	澤井敦	一八〇〇円
ロバート・リンド	アメリカ文化の内省的批判者	園田雅久	一八〇〇円
アントニオ・グラムシ	『獄中ノート』と批判社会学の生成	鈴木鴻一郎	一八〇〇円
費孝通	民族自省の社会学	佐々木衛	一八〇〇円
奥井復太郎	都市社会学と生活論の創始者	藤部弘	一八〇〇円
新明正道	綜合社会学の探究	山本鎮雄	一八〇〇円
米田庄太郎	新総合社会学の先駆者	中久郎	一八〇〇円
高田保馬	理論と政策の研究——家族・無媒介的統一	川合隆男	一八〇〇円
福武直	実証社会学の軌跡——民主化と村落社会学	蓮見音彦	一八〇〇円
戸田貞三	現実化を推進		

〒113-0023　東京都文京区向丘1-20-6
TEL 03-3818-5521　FAX 03-3818-5514　振替 00110-6-37828
Email tk203444@fsinet.or.jp　URL:http://www.toshindo-pub.com/

※定価：表示価格（本体）＋税